개정판
초등
설계기술
탐구

개정판
초등
설계기술
탐구

개정판

초등 설계기술 탐구

이춘식 지음

한국학술정보㈜

머리말

설계기술은 영국을 비롯한 영연방권에서 Design & Technology로 불리는 교과목이다. D&T를 우리말로 번역하기가 쉽지는 않은데, 우리나라에서는 1990년대 이후부터 '설계기술'로 부르고 있다. 그렇다면 우리나라 설계기술에서 외국에서처럼 과정중심(process−centered)의 기술 내용을 모두 포함할 것인가, 아니면 재해석하여 재구성할 것인가가 늘 딜레마처럼 다가왔다. 그러던 차에 교육대학에서 설계기술을 강의하면서 나름대로 초등 교사들에게 도움을 줄 수 있는 내용으로 재구성하기 시작하였다.

원론적으로는 설계기술에 기술교육의 모든 내용을 통합적으로 구성하는 것이 맞다. 그러나 제한된 시간 내에 모든 내용을 다룰 수는 없었다. 그래서 초등실과의 기술교육내용을 전달하기 위해 적절한 내용을 찾으려고 애를 써봤다. 그러다 보니 어느 내용에서는 우리말의 설계에 맞는 내용을 편성하기로 하였고, 어느 경우에는 디자인의 내용에 가깝게 구성된 흔적을 찾아볼 수 있다.

이 책은 초등 교사들을 위한 설계기술 내용을 중심으로 탐구해 본 하나의 시도이다. 따라서 전형적인 설계기술의 원형이라고 볼 수는 없으며, 단지 초등 교사들에게 기술 영역에 해당하는 목제품 만들기와 전기·전자제품 만들기 영역을 지도하는 데 도움을 줄 수 있는 내용으로 구성하였다. 내용 구성에서는 스케치를 통한 설계(디자인)에 역점을 두었으며, 정리 단계에서는 교실수업에서 다양한 생활용품을 만들 수 있는 예를 제시하여 도움을 주도록 하였다.

이 책의 구성은 크게 3부로 되어 있다. 제1부에서는 초등 설계기술의 개요를 다루었다. 즉 초등 기술교육의 개요와 기술교육의 교수−학습 방법 및 평가에 대하여 자세히 설명하였다.

　제2부는 설계기술의 기초부분으로서, 제도를 이해하고, 제도요소와 치수기입 방법 및 여러 가지 투상법에 대하여 알기 쉽게 다루었다. 특히 정투상법으로 물체를 나타낼 때 제3각법에 대하여 깊이 알 필요는 없지만 교사로서 투상도를 이해할 수 있는 부분까지는 다루어줄 필요가 있다고 판단하여 사례를 들어 제시하였다.

　제3부는 설계기술의 실제로서 아이디어 스케치와 구상도 및 생활용품 만들기를 다루었다. 특히 초등학교 수준에서는 스케치를 강조할 필요가 있어서 연습할 수 있는 과정을 두어서 도움을 주도록 하였다.

　부록에는 스케치업 프로그램을 소개하여 보다 심도 있는 제도에 대하여 관심 있는 독자들을 배려하여 제시하였다. 그리고 마지막으로는 2009 개정 교육과정에 따라 2011년에 고시된 실과 교육과정을 제시하여 실과를 이해하는 데 참고하도록 하였다.

　아무쪼록 이 책을 통하여 초등 교사들의 실과의 기술 내용을 재미있게 수업할 수 있는 기회가 된다면 큰 보람으로 생각한다. 이 책이 나오기까지 수고해 주신 한국학술정보(주)의 채종준 대표이사님과 조현수 과장님, 그리고 편집에 수고해 주신 담당자님께 감사를 드린다. 끝으로 학문을 할 수 있도록 지혜를 주신 하나님께 감사를 드린다.

2012년 8월

경인교대 인천 캠퍼스에서

저자

차 례

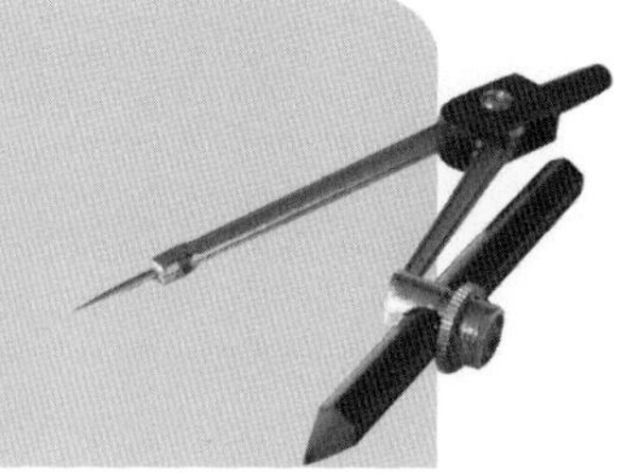

제 1부

설계기술의 개요

제1장 초등 실과교육과 설계기술교육 개관

교과의 성격에는 그 교과가 지니고 있는 본질과 핵심적인 아이디어가 내재되어 있기 때문에 이를 명확히 하면 여기에 터하여 교수-학습과 평가의 방향을 설정하는 데 매우 유용하다. 목하 우리의 관심은 초등 실과교육의 변화와 초등 설계기술 교육의 성격이 암시하는 바에 따라 설계기술교육의 활동에 대한 시사점을 얻고자 한다(이춘식, 2002).

1. 설계기술이란

설계기술은 영국을 비롯한 영연방권에서 기술교과로 사용하는 'Design and Technology'를 우리말로 번역한 것이다. 이를 약칭하여 D&T라고 부르기도 한다. 영어 명칭에서 볼 수 있듯이 기술활동에서 디자인을 강조한 것이 특징이다. 여기서 Design을 어떻게 번역하는 것이 적절한지에 대해 많은 고민을 하였다. 어떤 이는 '디자인과 기술'이라고도 하고, 어떤 이는 '설계기술'이라고도 한다. 디자인이라는 영어를 그래도 사용하면 보편화되어서 이해하기는 쉬운 반면, 디자인이 주는 어감이 미술이나 패션, 건축 등에서 사용하는 용어와 혼란을 수기노 한나. 또한 디자인을 '설계'라고 번역하면 이것이 주는 어감이 다소 공학적이고 생산적인 면이 있다. 어느 것을 사용하여도 영어가 주는 본래의 의미를 완전하게 살릴 수는 없기 때문에 용어를 선택적으로 사용할 수밖에 없다. 그래서 여기에서는 D&T가 디자인이라는 측면을 강조하고 있기는 하지만 우리나라 실과교육과 기술교육의 현실을 감안할 때 '설계기술'이라는 용어가 그 의미를 살릴 수 있다고 판단하여 사용하기로 하였다.

그렇다면 설계기술을 어떻게 정의할 수 있을까? 기존에 미국을 중심으로 하는 기술교육에 대해서는 많이 연구해 왔으나, 설계기술에 대해서는 연구가 적은 것이 사실이다. 그렇다손 치더라도 우리가 잘 아는 기술교육과 설계기술교육이 어떻게 다른 것인 가에 대한 연구도 찾아보기 힘들다. 더 근본적으로는 미국을 중심으로 하는 기술교육 과 영국을 중심으로 하는 기술교육이 같은 것인가, 다른 것인가에 대한 논의로 거슬 러 올라갈 수 있다. 이에 대해 보다 심층적인 연구가 필요하겠지만, 현재의 수준에서 본다면 그 근본 목적은 다르지 않다는 것이다. 다만 미국의 기술교육이 내용 중심인 데 반해 영국의 설계기술교육은 과정중심이라는 것이다. 따라서 미국의 기술교육에 서는 제조기술, 건설기술, 통신기술, 수송기술, 생명기술이라는 시스템적 차원에서 내 용을 구성하고 있다. 물론 이것도 최근에는 기술적 소양을 강조하면서 맥락의 차원에 서 정보 시스템(informational systems), 물리적 시스템(physical systems), 생물 시스템(biological systems)으로 단순하게 바뀌었다. 이에 반해 영국의 설계기술교육에서는 과정 중심의 교육과정을 표방하기 때문에 특정한 내용을 제한하지 않고 환경적, 사회적, 문화적 맥락에서 설계기술의 능력을 강조하고 있다. 학생들이 창의적인 물건을 만드는 과정 에서 여러 가지 목재, 금속, 플라스틱 등과 같은 재료를 활용하기도 하고, 식품을 만들 어 보기도 한다.

　따라서 이 책에서는 설계기술이라는 용어를 영국의 교과목에서 가지고 왔지만 영 국의 그것과 똑같은 내용체계와 방법을 가지고 있는 것은 아니다. 왜냐하면 각 나라 가 가지고 있는 교육 문화적 맥락이 다르기 때문이다. 때로는 영국의 설계기술을 따 르기도 하고 다른 한편으로는 미국의 기술교육을 따르기도 하여 우리나라의 실정에 맞는 형태로 취사선택하였다. 더욱이 기술교육이 초등학교 수준으로 내려갈 때에는 더 복잡한 양상을 띠기 때문에 전형적인 설계기술의 원형을 현재까지는 보여주지 못 한 것도 사실이다. 초등 기술교육이나 설계기술교육은 실과교육이라는 큰 영역 속에 파묻혀 있기 때문이다. 중등 차원에서는 기술교육이든, 기술·가정교육이든 독자적인 영역을 가지고 가르치고 있지만, 초등학교에서는 그렇지 못한 것이 한 요인이다. 더 제한적인 것은 중등학교 수준에서는 기술교육을 어찌되었든 제조기술, 건설기술, 통 신기술, 수송기술, 생명기술의 영영으로 분류하여 연결지을 수 있다. 그러나 초등학교 에서는 실과교육의 일환으로 설계기술이나 기술교육이 하위 영역으로 가르쳐지기 때 문에 영역 또한 제한적일 수밖에 없다. 그럼에도 불구하고 초등 설계기술교육을 조작 적으로 정의해보자.

"초등 설계기술교육이란, 초등학교 실과교육의 하위영역인 기술교육의 한 형태로서
여러 가지 재료를 이용하여 생활에 필요한 물건을 만들기 위해 창조적인 아이디어로
설계·디자인하여 과제, 프로젝트, 문제 등을 해결하는 활동이다."

이와 같은 조작적인 정의에서 보면 설계기술에서 내용은 크게 구애받을 필요가 없다. 그 내용이 목공이든, 전기·전자이든지 간에 창조적인 아이디어로 설계하는 과정이 중심이 되면 소기의 목적을 달성할 수 있기 때문이다. 목하 이 책에서는 생활용품을 만들기 위한 설계의 과정으로 목제품을 예로 든 것에 불과하기 때문에 이러한 과정을 전기·전자 회로 만들기에 적용하면 또 다른 활동이 전개될 수 있다. 앞으로 초등 설계기술에서 통합적인 접근을 시도한다고 할 때 내용 중심보다는 과정중심의 활동이 훨씬 더 유용할 수 있다.

2. 실과교육의 유용성

우리나라에서 초등학교에 실과(實科)를 정식 교과로 부과한 것은 1955년 8월의 일이다. 그 이전에는 직업과, 가사과, 미술과의 공작 부분이 통합되어 하나의 교과로 시작된 것이었다. 이러한 사실은 오랜 역사를 가지고 있는 외국의 실과에 비하면 일천하기 짝이 없다. 그럼에도 불구하고 실과는 중등학교의 기술교과와 가정교과를 이어주는 중요한 역할을 해온 것도 사실이다.

아동의 발달단계로 보아서도 조작적인 능력이 매우 중요한 시기이기 때문에 실과야말로 인지발달에 매우 큰 역할을 할 수 있다. 그런데 교육과정이 개편될 때마다 실과는 수업 시수가 줄어들고, 교과 자체를 없애려고 하는 위기를 당하기도 한다. 그 이유는 무엇일까? 나중에 언급이 있겠지만 실과는 그 특성상 영역이 매우 다양한 것이 사실이다. 이러한 사실이 교사의 입장에서 보면 가르치기 어려운 교과로 인식되고 소홀히 취급되고 있는 요인이 되기도 한다. 초등 교사를 양성하는 교육대학에서 실과의 중요성을 인식하여 전공자를 배출한 것이 그리 오래되지 않은 것을 보아도 알 수 있다. 그러다 보니 학생들에게 다른 과목에 비해 어렵게 또는 소홀히 취급하여 가르치는 예를 흔히 볼 수 있다. 그렇다고 실과를 아예 없애버리자고 주장하는 것은 옳은 일일까? 이는 마치 어린아이가 목욕하는 탕의 물이 더러워졌다고 하여 목욕하고 있는

어린아이와 목욕물을 함께 버려 버리는 우를 범하는 것이다. 목욕물이 더럽다면 어린 아이를 버릴 것이 아니라 목욕물을 깨끗한 물로 갈아주는 것이 보다 합당한 것이 아닌가? 우리는 늘 이분법적인 논리로 대처해온 부분이 매우 많다. 정말로 비판적인 교육자들이 실과 교육의 유용성을 놓고 정말 진지하게 탐구해 보고 나서 판단의 근거로 사용하고 있느냐에 의문을 가질 수밖에 없다. 이제 실과교육의 유용성에 대하여 진지하게 탐구해 보면서 논의를 시작해 본다.

1) 뇌에 대한 연구와 설계기술교육

최첨단의 다양한 기술 장비를 이용하여 뇌에 대한 연구가 활발히 진행되고 있다. 그 중에서도 뇌의 발달과 실과 기술교육(초등학교의 실과, 중등학교의 기술교육을 포함함) 간의 관련성에 대한 연구가 계속되어 왔다. 오늘날의 뇌에 대한 연구로 새로운 정보를 보여주고 있다. 즉 설계기술교육의 실습장에서 왜 실습활동(practice)을 중시해야 하는지, 학생들에게는 실습활동을 왜 제공해 주어야 하는지에 대한 정보의 실마리가 밝혀지고 있다. 이러한 정보를 제공해 주는 것은 아래 표와 같은 '뇌 영상 기술(brain imaging technology)'에 힘입은 바가 크다(Greenfield, 1996; Jensen, 1998; Sylwester, 1995).

❶ 뇌 연구를 하기 위해 사용된 영상 기술 ❶

용어 약칭	명 칭	특 징
CAT	컴퓨터 단층 조영기술 (Computerized Axial Tomography)	X선을 이용하여 뇌의 상세한 부분까지 보여주는 기술이다. 뇌 주변에 수많은 X선을 투사하여 얻은 자료를 디지털화하고, 원하는 부분의 횡단면의 정보를 얻을 수 있다.
MRI	자기공명 영상기술 (Magnetic Resonance Imaging)	인체를 구성하는 물질의 자기적 성질을 측정하여 컴퓨터를 통하여 다시 재구성·영상화하는 기술이다. MRI는 X-ray처럼 이온화 방사선이 아니므로 인체에 무해하고, 3D 영상화가 가능하고 CT에 비해 대조도와 해상도가 더 좋으며, 원하는 면의 인체 단면상을 만든다. 이 기술의 비결은 원자핵의 일부를 이루는 양성자가 자력에 민감하다는 데 있다. 뿐만 아니라, 화학적으로 다른 요소를 지닌 양성자들은 자력과 무선 신호에 서로 다르게 반응하기 때문에 이와 같은 반응 양식의 차이를 활용하여 그 반응을 영상화시켜 인체도를 만들 수 있다.
fMRI	기능성 자기공명 영상촬영기술 (functional Magnetic Resonance Imaging)	MRI보다 비용이 저렴하고 속도가 빠른 기술이다.
NMRI	핵자기 공명영상 기술 (Nuclear MRI)	MRI보다 30,000배 이상 빠르고 매 0.05초마다 영상을 촬영하는 기술이다.

PET	양전자 단층 촬영기술 (Positive Emission Tomography)	인체 내의 여러 기본 대사물질에 양전자를 방출하는 방사성 동위원소를 표지하여 인체에 투여한다. 그 후 양전자와 물질 간의 상호작용으로 발생하는 소멸방사선을 체외에서 전산화 단층촬영(CT)과 유사한 방법으로 검출하여 단층촬영 영상을 만들어 인체의 생화학적 변화를 영상화할 수 있는 새로운 촬영 기법이다.
EEG	뇌파 (Electroencephalogram)	뇌의 수많은 신경에서 발생한 전기적인 신호가 합성되어 나타나는 미세한 뇌 표면의 신호를 전극으로 측정한 전위를 이용하여 영상을 만든다. 뇌파신호는 뇌의 활동, 측정 시의 상태 및 뇌기능에 따라 시공간적으로 변화하는 뇌파를 측정한다.
MEG	뇌자도 (Magnetoencephalo – graphy)	신경 세포에서 발생한 미세전류의 자기장을 검출하여 영상을 만든다.

뇌의 연구 결과와 교수-학습

지금까지 밝혀진 새로운 뇌의 연구 결과는 다음과 같다(Wolfe & Brandt, 1998).

첫째, 뇌는 경험의 결과에 따라 생리적인 변화가 일어난다. 뇌가 정상적으로 역할을 할 수 있는 능력의 상당부분은 환경이 결정한다. 이러한 주장에 대해 유전적인 요인과 환경적인 요인으로의 논쟁이 되고 있는 부분이기도 하다. 그러나 새롭게 이해해야 할 것은 유전적인 요인과 환경적인 요인을 체계적인 방법으로 이용해야 한다는 것이다.

둘째, 지능지수(IQ)는 출생 시에 확정되어 있는 것이 아니다. 모든 건강한 뇌는 일정 연령에 이르기까지 성장하고 발달한다고 과학자들은 믿어왔다. 그 이후부터는 뇌가 성장하지 않고 점점 쇠퇴한다(Gross, 10991). 이러한 사실은 어려서부터 학습해야 하는 설명으로 보편화되었고, 나이가 들어감에 따라 기억과 지식을 점점 잃어버린다는 것이다. 그러나 인간이 점점 더 지능을 발달시킬 수 있는 방법을 발견하였다. 여기서 말하는 지능이 복합지능요소를 말하든, 아니면 단순지능을 의미하든 인간의 삶 전체를 통하여 발달한다는 것이다(Sylwester, 1995). 물론 그렇게 하기 위해서는 지능을 개발하도록 뇌를 자극하고, 적절한 환경을 조성해 주어야 한다.

셋째, 어떤 능력은 일정 시기의 민감기(sensitive periods)에 또는 기회의 시기(windows of opportunity)에 쉽게 습득할 수 있다.

넷째, 학습은 감정(emotion)에 의해 강하게 영향을 받는다. 감정에 대한 연구는 학습에 영향을 주는 두 가지 역할을 한다. 즉 ① 감정은 경험을 직접 기억나게 하는 정도에 영향을 주는 특별한 학습경험과 관련되어 있다. ② 특별한 학습경험으로부터 받은 너무 강한 감정은 학습자가 기억하고 있는 정보를 회상시켜(recalling) 경험과 관련짓는 것을 억제시킨다.

이와 같은 네 가지의 원리에서 교수-학습에 주는 영향과 시사점을 얻을 수 있다. 만일, 실생활에서 우리가 자동차를 고치려고 하면 대부분 카센터에 갈 것이다. 법적인 도움을 받으려면 변호사를 찾을 것이다. 그렇다면 과연 우리는 뇌에 대하여 이해하기 위해서 그리고 어떻게 학습하는지에 대하여 알아보기 위해서 교사들을 찾아갑니까? 아마도 그렇지 않을 것이다. 그럼에도 불구하고 매년 수백만 명의 부모들은 자녀들의 담당교사들이 적어도 뇌에 대하여, 학습하는 과정이나 방법에 대하여 무엇인가를 알고 있다고 믿고 있다(Jensen, 1998).

따라서 교사들은 교과를 가르치는 것 이외에 어떤 과정으로 어린이들은 학습하는지, 어떻게 어린이들의 뇌가 감각적인 정보를 받아들여 지식으로 만드는지 등에 대하여 알아야 할 책임이 있다. 그래서 교사들은 뇌의 체제에 대한 실제적인 이해와 교사가 가르치는 과정을 접목하는 방법이 바로 뇌의 원리에 따른 교수(brain-compatible teaching)라고 할 수 있는데, 이럴 때에 어린이들이 가장 효율적으로 학습할 수 있다.

새로운 뇌에 대한 연구는 보다 훌륭한 교사, 보다 유능한 교사가 되는 데 도움을 줄 수 있다. 우리는 뇌에 대한 연구를 학교의 모든 장면에 이용할 수 있으며, 사회에서도 뇌에 대한 새로운 연구를 적용할 수 있다. 아동들을 건강한 뇌로 발달시키기 위해서는 아이를 낳고 기르는 것에 대한 새로운 정보가 절대적으로 필요하다.

뇌의 연구와 설계기술교육

초등학교 교사들은 어떻게 어린이들의 뇌가 발달하고 학습하는지에 대하여 이해함으로써 지대한 혜택을 받을 수 있다. 뇌의 연구결론부터 오늘날 설계기술의 교육과정, 실습실, 교수방법, 평가절차, 학급경영, 학문적 원리, 위험에 대처하는 방법 등에 도움을 주는 많은 정보를 얻을 수 있다. 뇌에 대한 정보를 잘 이용하면 기억에 도움을 주는 잠의 중요성과 같은 개인적인 생활에 도움을 받을 수도 있다. 뇌의 연구에 대한 많은 정보는 많은 면에서 설계기술교육에 유익한 영향을 줄 수 있다. 아마도 가장 중요한 것은 새로운 뇌에 대한 연구가 교육개혁의 도구로 사용될 수 있다는 것이다.

앞에서 제시한 Wolfe와 Brandt(1998)의 연구결과와 기타 연구에 기초한 네 가지 원리로부터 설계기술교육과 뇌에 대한 연구를 관련지어 그 유용성을 제시해 보자.

첫째, 초등학교에서 설계기술교육의 내용을 가르치는 것은 매우 중요한 의미를 갖고 있다. 심지어는 초등학교 이전의 유치원에서도 지금까지 우리가 생각하고 있던 것 이상으로 실과와 관련된 내용이 중요한 의미를 갖고 있다. 이와 관련된 연구의 하나로, 상호 유사한 방법이라고 할 수 있는 문제해결 활동, 비판적인 사고(critical thinking) 활동, 프로젝트 활동, 종합활동 등은 정규적인 피드백을 통해서 완성된다. 그런데 뇌의 발달은 아동의 비판적인 사고 발달 단계에서의 학습과 여러 가지 활동의 기회를 통하여 극대화된다는 것이다(Jenson, 1998).

둘째, 실과와 설계기술교육을 위한 실습실은 학교의 시설 가운데 가장 유용하고 쾌적한 환경을 갖추도록 해야 한다. 왜냐하면 실습실에서의 활동이 아동의 뇌 발달에 긍정적으로 영향을 끼치고 있으며, 모든 교과 영역에서의 학습에도 영향을 주기 때문이다. 학생들을 위한 풍요로운 환경으로 다음과 같은 것을 들 수 있다(Wolf & Brandt, 1998). 즉 ① 인간의 모든 감각을 자극할 수 있는 환경, ② 과도한 압력이나 스트레스로부터 자유로운 분위기, 즐거울 정도의 습도는 있는 환경, ③ 학생들에게 너무 어렵거나 너무 쉽지 않을 정도의 적절한 일련의 도전을 줄 수 있는 환경, ④ 의미 있는 활동을 하기 위해 상호작용을 할 수 있는 환경, ⑤ 광범위한 기능 발달을 촉진시키고 정신적, 신체적, 심미적, 사회적, 정서적인 흥미를 유발시키는 환경, ⑥ 학생들 자신의 노작 활동을 선택할 수 있는 기회와 그러한 활동을 수정할 수 있는 기회를 아울러 제공할 수 있는 환경, ⑦ 재미있는 학습과 탐구활동을 촉진시킬 수 있는 즐거운 분위기를 제공하는 환경, ⑧ 학생들이 수동적인 관찰자보다는 적극적인 참여자가 될 수 있도록 도와줄 수 있는 환경 등이다.

셋째, 실과교육과 설계기술교육은 아동들의 다중지능(multiple intelligence)과 아동에게 잠재되어 있는 천재성을 개발할 수 있는 좋은 교육과정이다. 실과교육에서는 아동들의 정체성을 발견하고 가질 수 있는 기회를 자연스럽게 부과할 수 있다. 이러힌 것은 Gardner(1983)[1]가 주장하는 7가지 지능, 즉 언어적 지능,[2] 논리―수학적 지능,[3] 공간적 지능,[4] 신체 운동 감각적 지능,[5] 음악적 지능,[6] 대인간 지능,[7] 개인 내 지능[8] 중

---

1) 가드너는 개인의 지능을 판단하는 전통적인 방법의 타당성에 대해 의문을 제기하였다. 그 대신 현실 그대로의 자연적인 상황에서 문제를 해결하고 산물을 창조해내는 능력을 통해 지능을 더 정확하게 확인할 수 있다고 주장하였다. 가드너는 복합지능이론에서 모든 사람들은 일곱 가지 지능을 다 가지고 있으며, 대다수의 사람들은 각 지능들을 적절한 수준까지 발달시킬 수 있고, 대개 이 지능은 복잡한 방식으로 함께 작용하며, 각 지능 범주 내에서 지적인 사람이 되는 방법에는 여러 가지가 있다고 주장하였다.

2) 말로 하든 글로 표현하든 언어를 효과적으로 구사하는 능력이다(낱말 재능꾼).

3) 숫자를 효과적으로 사용하고 추론하는 능력이다(수 재능꾼, 논리 재능꾼).

4) 시각적 공간적 세계를 정확하게 지각하는 능력이다(그림 재능꾼).

의 하나라고 할 수 있다. 또한 Armstrong(1998)이 말하는 12가지 천재적인 자질, 즉 호기심, 장난을 좋아하는 행동, 상상력, 창의성, 놀라는 성격, 지혜, 발명가적 기질, 지구력, 감성, 유연성, 유머, 즐거움을 자연스럽게 줄 수 있는 교과 중의 하나이다.

넷째, 다양한 활동과 실습실이 필요한 실과교육과 설계기술교육은 아동들의 건강한 뇌의 발달과 학습을 위해 필요한 아동의 긍정적인 정서를 전달할 수 있는 환상적인 통로가 될 수 있다. 교사들은 아동이 많은 면에서 자기 자신을 긍정적으로 느끼게 하는 풍토를 만들어줄 수 있다. 여기서 말하는 긍정적인 정서, 감정, 성격 등을 갖도록 하는 학습에는 학생들이 편안한 감정, 남의 의견을 받아들이는 감정, 감사하는 마음, 바람직한 감정, 행복한 감정, 만족할 수 있는 성격, 도와주는 마음, 낙관적인 성격, 존경하는 마음, 안전한 느낌, 긴장을 푸는 성격, 흥미를 갖는 성격, 독립하는 성격, 신뢰하는 마음, 충분한 소임을 감당할 수 있는 성격, 능력을 갖추는 성격, 자신감을 갖는 마음, 가치를 갖는 성격, 호기심을 갖는 마음, 정열적인 감정, 대인 관계를 지속할 수 있는 성격 등을 갖도록 하는 것이다(Hein, 1998).

지금까지 뇌는 베일에 가려져 있지만, 장차 언젠가는 뇌에 대한 신비와 아동이 어떻게 학습하는지의 과정에 대한 의문이 완전히 풀릴 것이다. 그러면 우리는 학생을 심오하고 효율적으로 가르칠 수 있을 것이다. 지금은 아동들이 가장 잘 배울 수 있는 인지과정을 완전히 이해할 수 없고, 가장 효과적인 여러 가지 교수방법을 확실하게 연결하지 못하고 있는 것이 사실이다. 아직도 뇌에 대한 연구는 광범위하게 이루어지고 있으나, 이러한 연구가 장차 학교의 미래가 어떻게 될는지에 대해 궁금증을 주고 있다. 하지만 요즘 뇌에 대한 새로운 사실이 발견되고 있어서 우리의 기대를 높여주고 있다. 그래도 교육 전문가들은 뇌의 처리 과정이나 학습 과정에 대한 새로운 정보가 있을 때, 이를 비판적으로 읽고, 활용할 수 있는 책임을 갖고 있어야 한다.

지금까지의 결과만 보더라도 뇌의 발달에 설계기술교육이 기여하는 바는 분명히 있음을 알 수 있다. 무작정 주장만 하는 것이 아니라 어떤 활동이 뇌의 발달에 영향을 주는지에 대해 관심을 가져야 할 것이다.

---

5) 자신의 모든 신체를 이용해서 어떤 생각이나 감정을 표현하는 능력이다(몸, 운동, 손 재능꾼).

6) 음악적 표현 형식을 지각하고, 변별하고, 변형하고, 표현하는 능력이다(음악 재능꾼).

7) 타인의 기분, 의도, 동기, 감정을 지각하고 구분할 수 있는 능력이다(사람 재능꾼).

8) 자기 자신에 대한 객관적 이해 및 지식과 그에 기초하여 잘 행동할 수 있는 능력이다(자기 재능꾼).

2) 노작교육과 설계기술교육

노작교육의 의미

노작을 통해 일의 가치를 가르치는 것이 노작교육이라면, 노작이 무엇인지에 대한 의미 규정이 먼저 필요하리라고 본다. 우리가 일상생활에서 '노작'이라는 말보다는 '일(work)'이라는 용어를 더 많이 사용하고 있다. 그런데 일이 의미하는 여러 가지 중에서 '노력하여 무엇인가를 만들어 내는 작업'을 노작교육과 관련지을 수 있다(김기민, 1992). 따라서 일의 교육적 가치를 가르치는 교육과정을 노작교육으로 규정할 수 있다. 노력하여 의도적으로 무엇인가를 만들어낸다는 작업의 의미로서의 일을 노작이라고 본다면, 학교 교육에서의 노작은 중요한 의미를 띠고 있다. 오늘날과 같은 교육과정 편제에서 어느 교과목을 통하여 학생들이 노력하여 물건을 만들어 낼 수 있는 시간과 기회가 있는지를 살펴본다면 실과교육, 설계기술교육과 연관 지을 수밖에 없을 것이다. 적어도 타 교과보다는 실과 시간에 다양한 재료를 가지고 물건을 만들 수 있는 기회가 있음을 직시한다면 그 유용성을 인정해야 한다.

이러한 의미를 가지고 있는 실과교육에서 진정한 의미의 노작교육을 하고 있는지 심각히 고려해 보아야 할 것이다. 혹여 실과 시간에 노동을 강요하거나 노작을 노동으로 착각하여 사용하지는 않는지 꼼꼼히 따져 보아야 한다. 노동은 결과에 집착하고 그것을 중요시하는 데 반해, 노작은 결과보다는 과정을 중요시하는 활동이다. 노동을 한 결과 사회적으로 유용한 상품을 만들어내지 못한다면 그 활동은 의미가 없어지지만, 노작은 무엇인가를 만들어 내지 못하였다 하더라도 활동하는 과정에서 즐거움과 보람을 느끼고 그 의미를 깨달았다면 그 자체만으로도 충분한 가치를 가질 수 있다. 이러한 노작을 실과교육에서 감당해 내야 하고, 오늘날 초등학교에서 점점 더 많은 교사들이 실과교육의 중요성을 인식하고 노작과 접목시키는 노력이 많아지고 있다.

손을 움직이는 실과교육

아동의 전인적인 발달에 있어서 손을 사용하는 것과 뇌의 발달이나 인지발달에 미치는 영향은 매우 크다. 어려서부터 손을 어느 정도 잘 사용하는가에 따라 지능의 발달에도 영향을 미친다는 것이다. 이러한 연유로 요즘에는 아동들이 어려서부터 가지고 놀 수 있는 여러 가지 상품, 즉 레고, 블록 등과 같은 장난감이 많이 출시되어 상품화되었다. 이러한 손의 움직임을 특히 중요시하고 있는 교과 중의 하나가 바로 '실과'라고 할 수 있다. 이와 관련하여 Kimbell(1991)은 마음과 손의 상호작용으로서 설계기술교육(영국에서는 디자인과 기술 D&T 교과에 포함되어 있음)의 중요성을 다음 그림과 같이 모형으로 제시하였다(Todd, 1999).

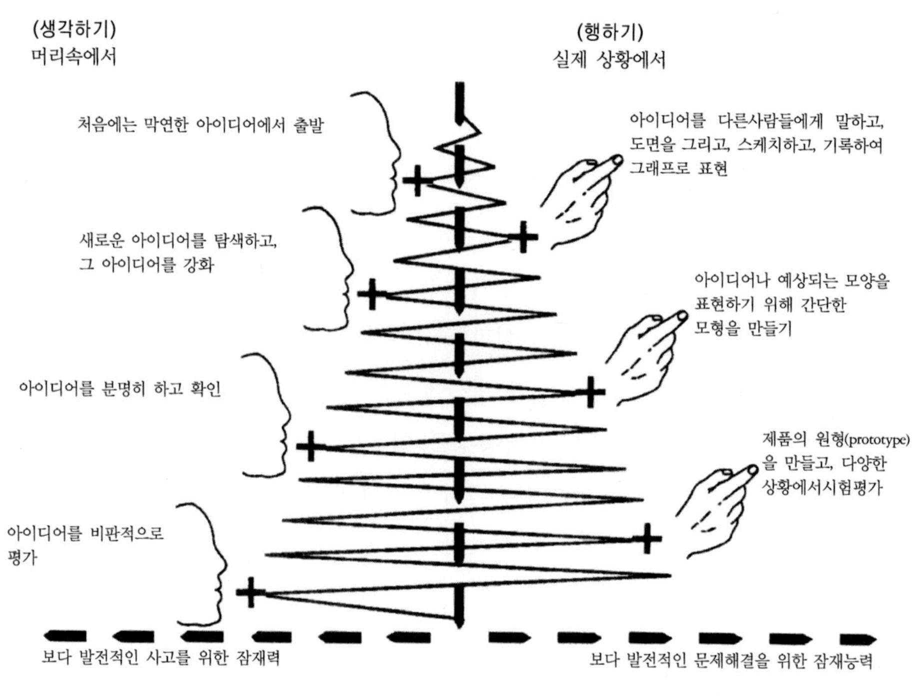

■ 마음과 손의 상호작용 모형 ■

위의 그림은 마음과 손의 상호작용, 즉 두뇌의 안과 밖의 상호작용으로서 실과교육과 설계기술교육의 핵심을 확인해 주고 있다.

이 모형은 개념적인 이해의 그 이상을 의미한다. 때로는 개념적 이해에 의존하고 있지만 실천적 기능(practical skill)보다 더 많은 것을 의미한다. 그러나 이 모형은 또다시 개념적 이해와 상호 관련되어 있다. 설계기술에서, 아이디어를 구체적인 형태로 표현하기 위하여 마음속에 품은 아이디어가 필요하고, 그리고 나서 그러한 아이디어가 얼마나 유용한지를 검증하게 된다(Kimbell 등 1991, p.20).

이와 같이 머릿속에서 생각한 것이 실제 상황에서의 행동으로 나타난다. 기본적으로 학생들은 문제의 해결을 위해 처음에는 막연한 아이디어를 만들어 내는 것이 결정적인 출발점으로 작용한다. 그러나 이러한 막연한 아이디어는 출발점에 불과하고, 손으로 하는 활동(hands-on activity)은 아이디어를 발전시키게 해 주며, 마음속에 있는 아이디어를 밖으로 끄집어내어서 실제적인 형태로 표현하게 해 주는 데 꼭 필요하다.

따라서 이러한 활동을 통하여 설계기술교육은 학생들의 할 수 있는 능력을 갖도록 하는 데 다음과 같이 기여할 수 있다.

- 학생들이 자부심을 갖게 하는 기회를 제공해 준다.
- 학생들에게 의미 있는 학습경험을 더 많이 갖도록 해 준다.
- 학습에 대한 질문과 구성(constructing)을 하도록 도와주는 경험을 갖게 해 준다.
- 학생들의 융통성과 적응성을 향상시키는 경험을 제공해 준다.
- 학생들이 모험을 갖고 때로는 실패하도록 하여서 배우도록 해 준다.
- 학생들은 자신의 학습을 담당할 수 없을 것이라는 잘못된 신화를 증명할 수 있게 해 준다.

노작교육의 실천적인 예

이제 노작교육을 초등학교에서 잘 실천하고 있는 독일의 발도로프 교육에 대하여 알아보기로 하자. 학교에 갈 아이가 된 어린이에게 가장 뚜렷한 특징 두 가지가 있다. 하나는 손으로 하는 행동을 비롯해서 모든 행동에서 기쁨을 느낀다는 것이다. 또 다른 하나는 내부의 활동, 즉 상상력이 상당히 활발하다는 것이다. 따라서 수업 시간에는 이런 어린이에게 창조활동을 할 수 있는 기회를 주어야 한다. 슈타이너(Rudolf Steiner)의 인지학을 교육철학 이념으로 하는 발도로프(Waldorf) 학교 학생들에게 "여러분은 무엇을 가장 좋아해요?"라고 물었다. 이때 학생들의 대답은 언제나 '그림 그리기'나 '노래 부르기' 또는 '공작활동' 같은 것이었지 인습에 짖어 있는 어떤 과목을 말하는 학생은 하나도 없었다(카렌 뵘, 1999).

위에서 질문한 것을 똑같이 우리나라의 학급에 옮겨놓아 보자. "여러분은 무엇을 가장 좋아해요?"라고 물었을 때 과연 '공작활동'이나 '실과'라는 대답을 얻을 수 있을까? 답은 '아니다'이다. 왜 우리나라의 현실과 발도로프의 현실은 다른 것일까에 의문을 갖지 않을 수가 없다. 여기에는 우리의 잘못된 교육이 게재되어 있는 것은 아닐까? 원래 어린이들은 공작활동을 좋아하는데 이것을 가르치는 우리 기성세대가 이러한 흥미를 말살시키고 있는 것은 아닐까? 어린이들의 잘못이 아니라 교사와 교육자들의 잘못이 아닌가 말이다. 잘못된 교수－학습 방법, 잘못된 교과서, 잘못된 평가, 이러한 모든 것이 어우러져서 나타나는 현상은 아닌가 말이다. 자기가 만들고 싶은 물건을 만들어 본다는데 이를 싫어할 학생이 있겠는가? 만들고 난 후 성취감을 맛볼 수 있다는데 이를 마다할 학생이 있겠는가 말이다. 우리의 관점이 잘못 되었다면 이를 고치는 데서부터 시작해야 하는 것은 아닐까? 그런데도 우리는 주변적인 것에만 관심이 많다. 아동의 상상력과 창의성을 말살시키는 쪽으로만 나아가고 있다는 데 문제가 있다.

학생들이 실습활동을 한다는 것은 무엇을 의미하는가? 발도로프 학교에서는 수업의 내용을 고정시켜 놓은 것이 아니라 우리의 일상생활에서 도움이 될 만한 것들을 시의적절하게 찾아내어 그 유래와 목적, 작동방식 등에 대한 주제로 학습을 시킨다. 이러한 활동이 현대기술을 이해하는 지름길이라는 것이다. 예컨대, 방적기술을 이해하기 위하여 실제로 방적을 해보는 것에서부터 시작을 한다. 이 과정에서 다양한 방식의 방적기술을 경험할 수 있고, 이 과정에서 실은 어떻게 만드는지, 천은 어떻게 만드는지, 실로 짠 뒤에는 어떻게 하는지 등에 대하여 아는 기회가 된다. 그리고 나서 방적 과정의 기계화에 대하여 이야기를 한다. 학생들이 방적 자체를 수업의 목적으로 삼은 것이 아니기 때문에 이제는 방적을 하면서 보였던 관심을 바탕으로 하여 방적에 필요한 기계를 고안하는 데로 관심을 기울여야 한다. 그러니까 학생 스스로 문제의 해결 방법을 고안해 내는 것이다. 이를 위하여 작업 준비와 작업 계획을 중요하게 여긴다. 그런데 우리의 학교 수업에서 간과하고 있는 것은, 바로 실습 활동 자체를 목적으로 삼지 않을 뿐만 아니라 실습을 통하여 이와 관련된 물체를 고안하고 계획하는 과정이 생략되어 있다는 것이다. 우리는 그다음 단계로의 전이가 약하다는 데 약점을 가지고 있다.

그렇다면 발도로프 교육에서는 공작(실과나 설계기술) 수업을 어떤 관점에서 시작하고 있는 것인가를 살펴볼 필요가 있다. 질문이라는 것은 원래 생동감 있는 관심에서 나오는 것이다. 이때 관심은 새로운 것을 경험할 때만 펼쳐진다. 이미 알고 있는 것에는 흥미를 느끼기가 쉽지 않다. 공작 수업을 하기 전에 학생들이 아무런 편견을 갖지 않는 질문을 할 수가 있을까? 즉 학생들이 이미 알고 있는 내용이 잘못이나 오류를 갖고 있을 때에는 질문 자체도 편견을 갖게 된다는 것이다. 따라서 잘못된 개념이나 내용을 바로잡는 것부터 시작해야 되는 어려움이 있다.

이와 관련하여 발도로프 학교에서 실과와 기술에 관한 전문 내용을 어떻게 하는지

좀 더 살펴보자(카렌 뷤, 1999). 전문지식 수업을 10학년 훨씬 전부터 가르치기 시작하는데, 이 수업은 여러 과목으로 나타난다. 예컨대, 3학년에서는 '집짓기 집중 기간 수업시간'과 '농업 집중 기간 수업시간'과 같은 것이 있는데, 물리와 화학 시간에는 철 생산을 다룬다. 보다 전문적인 기술 과목은 고등학교 나이가 돼서야 특별과목으로 다룬다. 이러한 전문과목을 배우려면 실습, 공장견학 등을 해야 하며, 시간이 모자랄 때에는 다른 과목의 도움을 받을 수도 있다. 실습과 공장견학, 다른 과목의 학습자료 참고와 같은 과정을 통해 기술의 모든 영역을 다룰 수는 없다. 그러나 이 정도면 어느 정도는 기술의 과제와 본질에 대해 눈을 뜨게 할 수는 있다. 따라서 실과라는 광범위한 주제를 모두 다룰 수는 없기 때문에 그 본보기로 몇 개의 주제에 국한하여 가르칠 수밖에 없다. 슈타이너의 말처럼 "우리가 만일 사람의 정신이 만들어낸 것에 알맞게 최소한의 일반적인 이해조차도 못한 채 주위 환경에 자신을 내맡겨 버린다면, 그 순간부터 바로 반사회의 생활이 시작될 것이다"(슈타이너, 1955). 그가 이렇게 말한 것은 우리의 일상생활과 관련된 모든 과목을 총망라한 것으로, 기술 과목이나 실과는 그 가운데 하나일 뿐이며 왜 우리가 이러한 교육을 해야 하는지에 대한 슈타이너의 강연 내용을 들어볼 필요가 있다.[9]

> "사람의 판단은 14살부터 비로소 가꾸어 주어야 합니다. 그때가 되면 판단력을 필요로 하는 내용이 나올 수 있다는 말입니다. 그리고 앞으로 여러 교육기관에서 가구 견습공과 기계 견습공이 선생님이 될지도 모를 사람과 함께 앉아 있게 되더라도, 그것은 좀 특이한 학교라고 볼 수 있을지 모르나 아직은 그저 통합학교일 수밖에 없는 그런 학교가 생겨나리라는 것을 여러분은 알 것입니다. 다만 그런 통합학교에서 살아가는 데 필요한 모든 것이 들어 있을 뿐입니다. 만일 그런 것이 그런 학교에 들어 있지 않다면 우리가 겪고 있는 것보다 훨씬 더 불행한 사회에 빠져들게 될지도 모릅니다. 모든 수업은 살아가는 데 필요한 지식을 제공해야 합니다.
> 15~20세(중·고등학교의 시기)의 연령층에서는 이성과 경제의 방법으로 농업, 공업, 산업, 상업 따위와 관련 있는 것을 모두 가르칠 수 있을 것입니다. 농업, 상업, 산업, 공업 같은 분야에서 무슨 일이 일어나는지를 알지 못하고 한 사람도 이 연령층을 그냥 통과해서는 안 됩니다. 그러므로 이런 과목을 현재 이 또래의 학생들이 배우고 있는 수많은 다른 수업 과목보다 훨씬 더 필요한 과목으로 설정해야 할 것입니다."

이 연설에서 알 수 있듯이 생활에 필요한 지식을 제공해 주는 설계기술과 같은 과목에서의 수업과 판단력 교육을 직접 연결하여 하나의 단서를 제공해 준다는 것이다.

---

9) 이 강연은 슈타이너가 발도로프 학교를 세우기 바로 전인 1919년 5월 11일 슈투트가르트에서 한 최초의 민중 교육 강연에서 한 것이다.

초등학교 상급학년부터 중·고등학교의 시기에는 학생들이 살아가는 그 시대의 모든 삶에서의 사회생활을 알아야 한다. 따라서 이 시기의 학생들에게 도움을 주는 지식을 제공하는 과목과 예술, 수공업 과목이 매우 특별한 가치를 가지고 있다는 것이다. "손으로 일하지 않는 사람은 진실을 볼 수 없으며, 정신생활에서도 결코 제대로 그 진실 속에 서 있지 못한 것이다"라고 한 그의 말처럼, 우리는 땀 흘리며 일하는 과정에서 살아 있는 지식과 진실을 볼 수 있도록 교육해야 할 책무성을 느낀다.

3. 실과교육의 변천

실과 교과는 제1차 교육과정기부터 지금까지 교육과정에서 교과로서 자리매김을 해왔지만, 다른 교과와 마찬가지로 여덟 차례의 개정을 통해 많은 변화를 겪어 왔다. 제1차 교육과정에서 종래의 교과를 '실과'로 통합하여 지도하여 온 이래로 실과 교육과정의 교육 내용은 많은 변화를 가져왔다.

많은 개정을 통해 전체적으로는 재배와 사육 영역, 가정과 가사 영역, 상업 영역, 설계 공작 영역이 주를 이루어 왔다. 그러나 제5차부터는 컴퓨터 영역이 도입되면서 상업 영역이 상대적으로 축소되었고, 제6차 교육과정기에서는 내용의 통합을 위한 시도로 활동 중심의 다루기, 만들기, 가꾸기 및 기르기, 건사하기 등의 내용을 제시하고 있다. 그리고 제7차에서는 영역을 가족과 일의 이해, 생활 기술, 생활환경과 자원의 관리 영역으로 제시하여 중등학교 기술·가정과 교육과정 영역과 동일하게 적용하고 있다. 7차 교육과정을 개정한 2007 개정 교육과정에서는 영역을 가정생활과 기술의 세계로 대별하여 간소화 하였다. 이러한 실과교육과정의 전체적인 변천을 요약하면 다음 표와 같다.

◐ 실과 교육과정 변천에 따른 실과교육의 특징 분류 ◑

구분		교수요목기	제1차 교육과정	제2차 교육과정	제3차 교육과정	제4차 교육과정	제5차 교육과정	제6차 교육과정	제7차 교육과정	2007 개정 교육과정
교과 편제		분과적 접근	독립교과 접근				절충적 접근			
교육 목표		직업교육적 접근(의식주·직업강조)					보통 교육적·교양교육적 접근 (소질 계발 강조)			
교육 내용	강조	모학문 특성 강조(일과 관련된 전통적 영역 강조)					실과교육의 기능 강조(교육영역확대기)			생활 소양 강조
	선정 및 조직	내용영역중심접근					통합내용중심접근	통합활동 중심 접근	통합내용 및 활동중심 접근	대영역 간소화: 가정생활과 기술의 세계
이수	학년	분과교과마다 상이	고정(4, 5, 6학년)					확대 (3~6학년)	축소 (5~6학년)	고정 (5, 6학년)
	시간	최고기	상대적·절대적 이수 시간 감소							
	방법	남녀 구분 이수	남·녀 부분적 구분 이수	남녀 공통 이수						

교육 목표 면에서 보면, 교수요목기부터 제3차 교육과정까지는 의식주 및 직업을 강조하고 있는데, 이는 직업 교육적 성격을 강조한 접근이라고 할 수 있으며, 제4차 교육과정 이후 2007 개정 교육과정까지는 아동들의 소질 계발 등을 강조하는 보통 교육적·교양교육적 성격을 강조한 접근이라고 할 수 있을 것이다.

교육내용 선정은 선정된 내용을 그대로 조직하여 제시하는 방법, 유사한 영역으로 묶어서 제시하는 방법, 활동 중심으로 묶어서 제시하는 방법, 선정된 내용을 3개의 영역으로 묶어서 활동 중심으로 전개될 접근방법으로 구분된다(최유현, 1997).

'통합 내용 중심의 접근 방식'은 실과 교육의 모학문을 통합적 관점에서 제시한 것으로 제4차, 제5차, 제7차 실과 교육과정에서 확인할 수 있다. 즉 제4차와 제5차는 생활 계획과 관리, 생활 기능, 소비와 절약, 일과 직업의 이해 등의 네 영역을, 제7차에서는 가족과 일의 이해, 생활 기술, 생활환경과 자원의 관리 영역으로 제시하였다. 한편 '통합 활동 중심의 접근 방식'은 통합의 관점에서 좀 더 진보된 형태로 제6차 실과 교육내용에서 확인할 수 있다. 즉 활동을 중심으로 '다루기' '만들기' '가꾸기 및 기르기' '건사하기'의 네 영역을 제시하고 있다. 그러나 제7차 교육과정과 2007 개정 교육과정은 세 영역의 조직은 통합내용 중심의 접근을 보이지만, 세 가지 영역 중 생활

기술 영역의 내용은 제6차의 통합 활동 중심의 접근 방식(다루기, 만들기, 가꾸기 및 기르기, 건사하기 등)을 취하고 있다.

◐ 실과 교육과정 내용의 변천 특징 ◑

접근 방식	교육과정기	내용 영역	특 징
내용 영역 중심 접근	제1차 교육과정	미화 작업, 재배, 사육, 공작, 기계기구 다루기, 조리, 재봉 뜨게, 세탁 염색, 위생 보건, 문서정리 등의 10개 영역	• 내용을 일감, 기능, 이해로 제시 • 기능에서 남녀 구분하여 지도
	제2차 교육과정	재배, 사육, 일, 기구 제작, 관리 교육, 가정 교육 등의 6개 영역	• 생산성과 유용성이 강조되어 재배·사육 영역 강조
	제3차 교육과정	재배, 사육, 설계 공작, 기계 기구 조작, 경영 계산, 식품 조리, 재봉 세탁, 주택 및 환경 위생, 생활 계획 등의 9개 영역	
통합 내용 중심 접근	제4차 교육과정	생활 계획과 관리, 생활 기능, 소비와 절약, 일과 직업의 이해 등의 4개 영역	• 진로교육의 도입
	제5차 교육과정	생활 계획과 관리, 생활 기능, 소비와 절약, 일과 직업의 이해 등의 4개 영역	• 실습길잡이 도입 • 컴퓨터 교육 도입
통합 활동 중심 접근	제6차 교육과정	다루기, 만들기, 가꾸기 및 기르기, 건사하기 등의 4개 영역	• 행동 영역 중심 • 3학년부터 이수(주당1시간)
대영역: 통합 내용 중심 접근 중영역: 통합활동 중심 접근	제7차 교육과정	가족과 일의 이해, 생활 기술, 생활자원과 환경의 관리 등의 3개 영역 생활기술 대영역 내에—다루기, 만들기, 가꾸기 및 기르기 등의 활동으로 구성	• 5학년부터 10학년제 도입 • 5~6학년 이수시간 2시간
대영역의 간소화 접근	2007, 2009 개정 교육과정	대영역: 가정생활, 기술의 세계 기술의 세계에는 기술, 농업생명, 정보, 컴퓨터, 진로 내용으로 구성	7차 교육과정 같음

4. 디자인과 활동을 강조하는 설계기술교육: 영국의 예

영국의 학교교육[10]은 크게 5세 이전의 학령전 교육(약 2년간), 5~11세의 초등교육(약 6년간), 11~16세의 중등교육(약 5년간), 그리고 16세 이후의 의무교육 이후 교육으로 구분된다. 여기서 5~16세에 해당하는 초·중등학교는 의무교육이다. 의무교육 기간 동안의 영국의 학교 교육 제도는 지역에 따라 초등과 중등의 2단계 체제로 운영되기도 하고, 초등(first), 중간(middle), 그리고 중등(secondary)의 3단계 체제로 운영되기도 한다. 3단계 체제에서의 middle school은 초등과 중등에 걸쳐져 있는 것으로, 대개

---

10) 영국 학교 제도의 가장 큰 특징은 다양성에 있다. 영국은 크게 잉글랜드, 웨일즈, 스코틀랜드 및 북아일랜드 등 4개 지역으로 구성된다. 이들 4개 지역의 교육 제도는 약간씩 차이가 있으며, 동일 지역 내에서도 개인의 선택에 따라, 사는 지역에 따라 서로 다른 단계를 거쳐 서로 다른 형태 및 성격의 학교에서 교육을 받게 된다.

8~12세 혹은 9~13세 학생을 위한 4년제 코스를 제공한다. 의무교육 기간 동안의 교육은 다시 연령에 따라 4개의 단계(key stage)로 구분되는데, 1단계는 5~7세, 2단계는 7~11세, 3단계는 11~14세, 그리고 4단계는 14~16세에 해당한다(소경희 외, 2000). 이를 요약하면 다음 그림과 같다.

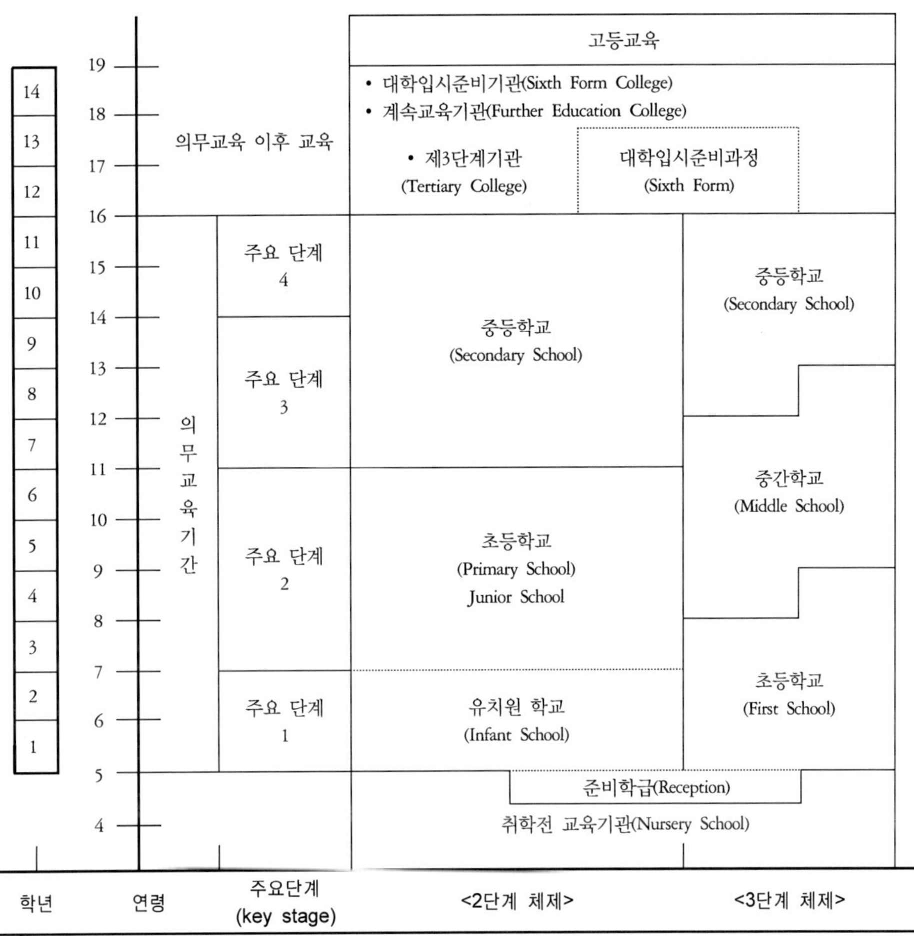

■ 영국의 학교 교육 제도 ■

영국은 노동당 정부의 집권과 더불어 새로운 교육 개혁을 시도하고 있으며, 이에 발맞추어 국가 교육과정 또한 새로 개정하였다. 새롭게 개정된 교육과정은 2000년 8월부터 적용되고 있다. 국가 교육과정 개정의 주요 목표는 학생들의 성취 기준을 향상시키는 데 초점을 둔 것으로, 새 교육과정은 수업을 위한 요구 사항을 좀 더 명백히

하고, 학교에 교육과정 개발의 융통성을 증가시키는 방향으로 설계되어 있다. 이 교육과정은 몇 개의 예외 조항을 제외하고는 2000년 8월부터 법적인 효력을 갖게 되었다. 새 교육과정의 적용 시기를 구체적으로 제시하면 다음 표와 같다.

교과 교육과정은 모든 교과에 걸쳐 크게 두 부분으로 구성되어 있다. 즉 '학습 프로그램(programmes of study)'과 '성취목표(attainment targets)'로 구성되어 있다. '학습 프로그램'에는 '공통 요구 사항(common requirement)'과 주요 단계(key stage)별 학습 프로그램이 제시되어 있다. '성취 목표'에는 수준별로 성취 목표가 제시되어 있다. 모든 교과에 제시되어 있는 '공통 요구 사항'은 교과별로 내용이 거의 유사하며, 모든 교과에 적용되는 일반적인 지침의 성격을 갖고 있다. 달리 말하자면, 우리나라 국가 교육과정의 총론에 해당하는 성격을 지니는 것이라고 할 수 있다.

◑ 영국의 새 교육과정 적용 시기 ◐

연 령	5~7	7~11	11~14	14~16	비 고
학 년	1~2	3~6	7~9	10~11	
국 어	■	■	■	■	핵심 교과
수 학	■	■	■	●	
과 학	■	■	■	●	
설계·기술	■	■	■	●	비핵심 기초 교과
정보통신기술	■	■	■	■	
역 사	■	■	■		
지 리	■	■	■		
현대외국어			■	●	
미술과 디자인	■	■	■		
음 악	■	■	■		
체 육	■	■	■	●	
시민교육			▶	▶	

* ■는 2000년 8월부터, ●는 2001년 8월부터, ▶는 2002년 8월부터 적용됨

영국의 교육과정 문서에서 특징적인 것은 교육과정이 학교 급별로 구분되어 있지 않고 교과별로 구분되어 있으며, 교과별 학습 내용도 학년별로 구분되어 제시되지 않고 몇 개 학년 또는 연령을 묶은 연령 단계별(즉 key stage별)로 제시된다는 점이다. 또한 영국의 교육과정 문서는 교과 편제 및 시간 배당에 관한 사항을 제시하지 않고 있다. 따라서 각 교과에 어느 정도의 수업 시간을 배당해야 할 것인지를 구체적으로 규

정하지 않고 있다는 특징을 지닌다. 국가 교육과정의 교과목 편제를 살펴보면, 교과목은 11개의 기초 교과(foundation subjects)로 구성되는데, 그중 영어, 수학, 과학은 핵심 교과(core subjects)로서 더욱 큰 비중을 차지하게 된다. 그 이외의 기초 교과는 설계기술(디자인과 기술), 정보기술, 역사, 지리, 현대외국어, 미술, 음악, 체육 등이다.

1) 초등학교 설계기술 교육과정

영국에서는 설계기술(D&T) 교과를 초등학교 이전인 유치원부터 시작하고 있다. 우리나라의 초등학교에 해당하는 영국의 초등학교는 KS(key stage)2와 KS3에 걸쳐 있다.
영국의 교과과정은 크게 두 부분으로 구성되어 있다. 즉 학습 프로그램(programmes of study)과 성취목표(attainment targets)로 되어 있는데, 학습 프로그램에는 '공통 요구사항'과 주요 단계별 학습 프로그램이 제시되어 있다.

초등학교 설계기술 교과의 목표
'설계기술' 교과에서는 다음과 같은 총괄 목표를 바탕으로 하여 하위 다섯 가지의 구체적인 목표를 제시하고 있다.

> 학생들은 물건을 설계하고 만들기 위하여 디자인하기(designing) · 만들기 기능(making skill)과 이와 관련된 지식 · 이해를 관련지어 자신의 설계 기술 능력을 개발할 수 있도록 학습하여야 한다.

- ■ 1. 학생들은 다음과 같은 활동을 통하여 자신의 설계기술 능력을 개발할 수 있는 기회를 가져야 한다.
  - a. 학생들이 물건을 디자인하고 만들 수 있는 과제(assignment)
  - b. 학생들이 개개의 기능과 지식을 개발하고 실행할 수 있는 실천적인 과제에 집중
  - c. 학생들이 간단한 제품을 탐구하고, 분해하고, 평가할 수 있는 활동
- ■ 2. 학생들은 다음과 같은 기회를 가져야 한다.
  - a. 어느 정도 재료와 부품을 가진 실습기회를 가져야 한다. 여기에는 딱딱하고 구부리기 쉬운 재료표를 포함하여야 하고, 이때 사용하는 재료는 틀(framework),

모형, 섬유, 음식, 전기적이고 기계적인 부품과 건축 모형 키트 등을 만들기 쉽고 적당해야 한다.

b. 개별적으로 때로는 팀별로 할 수 있는 실습

c. 다른 과목, 즉 예술, 수학, 과학 등의 학습 프로그램과 '설계 기술' 과목의 기능, 지식, 이해를 적용할 수 있는 기회

■ 3. 설계하기 기능

학생들은 다음과 같은 내용을 배워야 한다;

a. 자신의 설계능력에 도움을 주는 정보원을 활용하는 방법

b. 자신이 설계하려고 하는 목적과 사용자를 고려하여 아이디어를 일반화하는 방법

c. 자신의 아이디어를 분명히 하고, 설계한 것을 선정하기 위한 기준을 개발하여 계획한 방법으로 추진하는 방법

d. 제품 계획서를 만들 때 제품을 외관, 기능(function), 안전과 신뢰성을 고려하는 방법

e. 자신의 아이디어를 다양한 방법으로 구체화하여 설계 제안서를 탐구하고, 개발하고, 의사소통을 하는 방법

f. 자신이 만들고자 하는 물건의 아이디어를 분명히 하고, 활동 순서를 제안하고, 물건이 잘못될 때 처리할 수 있는 대안을 제안하는 방법

g. 아이디어를 발전시켜 만든 설계를 평가하고, 의도된 제품의 목적과 사용자의 마음에 들게 하며, 자신의 아이디어를 개선하는 방법

■ 4. 제작 기능

학생들은 다음과 같은 내용을 배워야 한다;

a. 적절한 재료, 공구, 기법을 선택하는 기능

b. 측정하기, 금긋기, 공구・장비・기법을 사용하여 재료를 정해진 치수대로 자르고 모양내기 기능

c. 재료와 부품을 임시로 또는 영구히 정확하게 연결하고 조립하는 기능

d. 종이나 골판지를 씌워서 마감하는 기능, 제품의 목적에 맞는 재료를 적절히 사용하는 기능

e. 만들려고 하는 제품의 아이디어를 분명하게 발전시키기, 재료를 어떻게

사용할 것인지를 계획하기, 처음에 시도가 실패하였을 때 제작방법의 대
안을 제안하는 기능

f. 제품의 평가하기, 제품의 강·약점을 확인하기, 적절한 검사(강도, 사용자
의 반응, 기능 등)를 수행하기

g. 자신이 확인한 개선사항을 이행하기

■ 5. 지식과 이해

학생들은 다음과 같은 내용을 배워야 한다.

[재료와 부품]

a. 재료 사용과 관련하여 어떻게 재료가 작용하는지의 특성

b. 제품의 보다 더 유용한 특성을 나타내기 위하여 재료의 결합과 혼합, 예컨
대 제품의 강도를 높이기 위하여 어떤 구조물에 새로운 재료를 섞기, 다양한
질감을 내기 위하여 혼합물에 서로 다른 성분을 섞기 등

[제어]

c. 서로 다른 동작을 만들어내기 위하여 사용된 간단한 메커니즘을 사용하는
방법

d. 간단한 스위치를 사용한 전자회로가 원하는 기능을 나타내도록 하는 방법

[구조]

e. 구조물에 하중이 실릴 때(loaded) 어떻게 부서지는지, 그리고 구조물을 강
화하고 보강하는 기법

[제품과 응용]

f. 조사하기, 간단한 제품과 응용 제품을 분해하고 평가하기를 배워야 하는
데, 여기에는 ㄱ 제품의 기능을 알기 위하여 기계적이고 전기적인 부품을
포함해야 한다.

g. 제품이 작동하는 방법을 원래 제품이 의도하는 목적과 관련시키고, 재료
와 부품이 어떻게 사용되었는지, 사람들의 필요와 사용자들의 제품에 대
한 평가

[제품의 질]

h. 제품의 정교성과 설계의 차이를 구별할 줄 아는 능력

i. 제품의 분명한 필요성을 어느 정도 충족시키는지를 포함하여 제품의 효율

성이 목적에 맞는지와 적절하게 자원을 사용하는지를 고려

[건강과 안전]

j. 디자이너, 제작자, 소비자로서의 건강과 안전에 대한 심도 있는 지식과 이해
- 제품 자체와 이와 유사한 제품, 활동, 환경 등에서의 위험성을 인식하기
- 해당 제품과 유사한 제품을 평가하기
- 이러한 위험을 제어하기 위한 행동을 취하기

[용어사용]

k. 장비, 재료와 부품, 학생이 사용하는 공정을 서술하고 이름을 짓기 위하여
적절한 용어를 사용하기

이와 같이 영국의 '설계기술' 과목의 교육목표를 살펴보았듯이 크게 5가지의 범주에서 목표를 제시하고 있다. 비단 KS2 단계만이 그런 것이 아니라 1단계나 3단계, 4단계에서도 마찬가지로 구성되어 있는 것이 특징이다. 즉 ① 학생들은 설계기술 능력을 신장시키기 위한 기회를 제공받아야 하는데 어떤 과제나 활동을 통해서 할 것인가를 제시하였다. ② 학생들은 어떤 재료나 기능, 지식, 다른 과목에서 배운 내용을 적용할 수 있는 기회가 주어져야 한다. ③ 설계할 수 있는 기능을 신장할 수 있도록 정보를 활용하고, 아이디어를 일반화하기, 설계를 평가할 수 있도록 배워야 한다. ④ 물건을 만드는 기능을 갖게 하기 위하여 만들려고 하는 물건의 재료와 공구 등을 선정한다든지, 마름질하고 조립하고 가공하는 능력을 기르고, 이를 평가할 수 있도록 한다. ⑤ 재료와 부품, 구조물, 제품과 응용, 제품의 질, 건강과 안전, 용어의 사용 등에 대한 지식을 이해할 수 있다.

초등학교 설계기술의 성취목표는 무엇인가?

성취목표(attainment targets)는 주요 단계별로 수준 1에서 수준 8로 구성되어 있으며, 각 단계는 특정 수준에서 학생들이 특징적으로 보여줄 수 있는 수행(performance) 정도를 설명해 준다. 각 주요 단계에서 학생들의 성취수준을 결정할 때, 교사들은 학생들에게 가장 적절한 수행 정도를 설명하도록 판단해야 한다. 각 단계의 서술은 인접하는 수준의 설명과 관련하여 고려되어야 한다.

주요 단계 1단계에서, 대부분 학생들의 수행수준은 수준 1에서 수준 3의 범위 내에 있어야 한다. 주요 단계 2단계에서는 수준 2에서 수준 5까지이고, 주요 단계 3단계서는 수준 3에서 수준 7까지이다. 수준 8은 매우 뛰어난 학생들에게 해당하고, 주요 단계 3단계에서의 이 수준은 교사들이 특별한 수행을 차별화할 때 도움을 줄 수 있다. 수준 8 이상에 대한 서술도 제시되어 있으나, 척도는 주요 단계 4단계에서는 적용하지 않는다.

성취목표 1인 '설계하기'와 성취목표 2인 '만들기'의 수준별 내용을 정리하면 다음 표와 같다.

◑ 성취목표의 수준 비교 ◐

구분	성취목표 1: 설계하기(designing)	성취목표 2: 만들기(making)
수준 1	○ 물건을 설계하고 만들 때, 성형하기, 조립하기, 그리고 재료와 부품을 재배열하는 활동을 통해서 아이디어를 일반화할 수 있다. ○ 일반적인 제품의 간단한 특징을 인식하고, 아이디어가 생각날 때에는 자신의 아이디어를 제품과 관련시킬 수 있다. ○ 자신이 만들고 싶은 것을 전달하기 위하여 그림과 말을 사용할 수 있다.	○ 물건을 설계하고 만들 때, 자기가 만드는 것은 무엇이고, 사용하는 재료는 무엇인지를 설명한다. ○ 재료 선택의 폭이 좁고, 주어진 기법과 성형 및 조립 공구를 사용한다.
수준 2	○ 물건을 설계하고 만들 때, 아이디어를 일반화하는 데 도움을 주기 위하여 재료, 기법, 제품을 사용한 자신들의 경험을 활용할 수 있다. ○ 자신의 설계를 향상시키기 위하여 모형과 그림을 사용하고 의사소통을 한다. 또한 자신의 아이디어를 반영하고 제안을 개선한다.	○ 물건을 설계하고 만들 때, 재료, 공구, 기법에서의 선택 폭이 넓고, 그것을 선택한 이유를 설명한다. ○ 공구를 안전하게 조작하고, 다양한 방법으로 재료를 조립하고 끼워 맞춘다. ○ 자신의 과제에 대한 결과에 대해 판단을 한다.
수준 3	○ 물건을 설계하고 만들 때, 아이디어를 일반화하고, 자신의 설계가 상충되는 요구 조건을 충족시킬 것이라고 인식한다. ○ 자신의 의도를 이루어낼 수 있는 방법에 대한 현실적인 대안을 내고, 의문이 생겼을 때 보다 나은 아이디어를 제안한다. ○ 자신의 아이디어를 일반화하는 데 도움을 줄 수 있는 적절한 학습 프로그램에 대한 지식과 이해를 끌어낼 수 있다. 형태에 따라 분류한 스케치는 자신의 설계를 세밀하게 보여주는 데 사용된다.	○ 물건을 설계하고 만들 때, 일의 순서를 미리 생각하고, 보다 목적에 맞게 공구, 재료, 기법을 선택한다. ○ 다소 정확하게 공구를 사용하고, 자신의 제품을 향상시키기 위하여 간단한 마감 기법을 사용한다. ○ 제품의 조립에 도움을 주기 위하여 다소 정밀하게 재료와 부품을 자르고 성형한다. ○ 자신의 제품이 원래 의도와 유사하고, 제품에 다소 변화가 있음을 확인한다.
수준 4	○ 물건을 설계하고 만들 때, 개별적으로 정보를 수집하고, 여러 개의 아이디어를 일반화하는 데 도움을 주기 위해 정보를 활용한다. ○ 사용자들이 제품에 대한 안목과 선호를 가지고 있다는 사실을 인식하고, 소비자를 고려하기 시작한다. 학생들은 제품이 의도하는 목적을 마음에 품고, 제품을 개발할 때 자신의 제품을 평가한다. ○ 스케치와 모형(model)을 사용하여 여러 가지 대안을 설명하고, 여러 가지 대안을 선택하고, 제품이 가지고 있는 제약을 인식하고 보여준다.	○ 물건을 설계하고 만들 때, 제작의 주요 단계를 확인하여 단계별로 만들며, 제작에 필요한 공구, 재료, 공정 목록을 만든다. ○ 여러 가지 기법을 사용하여 재료를 다양하게 재고, 간단한 형태로 마름질(mark out and cut)하여 접합한다. ○ 마감의 질과 기능(function)에 주의하여 제품의 정확성을 높여준다. ○ 제품의 작동이 잘되는 것과 안 되는 것을 확인한다.

수준 5	○ 물건을 설계하고 만들 때, 외부 자료를 이용하고 유사한 제품의 특성을 이해하여 아이디어를 일반화한다. ○ 토론하고, 제도와 모형 만들기, 제품을 만드는 데 도움을 주는 학습 프로그램을 적절한 지식과 이해를 사용하여 자신의 아이디어를 명료화한다. ○ 아이디어를 평가하고, 자신의 디자인이 갖는 기능(function)에 대한 제품 환경의 이해를 보여주고, 제품이 가지고 있는 제약의 자원을 인식한다.	○ 물건을 설계하고 만들 때, 자기가 만든 계획에 따라 작업을 하고, 제작의 어려운 관점에서 수정한다. ○ 폭넓은 공구와 재료를 사용하고 제품의 정밀도를 높이고 통제하여 안전하게 처리한다. ○ 과제를 수행하기 위해 측정하고 점검하는 절차를 사용하고, 처음 시도가 실패하였을 때는 접근 방법을 수정한다. ○ 디자인의 의도를 제품과 비교함으로써 평가하고, 제품을 향상시킬 방법을 제안한다.
수준 6	○ 물건을 설계하고 만들 때, 광범위한 정보원을 활용하여 아이디어를 일반화하는데, 여기에는 작품 과제와 직접적으로 관련되지 않은 것도 포함하고, 일반적인 제품의 형태와 기능을 이해한다. ○ 자신의 설계에 대한 기준을 만들고, 여기에는 외관, 기능, 안전, 사용자의 신뢰성과 자신이 의도한 제품의 목적, 그리고 자신이 제안한 디자인을 명확히 한다. ○ 자신이 생각한 설계를 조사하고 검사하기 위하여 잠정적인 모형을 만들고, 자신의 의도를 전달하기 위해 정규 제도방법을 사용한다.	○ 물건을 설계하고 만들 때, 설계의 결정과 밀접한 대략적인 계획을 만들고 첫 번째 시도가 실패하였을 때 처리하는 대안적인 방법을 제안한다. ○ 주요 단계 3단계의 학습프로그램에서 확인된 기법과 과정의 사용에 점점 유능해지고, 공구와 장비를 정밀한 재료 가공에 사용한다. ○ 사용하고 있는 제품을 평가하고, 제품의 기능을 향상시킬 방법을 확인한다.
수준 7	○ 물건을 설계하고 만들 때, 학생들은 적절한 정보원을 확인하고, 그 정보원을 아이디어의 일반화에 활용한다. ○ 일반적인 제품의 특징을 탐구하고, 여기에는 자신의 아이디어를 개발하기 위하여 형태, 기능(function), 제품의 과정 등이 포함되며, 재료와 부품의 작업 특성을 고려해야 한다. ○ 학생들은 사용자의 다양한 서로 다른 욕구를 인식하고, 그러한 욕구를 확인하기 위해 적절한 평가 기법을 사용한다. ○ 학생들은 실제적인 목적을 개발하기 위하여 주요 단계 3단계의 학습 프로그램을 이해하고 지식을 활용한다. 이때 학생들은 다양한 매체를 통하여 다른 사람들과 의사소통을 하고, 어떻게 자신의 디자인이 사용 시에 기능을 갖는지 보여준다.	○ 물건을 설계하고 만들 때, 제작상의 주요 단계의 수행에 필요한 시간을 예측하는 계획을 세우고, 재료와 부품의 선택을 공구, 장비, 공정과 연결시킨다. ○ 제조 방법을 변화하는 환경에 맞도록 변화시키고, 원래 디자인의 의도에 벗어나는 편차를 줄이기 위한 올바른 이론을 제시한다. ○ 현재 사용 중인 제품의 평가할 수 있는 적절한 기법을 선택하고, 제품의 기능을 향상시키기 위하여 디자인을 수정한다.
수준 8	○ 물건을 설계하고 만들 때, 학생들은 적절한 아이디어를 일반화하는 데 도움을 줄 수 있는 방법을 활용한다. ○ 사용자의 요구와 선호가 시중에 나와 있는 제품에 어떻게 반영되었는지를 확인하고, 여기에서 얻은 아이디어를 자신의 과제와 관련시킨다. ○ 학생들은 자신의 신체적 이해와 작업 특성에 기초하여 재료와 기법에 대한 결정을 한다. ○ 학생들은 자신의 설계에 대한 모순되는 요구를 확인하고, 이러한 요구를 자신의 디자인 아이디어에 어떻게 처리해야 하는지의 방법을 확인한다. 그리고 이러한 분석을 디자인 제안서를 만드는 데 활용한다.	○ 물건을 설계하고 만들 때, 아이디어에 대한 결정이 이루어졌는지를 확인하여 계획을 세운다. ○ 자신의 계획이 제조 방법상의 대안을 제시한다. ○ 공정이 정확하고 일관성 있게 이루어지도록 확신을 주기 위하여 자신의 과제를 조직하고, 자신의 계획에 요구되는 정밀도의 정도에 공구와 기법을 활용한다. ○ 자신이 만든 제품을 평가할 때, 제품을 디자인한 목적을 넘어서는 문제를 표명하는 기준폭을 확인한다.
특별한 수행 수준	○ 물건을 설계하고 만들 때, 학생들은 자신의 디자인 구안에 도움을 주는 정보를 체계적으로 찾고, 소비자들의 다양한 요구를 인식한다. ○ 학생들은 모형을 만드는 작업을 통해 정당하고 최적의 해결을 하기 위하여 주요 단계 3의 학습 프로그램에 대한 지식과 이해를 활용하고, 제품 생산에 도움을 줄 상세한 사항과 함께 자기 디자인의 주요 특징을 다른 사람들에게 전달한다.	○ 물건을 설계하고 만들 때, 제작의 각 단계가 어떻게 성취되었는지를 구체화하는 계획을 세우고, 가장 적절한 시간과 자원을 이용한다. ○ 만들어진 제품의 정밀도가 높아서 신뢰할 만하고 튼튼하며, 제품이 요구하는 질을 충분히 반영하였고, 디자인의 제안이 상세하게 제시되었다. ○ 평가 절차를 고안하여 자신의 제품을 향상시키는 방법에 사용하며 실행한다.

초등학생들은 무엇을 배울까?

다음과 같이 25개의 과제 단원은 학교에서 학생들의 과제 수행에 도움을 줄 수 있다.

❶ 해당 학년별 과제의 목록표 ❶

1A 종이 그림 영화 만들기	1B 모형 운동장 꾸미기	1C 과일과 야채 먹기	1D 모형주택 만들기	
2A 운반기구 만들기	2B 꼭두각시 인형 만들기	2C 감아올리기	2D 외투 만들기	
3A 포장하기	3B 샌드위치	3C 움직이는 괴물	3D 사진작품 걸기	
4A 손지갑 만들기	4B 이야기 책 만들기	4C 회중전등 만들기	4D 경보기 만들기	4E 전기를 이용 하여 불 켜기
5A 악기 만들기	5B 빵 만들기	5C 움직이는 장난감	5D 비스킷 만들기	
6A 모형 집짓기	6B 실내화 만들기	6C 전시장 이동 기구 만들기	6D 제어장치가 달린 수송 기구 만들기	

위에서 제시한 과제들은 1학년부터 6학년까지의 연령에 해당하는 것으로 1A에서 1D는 1학년(year 1), 즉 5세의 유치원학교(infant school) 학생들에게 부과되는 것이다. 이렇게 하여 6A에서 6D는 6학년에 해당하는 것으로 초등학교 마지막 학년인 4학년에 해당한다. 참고로 1~2학년이 유치원이고, 3~6학년이 초등학교에 해당한다.

이와 같은 각각의 과제에 대한 선행학습과 기대수준에 대하여 간단히 살펴보기로 한다.

❶ 과제별 선행학습과 기대수준 ❶

학년	과 제	선행 학습	기대 수준 (대부분의 학생)
1	A 종이 그림영화 만들기	• 종이와 두꺼운 종이를 안전하게 자르기 • 테이프, 접착제, 종이철 등을 이용하여 묶기 • 오려낼 그림 기르기	• 간단한 레버와 슬라이더를 합쳐서 움직이는 그림영화를 만들기 위해 안전하게 도구를 사용한다. • 만드는 기능(skill)을 연습하기 위해 그리고 자신의 아이디어를 발전시키기 위해 출발점으로서 주어진 기법을 사용한다. • 간단한 움직이는 그림 영화를 만드는 방법에 대해 말할 수 있다.
	B 모형 운동장 꾸미기	• 모형을 만들기 위해 모형 키트를 사용하기 • 구조물을 조립하고 결합하기	• 모형 운동장을 만드는 장비의 실제 목록을 조사한다. • 꾸미기 모형 부품을 결합하고, 다른 재료(카드, 재생 용품, 은못과 줄와 같이 붙인다. • 모형 운동장 만드는 장비의 항목을 실제 모형으로 잘 만든다. • 모형을 정확하게 조립하고 소비자에게 적절한 방법에 대하여 이야기한다.

1	C 과일과 야채 많이 먹기	• 과일과 채소에 대한 이야기와 시 듣기 • 일상 과일과 채소를 보고 다루기 • 토론을 통한 아이디어를 나누기 • 연한 과일과 채소 자르기	• 과일과 채소의 맛, 질감, 모양과 같은 특성을 이해하고 성분 원료를 구체적인 물체와 관련짓는다. • 기본적인 도구를 안전하게 사용한다. • 과일과 야채를 더 많이 먹는 것이 중요함을 인식한다.
	D 모형 주택 만들기	• 기본 도구를 안전하고 적절하게 사용하기 • 아이디어를 나누기 • 종이로 만들기, 카드 자르기, 형태를 만들고 붙이기	• 창문과 문의 주요 특징을 살려서 모형 주택을 만든 후 서로 다른 형태의 건물과 주요 특징을 이해할 수 있는 증거를 나타낸다.
2	A 운반기구 만들기	• 재료를 결합하고 붙이기 • 자르기, 카드 만들기, 재료 재활용하기 • 아이디어를 나누기 • 경첩 만들기	• 토론을 통해 자신의 아이디어를 명확히 한 후, 움직이는 운송수단과 관련된 간단한 기구가 어떻게 작동하는지를 이해한다. • 움직이는 바퀴 달린 기구를 만들고 자신의 디자인 의도를 연결시킨다.
	B 꼭두각시 인형 만들기	• 형판에 따라 그리기 • 접착제를 사용하여 종이를 접착하기 • 다른 사람과 아이디어를 나누기 • 만들 물건 그리기	• 자신이 전개한 아이디어를 토론하고 그 아이디어를 말한다. • 주어진 기법을 사용하여 정확한 크기와 그 특성을 반영하여 꼭두각시 인형을 만든다. • 적절한 재료와 기법을 사용하여 두 조각의 천을 꿰매고 붙인다.
	C 감아올리기	• 모형 건축 키트 만들기 • 강하고 안정적인 구조물 만들기 • 자신의 아이디어를 나누기	• 간단한 감아올리는 기계장치를 이해하고 자신의 아이디어를 실현할 수 있는 현실적인 제안을 한다. • 구조물 만들기 키트와 재활용 재료를 활용하여 기계장치를 만든다. • 자신의 모형이 어떻게 잘 작동하는지 말할 수 있다.
	D 외투 만들기	• 플라스틱 뜨개바늘을 사용하여 레이스 수놓기나 뜨개질과 같은 기본적인 바느질 경험하기 • 천의 자르기 • 제도를 하기 위해 컴퓨터를 사용하기	• 자신의 아이디어를 실현하기 위해 그래픽 프로그램을 사용하고, 외투를 디자인하기 위해 개선사항을 제안한다. • 자신의 디자인을 보여주는 기법과 기구를 안전하게 사용한다.
3	A 포장하기	• 종이와 카드를 서로 달리 붙이고 자르는 방법 사용하기 • 2차원과 3차원의 형태 간의 차이를 알기	• 상업적으로 만들어진 포장 꾸러미를 조사하고, 많은 예들이 그물모양으로 짜는 것임을 인식한다. • 자신의 아이디어를 종이로 실물크기의 모형으로 만든 후에 정확하게 측정, 마름질, 재단, 조립한다. • 자신의 원본 디자인의 준거와 대비하여 자신의 포장을 평가한다. • 시각적으로는 생동감 있게, 정확하고 적절하게 포장을 한다.
	B 샌드위치	• 음식물은 다양한 요소로 이루어짐을 알기 • 건강한 다이어트를 하기 위해 다양한 음식이 필요함을 알기 • 음식을 만들 때 개인위생에 대해 알기	• 폭넓은 샌드위치의 재료를 준비하고 선택하기 위한 평가활동에서 나온 정보를 활용하고, 맛있는 샌드위치를 만들기 위해 재료를 넣기 • 원래의 의도대로 샌드위치가 잘 만들어졌는지를 고려하기 • 건강하게 음식을 먹기 위해 저울접시 모형을 이해하고, 샌드위치가 건강한 다이어트에 어느 정도 도움을 주는지 자신의 생각을 적용하기

3	C 움직이는 괴물	• 어떻게 재료가 운동을 일으키도록 결합되는지 알기 • 다양한 방법으로 아이디어를 내고 말하기 • 간단한 수공구를 사용하여 재료를 결합하고 접합하기 • 과제가 진행되는 중과 끝났을 때 평가하기	• 간단한 압축공기를 이해하고 발전시킨다. • 팀의 일원으로서 디자인하고, 압축 공기 시스템으로 제어되는 부분이 적어도 한 부분이 되도록 모형 괴물을 만든다.
	D 사진 작품 걸기	• 모형 구조물을 키트 사용하기 • 자르고 결합하는 기법을 사용하기	• 구조물이 안정하게 만들어지는 방법을 이해하고, 구조물에 요구되는 상충되는 힘을 인식한다. • 각 개인에게 적절하며 개성 있게 독립적으로 서 있는 사진 작품 게시물을 계획하고 완성한다.
4	A 손지갑 만들기	• 간단한 접착과 바느질로 천을 붙이기 • 치수를 재고 마름질하기 위해 간단한 패턴과 형틀을 사용하기 • 작품을 평가하기	• 디자인하여 천으로 만드는 작업의 충분한 이해와 기능을 습득하고, 자신의 디자인 준거를 만족시키는 금고를 만든다. • 시판되는 제품을 평가하고, 적절한 것을 하나 골라 천을 시험한다. • 적절한 장식 기법을 응용한다.
	B 이야기 책 만들기	• 경첩과 슬라이더에 대해 알기 • 종이와 카드로 서로 다른 연결과 자르는 기법 사용하기 • 다양한 종이와 카드에 적합한 기본적인 절단 공구 사용하기	• 다양한 제품을 조사하여 얻은 아이디어를 활용하고, 자신의 기능과 기법의 레퍼토리를 늘린다. • 질 높은 책을 만들기 위해 손잡이와 결합장치가 포함되어 있는 책을 디자인하여 만들 때 공구를 안전하게 사용한다. • 간단한 기계장치를 만드는 기능을 향상시킨다. • 조원으로서 작업할 수 있다. • 자신과 다른 사람의 작품을 모두 평가할 수 있다.
	C 회중전등 만들기	• 간단한 전기 회로를 구성하고, 고장을 고치기 • 재활용 재료를 포함하는 다양한 재료를 자르고 결합하기 • 부품이 작동하는 방법을 알고 부품을 서로 연결할 때 필요한 간단한 공구를 사용하기	• 건전지로 작동하는 간단한 회로가 어떻게 작동하는지의 이해를 높이고, 서로 다른 종류의 스위치를 사용하여 제어할 수 있는 방법을 안다. • 회중전등을 만들고, 사용자들이 선택할 수 있는 구체적인 필요를 확인하여 디자인 준거에 대해 평가한다.
	D 경보기 만들기	• 나무, 카드, 적절한 접착테이프와 같은 모형 건축재료 사용하기 • 간단한 직렬 전기회로를 구성하고, 고장을 고치기 • 전기 부품의 작동방법을 알고, 각 부품의 연결에 필요한 간단한 공구 사용하기	• 경보기에 대한 아이디어를 일반화하는데 도움을 주는 간단한 전기회로와 스위치를 이해한다. • 자신의 아이디어를 다른 사람에게 전달하기 위한 제도를 한다. • 조립에 도움을 주기 위해 어느 정도 정밀도를 지진 재료를 부품을 꽂고 자르고 완성한다. • 적절한 기법을 사용하여 장치에 부품을 결합한다. • 경보기를 작동시키는 제어 프로그램을 사용한다.
	E 전기를 이용하여 불 켜기	• 간단한 전기회로를 구성하고 고장을 수리하기 • 재활용 재료를 포함한 다양한 재료를 자르고 결합하기 • 전기부품의 작동법을 알고, 전기 부품을 연결하기 위한 간단한 공구를 사용하기	• 건전지로 작동하는 전기회로의 작동법의 이해를 높이고, 제어박스나 제어 프로그램과 같은 서로 다른 다양한 종류의 스위치를 제어하는 방법을 이해한다. • 전등을 만들고 소비자들의 욕구를 확인하고 평가한다.

5	A 악기 만들기	• 종이에 자신의 아이디어를 나타내는 방법을 알기 • 서로 다른 방법으로 종이, 카드, 목재, 플라스틱을 결합하고 자르기 • 칠하고 광내기 등과 같은 서로 다른 마감 기법을 알기	• 서로 다른 방법으로 만들어내는 소리를 인식한다. • 많은 아이디어를 일반화하기 위해 정보를 수집하고 사용하며, 음악기구를 만들 디자인 하나를 선택한다. • 자신의 디자인에 맞는 모형 부품을 만들고, 주석을 단 다이어그램을 만든다. • 자신의 기구를 만들 계획에 대하여 제안하기 • 정교하게 기구를 측정하고, 재단하고, 자르고, 조립한다. • 자신의 과제를 지속적으로 평가한다. • 연구하고 디자인하기 위한 ICT를 사용한다. • 재료의 강도를 높이는 방법을 이해한다.
	B 빵 만들기	• 간단한 음식 위생을 인식하고 안전하게 기구를 사용하기 • 디자인의 아이디어를 알리기 위해 현재 사용하고 있는 제품을 조사해보기 • 모양, 재질, 맛 등에 따라 음식을 평가해보기 • 무게를 달고 측정하는 기능 갖기	• 아이디어를 일반화하는 데 도움을 주는 음식물의 성분에 대한 자신의 경험과 요리법을 활용한다. • 왜 사람들이 특정 음식을 선택하고 원하는지를 설명한다. • 작업순서를 정하고 필요한 적절한 기구를 선택한다. • 디자인 준거의 목표에 따라 자신이 만든 빵을 평가한다. • 음식의 안전과 위생과 관련된 이슈를 분명히 이해한다.
	C 움직이는 장난감	• 공구를 안전하게 다루는 방법 알기 • 종이 재료의 작업특성에 대해 알기 • 모형주택 키트를 가지고 모형 만들기	• 자신의 장난감 디자인에 캠으로 이루어지는 운동 지식을 활용한다. • 스케치를 그리고, 단계별 계획을 세우고, 공구와 재료를 확인한다. • 과제를 만들기 위해 재료를 측정하고, 정확하게 마름질하고, 평가한다.
	D 비스킷 만들기	• 음식의 특성을 말하기 • 기구를 안전하게 사용하는 기능 • 음식 위생의 인식 • 자신의 디자인을 알리는 기준의 사용 • 간단한 평가 기법의 사용 • 무게를 재고 측정하는 기능	• 아이디어를 일반화하는데 도움을 주는 음식을 먹는 경험을 갖는다. • 사람들이 특정 음식을 선택하는 이유를 설명한다. • 실습의 순서를 따르고 적절한 기구를 선택한다. • 새로운 비스킷을 만들어서 특정인에게 평가하게 한다. • 공구와 기구를 안전하게 사용하고, 실습 시 정확하게 사용한다.
6	A 모형 집짓기	• 구조물을 만들기 위해 재료를 마름질하고 맞추는 방법 알기 • 종이 위에 자신의 아이디어를 나타내는 방법 실습하기	• 여러 가지 집을 조사한다. • 구조물을 만드는 재료로서 관의 사용을 인식하고 사용한다. • 삼각 지주를 사용하여 구조물을 강화하고 평면 검사를 한다. • 모형 집의 여러 가지 대안적인 아이디어를 나타내는 디자인 도면 그린다. • 구체적인 목적을 위해 적절한 축척이나 실제 크기의 집을 만든다. • 구조물을 통합하고 피복을 입힌다.
	B 실내화 만들기	• 간단한 패턴을 만들고 사용하기 • 천을 꿰매고 붙이기 • 간단한 설명서를 작성하기 • 단계별 접근으로 자신의 과제를 계획하기	• 실내화의 탐색에서부터 디자인하고 만들기 위해 정보를 사용한다. • 천으로 실내화를 만드는 기능을 익히고, 적절한 재료와 기법을 사용하여 디자인하고 만든다. • 원본 설명서에 대한 실내화의 모양과 기능(function)을 비판적으로 평가할 수 있다.

| 6 | C 전시장 이동
기구 만들기 | • 전기회로와 다양한 전자 부품에 대해 알기
• 구르는 바퀴와 같은 회전 부품을 가지고 모형을 만들고, 모형 구조물 키트로 다양한 모형을 만들기 | • 전기회로를 연결할 때 전기 모터가 움직이는 방법에 대하여 친근해 진다.
• 여러 가지 아이디어를 선택하여 만든다.
• 벨트와 풀리를 사용하여 만든 모형에 부품을 운전하기 위해 모터로 회전력을 얻는다.
• 탈 것을 디자인하고, 만들고, 평가하고, 수정하여 컴퓨터 제어장치와 연결한다. |
| | D 제어장치가
달린 수송 기구
만들기 | • 도면을 분류하여 만들기
• 공구를 안전하고 정확하게 사용하기
• 간단한 전기회로 만들기
• 사각 접합 목재로 구조물 만들기
• 바퀴와 축을 섀시로 고정시키기 | • 전기가 제품을 어떻게 가동하는지를 이해한다.
• 스위치에 대한 정보를 얻고, 적절한 녹음기법을 사용한다.
• 움직이는 장난감을 정확하게 디자인하여 만들고, 높은 기준으로 마감한다. |

◑ 해당 학년별 과제의 재료 및 소요 시간 ◐

학년	단원 제목과 참고자료	주안점	재 료	소요 시간
1	1A 종이 그림 영화 만들기	기계 장치	종이 재료	9~11
1	1B 모형 운동장 꾸미기	구조물	모형 구조물 키트, 종이재료, 재활용 재료	8~10
1	1C 과일과 야채 먹기	음식	음식	6~8
1	1D 모형주택 만들기	구조물	모형 구조물 키트, 종이재료, 재활용 재료	8~10
2	2A 운반기구 만들기	기계 장치	재활용 재료	9~11
2	2B 꼭두각시 인형 만들기	천	천	6~8
2	2C 감아올리기	기계장치, 구조물	재활용 재료, 모형 구조물 키트	8~10
2	2D 외투 만들기	천	천	6~8
3	3A 포장하기	구조물	종이 재료	8~10
3	3B 샌드위치	음식	음식	6~8
3	3C 움직이는 괴물	제어: 기계장치	재활용 재료, 모형 구조물 키트, 부품	9~11
3	3D 사진작품 걸기	구조물	종이 재료	8~10
4	4A 손지갑 만들기	구조물: 천	천, 천조각	8~10
4	4B 이야기 책 만들기	제어: 기계장치	종이 재료	6~8
4	4C 회중전등 만들기	제어: 전기	다양한 구조물 재료와 부품	9~11
4	4D 경보기 만들기	제어; 전기	종이재료, 목재, 부품	9~11
4	4E 전기를 이용하여 불 켜기	제어: 전기, 컴퓨터		
5	5A 악기 만들기	구조물	종이 재료, 목재	6~8
5	5B 빵 만들기	음식	음식	8~10
5	5C 움직이는 장난감	제어: 기계장치	구조물, 종이 재료, 목재, 부품	9~11
5	5D 비스킷 만들기	음식	음식	8~10
6	6A 모형 집짓기	구조물	종이 재료, 목재	6~8
6	6B 실내화 만들기	구조물: 천	천	8~10
6	6C 전시장 이동 기구 만들기	제어: 전기	다양한 구조물 재료와 부품	9~11
6	6D 제어장치가 달린 수송 기구 만들기	제어: 전기	다양한 구조물 재료와 부품	9~11

영국의 '설계기술'이 우리나라 실과교육과 설계기술교육에 주는 시사점은 다음과 같다. 영국에서 시행하고 있는 '설계기술' 교과는 유치원에서부터 고등학교에 이르기까지 다양한 소재를 가지고 있다. 일상생활에 필요한 물건을 디자인하고 연령에 맞는 재료로 만들 뿐만 아니라 간단한 음식을 만들기도 한다. 이러한 활용을 통하여 학생들은 디자인하는 능력을 기르고 물건을 만드는 기능을 갖게 된다. 이와 더불어 물건을 만드는 것과 관련된 지식과 이해를 하여 실제적으로 활용할 수 있도록 하며, 우리가 사는 세상에 대한 가치와 태도를 갖게 하고 있다.

체계적인 학습 활동

교육과정이 바뀌면서 점점 위축되어 가고 있는 우리나라의 실과(기술·가정) 교과와는 대조를 이루고 있다. 그 이면에는 교육과정의 내용체계가 조직적이지 못한 면도 있고 이를 구현하는 학교에서의 교수—학습에도 문제가 있기 때문이다. 초등학교 실과를 통하여 학생들에게 어떤 능력을 길러 주어야 하는지에 대해 분명하게 제시하고 있지만, 이를 교사가 확실하게 인식하고 있지도 못한 면이 있다. 이에 비하면 영국의 경우에는 유치원부터 중등학교에 이르기까지 과제의 난이도에 따라 어떤 체계를 가지고 제시하고 있어서 학생의 흥미를 유발하고 있다.

유형별 활동 제시

'설계기술'에서의 각 활동은 세 가지 유형으로 가르치도록 계획되어 있다. 즉 IDEA(탐구활동 investigative, 분해활동 disassembly, 평가활동 evaluate activity), FTP(집중 실습과제; focused practical task), DMA(설계와 제작과제 design and make assignment) 활동은 각 단원에 구성되어 있다. 이 중에서 '탐구·분해·평가활동'을 하고 난 후에야 '집중 실습 과제'를 배우며, 모든 단원에는 '설계·제작활동'을 하도록 구성되어 있는 것이 특징이다. 또한 각 단원마다 학생들의 선수학습내용과 학생들의 기대수준을 제시하고 있어서 학생들의 수업과 평가에 구체적인 도움을 주고 있어서 매우 유익하다.

가정 및 학교 외의 활동

매 단원마다 활동을 하고난 후에는 '학교 외의 활동', 즉 가정학습 활동을 제시하고 있다. 이를 위해 교사는 다음과 같은 활동을 적절히 제공하여야 한다.

- **제품 평가하기:** 장난감, 펼치면 그림이 튀어나오는 그림책, 주방기구나 쇼핑백 등과 같은 제품을 기준에 따라 평가해 보기
- **물건의 작동원리를 탐구하기:** 문의 경첩과 같은 물건의 작동원리를 알 수 있게 하며, 어디에서 발견할 수 있는지, 어떻게 작동하는지를 그림으로 그려서 분류한다.
- **일반인들이 선호하는 물건 조사하기:** 사람들이 좋아하는 색깔이나 맛 등과 같은 정보를 조사하여 채우도록 한다.
- **설계하기 또는 시작품 만들기:** 자신의 아이디어를 설계하거나 그중에서 하나를 골라 시작품을 만들게 한다.
- **연구하기:** 가족, 잡지, CD-ROM, 인터넷 등의 도움을 받아 특정 제품에 대해 심층적으로 연구한다.
- **실제적인 활동을 수행하기:** 부모의 지도하에 음식을 준비하거나 천 조각을 장식하는 실용적인 기능을 익히게 한다.

5. 설계기술교육에서의 기술적 소양

1) 기술적 소양과 기술교육

기술교육에 있어서 기술적 소양이 갖는 의미는 자못 의미심장하다. 기술교육 교육과정에서도 **기술적 소양을 갖게 하는 교과**로 명시하고 있기 때문이다. 기술교육의 성격에 기술적 소양(technological literacy)이라는 용어를 사용하는 것이 일견 보기에는 명료하지 않은 면이 있다. 기술적 소양 자체에 대한 정확한 의미 규정을 하지 않은 상태에서 기술교육의 성격으로 제시하는 것이 부분적으로 모순된 점이 없는 것은 아니다.

기술적 소양이라는 용어가 기술교육의 교육목표에 등장한 것이 5차 교육과정에서의 고등학교 기술 과목에서부터였다. 물론 미국에서는 1980년대부터 사용하기 시작하였으며, 2000년도에는 '기술적 소양을 위한 내용 기준(standards for technological literacy)'을 발표하여 그 중요성을 한층 부각시켰다. 여기에는 '기술에 대한 개념과 원리를 이해하여 실생활에 활용하는 교과'라는 성격이 포함되어 있는 것으로써, 기술과의 정체성을 분명하게 한다는 의미에서 기술적 소양에 포함시켰다. 또한 기술적 소양과 기술

적 능력(technological capability)[11]은 지향하는 바가 다르기는 하나, 기술적 소양과 전혀 다르다고 할 수도 없다.

기술적 소양과 기술적 능력을 구분하여 제시하면 이 두 가지에 해당하는 구체적인 구성요소나 내용을 체계화하든지 밝혀 주어야 한다. 그럼에도 불구하고 여기에서 기술적 소양을 기술과의 중요한 개념으로 제시하였으며, 기술적 능력을 별개의 기술과 성격으로 제시하지 않고 이 개념에 해당하는 내용 중의 일부를 기술적 소양에 포함시켜 제시하였다. 델파이 조사(이춘식, 2001)에서도 알 수 있듯이 기술적 소양에 해당하는 내용으로는 기술의 개념과 체제 및 역할을 알게 하기, 기술의 생산적 원리를 알게 하기, 실생활에서 활용할 수 있는 지식을 갖게 하기, 문제해결 능력을 길러 주는 능력 등의 내용이 모두 기술적 소양에 포함되는 내용으로 상정하여 단일화 한 바 있다.

기술교육은 기술적 경험을 통하여 인간의 조작적 본능을 충족시키는 교과로 자리 매김하고 있다. 지금까지 기술교육은 인간 본래의 조작적 활동 요구를 충족시켜주는 교육으로 이해되어 왔으며, 인간을 '호모 파베르(工作人: Homo-Faber)'라고 부르는 것은 도구의 역사와 궤를 같이한다. 이것은 실천적인 성격이 강하게 내포되어 있음을 암시하고 있다. 인간의 조작적 본성은 새로운 것을 만들어보고 이용해 보려는 경향을 지니고 있으며, 새로운 것을 탐구하고 알아내려는 인지적 본성과 함께 인간이 본연적으로 지니고 있는 내재적 동기 중의 하나이다.

따라서 기술과 교육은 도구를 사용하는 능력이나 재료를 활용하는 능력을 길러 주는 운동 기능적(psychomotor) 특성이 가지고 있다(류창열, 2000). 여기서 제시한 인간의 조작적 본능을 충족시키는 것은 아무런 의미 없는 활동이 아니라 기술적인 경험을 통해서만이 의미가 있음을 암시하고 있다. 기술과 관련이 있는 도구나 재료를 가지고 의미 있는 활동을 할 때만이 기술교육에서 의미하는 조작적 본능을 충족시킨다는 데 유의할 필요가 있다. 이것은 인간의 활동 중에는 조작적 본능에 해당하기는 하나 기술과 관련이 없는 활동이 얼마든지 있기 때문이다.

---

11) 기술적 능력은 과거의 단순기능(skill)이나 직무능력(competency)의 차원이라기보다는 문제해결을 통한 만드는 능력의 차원에서 제시된 것이다. 실생활에서의 문제는 거대한 내용보다는 기술적 원리만 알고 있다면 해결될 수 있는 실용적인 것들이기 때문에 지식기반사회에서 우리 모두가 가지고 있어야 하는 기초적인 능력이라고 보아야 한다. 또한 이것은 기술과 교육의 가치에 대한 설명으로 타당하고 광범위하게 이루어지기 위해서는 기술적 원리(principles)라는 기반을 통해 습득되어야 한다.
만일 기술과 교육을 기술에 대한 학습에 관심을 갖는 것으로 본다면, 여기에는 세 가지 구성요소, 즉 기능(skill), 지식, 가치(value)로 이루어져 있다고 말할 수 있다(Assessment of Performance Unit[APU], 1981). 그러한 예로써, 영국에서는 이러한 기술적 이해와 성취(accomplishment)는 디자인하고 물건을 만드는 과정을 통해서 습득된다고 알려져 있다. '디자인과 기술' 교과는 핵심적으로 학생들이 실제적인 행동(action)과 능력(capability)에 관심을 갖으며(National Curriculum Council [NCC], 1981), 어떤 내용은 문제해결 능력을 촉진시키기 위해 고안된 집중 과제를 통해서 습득되기도 하고, 구체적인 기능과 지식의 개발을 통해 습득되기도 한다.

기술교육의 또 다른 특성으로는, **기술적 활동을 통하여 직업진로를 탐색하는 교과**라는 점이다. 기술교육을 통하여 학생들이 가지고 있는 기술적 능력을 길러 주고, 다양한 기술 관련 활동을 하게 하여 일의 세계를 이해함으로써 자신의 진로를 탐색하도록 하는 것이 이 시기에서는 매우 중요한 기능 중의 하나이다. 지금까지 기술교육을 통해 자신의 진로를 탐색하도록 하는 것이 기술과의 중요한 목적 중의 하나로 여겨왔으며 앞으로도 의미 있는 기여를 할 수 있음을 강하게 내포하고 있다. 모든 교과가 진로와 직·간접적으로 관련이 있기는 하나 우리가 살고 있는 직업세계와 산업분포는 기술과 관련된 것이 대부분이다. 이러한 기술의 세계와 관련된 진로는 기술적 활동을 통해서만이 길러질 수 있는 특성을 갖고 있기 때문에 기술적 활동을 통한 진로의 탐색을 기술과의 중요한 성격의 하나로 부각시켰다.

우리나라에서는 기술적 소양(technological literacy)이라는 용어를 때로는 기술적 교양으로 사용하기도 하지만, 여기에서는 기술적 소양이 일반인들에게 보다 친근하고 이해하기 쉽다고 생각되어서 일관되게 사용하기로 하였다. 이 용어가 의미하는 바는, 일반 시민으로서 급변하는 기술사회에서 시대에 뒤떨어지지 않으면서 기술에 대한 문맹인이 되지 않도록 하자는 것이다.

오늘날과 같이 복잡한 사회에서 우리는 늘 기술과 접하고 생활하고 있으면서도 기술적 판단이 필요할 때에는 결정적으로 발뺌을 하는 현상이 빈번하게 일어나고 있다. 사회에서 개인들은 제기되는 다양한 문제, 즉 교통문제, 환경오염의 문제, 생명기술의 문제 등에 참여하여 그 문제에 대한 해결책을 결정하여 선택하도록 요구받고 있다. 이러한 올바른 문제해결에 시민들이 참여하기 위해서는 모든 시민들이 기술에 대해 기본적인 지식과 이해를 하고 있지 않으면 다분히 감정적이요 개인이나 집단의 이해득실을 따지는 현상이 벌어질 수밖에 없다. 따라서 기술적 소양은 하루아침에 이루어지는 것이 아니라 초·중등 기술교육을 통하여 지속적이며 체계적으로 이루어져야 함을 시사하고 있다.

2) 기술적 소양의 구성 요소

지금까지 기술적 소양에 대한 목표 차원의 제시는 있었지만 구체적으로 무엇을 의미하는지에 대해서는 규명을 하지 않았기 때문에 상식선에서 인식하는 면이 많았다. 따라서 델파이 조사에 참여한 토론자들의 응답을 분석한 결과와 다양한 자료를 종합한 결과를 인용하여 제시하면 다음과 같다(이춘식 외, 2001).

◑ 기술적 소양의 개념적 구성 요소 ◑

구 분	구성 요소
이해의 측면	−기술의 개념과 원리에 대한 이해 −기술의 특성과 중요성에 대한 이해 −기술의 발전과 변화에 대한 이해
활동의 측면	−실생활에서의 문제를 해결하는 능력 −기술적 지식을 활용하는 능력
태도에 대한 측면	−일을 안전하게 수행하는 태도 −기술에 대한 올바른 태도 −기술과 관련된 문제에 적극적으로 참여하고 해결하는 태도 −기술이 인간과 환경에 미치는 영향을 평가하는 태도

여기에서 제시한 기술적 소양의 내용을 지니고 있는 사람을 기술적 소양인이라고 할 수 있는데, 이러한 수준에는 각 나라마다 사회·문화적 수준에 따라 매우 달라질 수 있음에 유의하여야 한다.

기술적 소양은 그 사회의 기술수준과 구성원들의 인식수준에 따라 달라질 수 있는 것은 당연할 것이다. 21세기 지식기반사회에서 교과를 통한 지식을 중요시하게 여기는 것 중의 하나가 '삶 중심의 교과내용'이다. 삶 중심 지식의 교과내용은 사회에 직접적으로 적용할 수 있는 활용중심 지식을 지향하게 된다. 지식의 활용 기준은 먼저 실천 가능한 지식이어야 하며, 그리고 문제해결을 구체적으로 도모할 수 있어야 하며, 사회생활의 영위에 직접적으로 필요한 지식임을 이미 고찰한 바 있다. 그래서 기술과 교육을 통해서도 삶 중심의 교육을 실천 가능한 지식이 되기 위하여 기술적 소양에 중요한 개념 요소 중의 하나로 기술적 지식을 활용하는 능력을 갖는 것이 포함되어 있다. 21세기에도 기술과에서 중요시하는 기술적 소양을 갖춘 소양인이 된다면 얼마든지 삶 중심의 활용지를 갖출 수 있는 도구교과가 될 수 있는 단서를 얻을 수 있다.

3) 기술적 소양에 따른 기술교육의 내용

기술교육의 평가와 내용은 매우 밀접한 관련을 갖고 있다. 기술교육 내용이 지금까지 모학문 체계에 의하여 일관되게 조직되고 선정되었다고 말하기는 어려울 것이다. 이러한 사정은 중등학교에서의 기술과 교육이 일천하기도 하지만 모학문 체계가 이러이러하다고 내세우면서 알려진 것이 그리 오래된 일이 아니기 때문이다.

일단 여기에서는 기술과 교육의 근간을 이루고 있는 학문의 영역에는 어떤 것들이 있고, 그러한 학문 영역에서 학습의 영역을 어떤 내용으로 제시하는 것이 보다 가치가 있는 것인가를 알아보기 위하여 교육의 내용을 들고 나온 것이다. 그렇다고 하여 기술과 교육의 내용과 평가의 내용이 일치한다고 보지는 않는다.

다음 장에서 또 논의되겠지만 기술과의 평가 영역 또는 내용은 크게는 세 가지의 범주에서 이루어지고 있기 때문이다. 즉 기술적 지식, 기술적 활동, 기술적 태도가 바로 그것이다. 따라서 다음에 제시되어 있는 내용은 기술과의 교육목표와 내용체계를 구현하기 위한 개념 구조 속에서 도출된 결과이기도 하다(이춘식 외, 2002).

	기술의 영역				
기술학영역	제조기술	건설기술	통신기술	수송기술	생물기술
학습영역	재료의 이용		정보의 가공	에너지와 동력의 이용	생물체의 처리
계획 / 디자인하기					
실행 / 만들기					
평가					

(세로축: 기술의 과정)

위의 그림에서 보는 바와 같이, 기술의 영역 축과 기술의 과정 축이 만나는 셀은 그 크기가 다를 뿐만 아니라 똑같게 할 필요는 없다. 그렇다고 그 크기가 크다고 해서 반드시 그만큼 중요하다는 것이 아니라 학습의 대상과 위계에 따라 얼마든지 가변적으로 활용할 수 있음을 암시하고 있다. 이 매트릭스는 교육과정을 구현하기 위한 하나의 예시적인 표현으로 제시한 것인데, 기존의 접근 방법과 다른 것이 있다면 모학문 영역과 학습 영역을 구분하였다는 사실이다. 이것은 학생들이 배우는 기술과의 내용이 기술학이라는 모학문에 근거를 두고는 있지만, 그러한 모학문을 그대로 학생들에게 가르치는 것은 현실적으로 문제가 있다.[12] 따라서 기술학이라는 모학문에 교육

---

12) 여기서 혼동하지 말아야 할 것은 기술과의 내용을 학습 영역의 차원에 해당하는 것으로 조직하고 선정한다고 하여 모학문의 내용을

내용을 근거하되 학습의 영역은 재료의 이용, 정보의 가공, 에너지의 이용, 생물체의
처리 등과 같은 내용이 되어야 한다는 것을 강조한 결과이다.

'기술의 영역'은 다분히 기술과의 모학문적인 성격이 터하여 제시되기는 하나 그것
과 꼭 일치시켜 모든 모 영역을 그대로 중·고등학교 학생들에게 가르쳐야 할 필요는 없
다고 본다. 이를 다른 용어로 나타낸다면, 재료의 이용에 관한 기술(production technology),[13]
정보의 가공에 관한 기술(information technology),[14] 에너지와 동력의 이용에 관한 기술
(transportation technology),[15] 생물체의 처리에 관한 기술(biotechnology; bio-related technology)[16]
로 부를 수도 있다.

기술과의 내용을 구성하기 위한 또 다른 축으로써 상정해 볼 수 있는 것이 바로
'기술의 과정(process)'이다. 과정에 해당하는 구체적인 구성단계는 다르지만 이미 다른
나라에서도 이와 유사하게 교육과정 구성의 한 요소로 사용하고 있다(ITEA, 1996;
Australia Board of Studies, 1995; Hong Kong CDC, 2000). 따라서 여기에서는 기술의 과정
을 설계하기(designing) 또는 계획하기(planning), 만들기(making) 또는 실행하기(practicing),
평가하기(assessing / evaluation) 등으로 구분하여 기술과의 교수-학습이나 평가의 상황
에서 활용할 수 있다. 이들 각 단계를 보다 세분화할 수는 있으나 단계가 많을수록
복잡하고 이해하기 힘든 단점이 있기 때문에 여기에서는 간단하게 제시한 것이다.

전혀 반영하지 않는다든가, 모학문과는 관련이 없는 학생의 필요에 의하여 구성한다는 의미는 아니다. 교과의 내용이 생활경험이어
야 하는가, 아니면 학문의 구조, 지식의 형식, 지식의 구조이어야 하는가의 논쟁은 교육의 항구적 문제이다. Peters나 Hirst와 같은
학자들은 교육의 실제적 유용성과는 무관하게 교과의 가치를 '실용적' 또는 '외재적' 관점에서 규정하는 것은 교과의 의미와 그것을
가르치는 일로서의 교육적 의미를 그릇되게 파악하는 것이라고 주장하였다. 그것에 대한 대안으로 교과의 의미는 '내재적 가치'에
의하여 규정되어야 함을 주장하였다(이홍우, 1992, pp.400-410).

13) 여기에서 '재료의 이용에 관한 기술'은 생산기술 또는 물리적 기술(physical technology)에 해당하는 것으로써, 제조기술과 건설기술
등을 포함하고 있는 영역이다. 굳이 용어를 길게 사용한 것은 많은 내용을 포함하고 있으면서도 일반인들에게도 친근하게 다가갈
수 있어야 한다는 생각에서였다. 물리적 기술이라는 용어를 사용하면 일반인들이 과학과 동일시하는 경향이 있어 오해를 불러일으
킬 가능성이 높기 때문이다. 또한 생산기술이라는 용어는 기존의 대량생산이나 공장에서의 산업적 측면만을 강조한 생산을 의미하
는 것으로 오해하는 경향이 있기 때문에 그보다는 여러 가지 재료를 이용하여 생활에 유용한 물건을 만들 때 필요한 기술 내용을
학습하는 데 중요한 의미를 부여하였다. 그렇다면 기존의 제조기술과 건설기술을 그대로 사용하는 것이 좋다는 이견이 있을 수 있
으나 가능하면 인접 영역을 통합하여 통합적인 사고와 문제해결을 할 수 있도록 하자는 맥락에서 통합된 학습 영역을 설정하였다.

14) 정보기술이나 정보통신 기술을 의미하는 것으로써, 어떻게 정보를 가공하고(생성) 활용하는 지의 내용과 컴퓨터의 이용 등을 내용으
로 하는 통합된 영역을 의미하며 다양한 접근이 가능하도록 광범위한 용어를 사용하였다.

15) 기존의 수송기술 또는 에너지와 수송기술을 의미하는 것으로써, 수송기술의 근원이 되는 에너지나 동력을 어떻게 이용하여 인
간 생활에 적용할 수 있는지에 초점을 두고 설정한 것이다.

16) 생명기술이나 생물기술에 해당하는 용어를 대체하여 사용한 용어이다. 생물기술이 생명기술보다는 보다 광범위한 용어이며 생물체
의 조작과 처리를 통해 인간에게 유용한 고부가가치의 물질을 만드는 데 관심을 갖기 때문에 이러한 원리와 과정을 교육적으로 이
해하도록 하는 데 의의가 있다. 'Biotechnology'라는 용어를 사용하는 개인이나 단체마다 생명공학기술, 생명기술, 생물기술로 번역
하여 사용하고 있기 때문에 다소 혼란스러운 면이 있기도 하다. 여기서 사용한 생물체의 조작에 관한 기술 역시 기존에 교육내용으
로 가지고 있던 동·식물을 가꾸거나 기르는 차원이 아니라 생물자원을 이용하여 새로운 형태의 개체를 만들어 내어 부가가치를
창출해 내는 일련의 전 과정을 시스템적으로 이해할 수 있도록 하자는 의도에서 제시하였다. 이와 더불어 일반인들이 가지고 있는
오해 중의 하나는 생물기술이나 생명기술이라는 용어를 사용하면 좀 더 첨단기술이라고도 생각하고 있기도 하고, 과학교과의 생물
과 동일시하는 경향이 있기 때문에 용어를 풀어서 사용하였다.

제2장 초등 설계기술교육의 교수-학습 방법

초등 설계기술교육에서 유용하게 적용되는 교수-학습 방법으로는 여러 가지가 있을 수 있으나, 여기에서는 프로젝트 학습을 중심으로 살펴보기로 한다. 왜냐하면 기술교육의 특성과 프로젝트 학습의 장점이 잘 살리면 교육의 효과를 극대화할 수 있기 때문이다(이춘식 외, 2003).

1. 활동에 터한 설계기술 교수-학습

2007 개정 교육과정에서 제시하고 있는 실과의 교수-학습 방법은 기본적으로 다음과 같다. 실과는 5~6학년에서 남녀 구분 없이 이수시키되, 지도 내용은 모든 영역에 걸쳐 골고루 이수시킨다. 이때 학생들과 학교의 실정, 지역 사회의 여건 등을 고려하여 내용 요소의 조합이나 지도 순서와 비중을 달리할 수 있다.

국가 수준의 배당 시간은 최소 이수 시간이므로 반드시 확보하되 실습활동이 많기 때문에 지도 시간이 부족할 경우에는 재량 시간을 활용할 수 있도록 관심을 가져야 한다. 시간 계획은 필요한 경우 학습의 실효를 거둘 수 있도록 연속하여 편성·운영하는 것이 좋다. 실과의 내용을 지도할 때 실험·실습, 조사, 토의 등 활동 중심, 사례 중심으로 지도하고, 학생 스스로 문제를 발견하고 활동 계획을 세워 실행하여야 한다. 특히 실과는 전 영역의 실습 소재나 재료를 생활 주변에서 찾기 때문에 습득한 지식과 기능을 일상생활에 적극적으로 활용할 수 있도록 하여 일의 즐거움과 성취감을 느낄 수 있도록 지도하여야 한다.

실과의 교수-학습 활동은 전반에 걸쳐 노작을 중시하고 내용에 따라 홈프로젝트(home project)를 내어 주어 학교에서 배운 내용을 지역사회의 특성을 활용하여 배운 내용이 생활과 밀접한 관계를 가지도록 하는 것이 좋다. 이를 위해서는 산업체 견학,

자원 인사의 활용, 전시회 관람 등을 통하여 흥미 있는 학습이 이루어질 수 있도록 한다. 교수-학습 과정에서는 컴퓨터, 실물 화상기와 같은 다양한 시청각 매체와 학습 자료 등을 적극적으로 활용하도록 하고, 모든 영역에서 컴퓨터를 활용한 수업이나 과제 등을 통하여 컴퓨터에 흥미를 가질 수 있도록 한다. 컴퓨터 관련 교육내용의 지도에 있어서는 학교 시설 여건을 고려하여 실제적인 수업이 될 수 있도록 계획을 수립하고, 학습의 효과와 학생의 흥미를 높이기 위하여 실습실과 필요한 시설 설비 및 각종 도구 등을 갖추어 실천 학습이 되도록 한다. 실습은 가급적 개인 실습으로 하되 부득이할 때에는 모둠학습으로 하여 실습활동의 효과를 극대화하여야 하며, 모둠 학습에서는 상호 협력의 중요성을 인식하게 한다. 교수-학습에서 실습을 지도할 때에는 실습에 필요한 재료와 공구를 학교에서 충분한 예산을 확보하여 제공하되, 부득이할 경우에는 필요한 재료를 저렴하게 공동 구입하여 자원을 아껴 쓰는 태도를 가지게 한다. 실습 활동을 수행할 때 학생들이 중간에 포기하지 않고 끝까지 완성할 수 있도록 지도 조언해 주어야 한다. 특히, 위험한 기계나 기구를 사용할 경우에는 조작과 손질, 보관, 열원과 연료의 취급에 유의하여 안전사고가 일어나지 않도록 미리 교육을 하여야 한다. 식품의 조리 실습에서는 식품의 위생에 유의하도록 하고, 실습 후에는 뒷정리를 잘할 수 있도록 지도한다.

실과의 각 영역별 내용의 지도에서는 다음 사항을 특히 유의하여야 한다.

(1) '가정생활' 영역에서는 가족·소비·식·의·주생활 등 가정생활을 영위하기 위해 필요한 의사소통 능력, 대인 관계 능력, 자원 활용 능력, 정보 활용 능력을 함양하도록 지도한다. 그리고 가정생활과 일, 여가 생활을 조화롭고 규모 있게 운영할 수 있는 방안을 모색할 수 있도록 지도한다.

  ○ 6학년 '간단한 생활용품 만들기'의 '바느질 도구를 이용한 용품 만들기'는 학생이나 학교의 사정에 따라 대바늘, 코바늘, 재봉틀, 수예바늘 등 다양한 바느질 도구를 선택하여 지도한다.

  ○ 7~10학년 개인과 가정생활의 문제 해결과 관련된 단원에서는 무엇을 해야 하는가 등의 질문으로 행동의 방향을 제시하고, 지식, 기능, 가치 판단력을 통합적으로 적용하여 문제를 해결할 수 있도록 지도한다. 특히 문제가 일어난 맥락이나 상황을 고려하여 학습자가 행동했을 때 자신과 타인에게 미치는 영향을 평가해

봄으로써 어떤 행동을 해야 하는지와 관련된 합리적인 의사 결정을 하도록 지도
한다.
- ○ 9학년의 '생애 설계와 진로 탐색' 영역에서는 자신의 성장 발달에 따른 생애 설
계를 해보고 가정생활과 직업 생활을 조화롭게 병행해 갈 수 있는 방안을 종합
적으로 모색하도록 지도한다.

⑵ '기술의 세계' 영역에서는 기술의 세계에 대한 체험 활동을 통하여 창의적 사고
능력과 기술적 문제 해결 능력을 기르고, 스스로 실생활에 유용한 물건을 창안하여
설계하고 만드는 과정에서 문제 해결 중심의 수업이 되도록 한다.
- ○ 5학년 '식물과 함께하는 생활'의 '꽃이나 채소 가꾸기'는 학생이나 학교의 사정
에 따라 꽃 또는 채소를 선택하여 지도하며, 6학년의 '동물과 함께하는 생활'의
'애완동물이나 경제동물 기르기'는 학교 여건을 고려하여 애완동물 또는 경제동
물을 선택하여 지도한다.
- ○ 7학년 '기술과 발명'은 활동 주제를 실생활과 관련된 내용으로 구성하여 학습자
가 흥미를 갖고 적극적으로 참여할 수 있도록 지도한다.
- ○ 8~10학년은 내용 전개 방식이 '이해와 활용'과 '체험과 만들기'로 구분되므로
중영역별로 문제 해결적 접근, 통합적 접근 등을 활용한 수업 전략과 프로젝트
법, 협동 학습, 토의 등 다양한 수업 방법을 적용한다. 그리고 해당 중영역의 기
술적 체험 활동이 이루어질 수 있도록 한다.

특히 교수-학습 자료의 활용 시에는 다음과 같은 사항에 유의하여야 한다.

- ○ 실물이나 모형, 인터넷 사료, 사진 및 동영상 자료, 멀티미디어 자료 등 다양한
학습 자료를 적극 활용하여 교수·학습의 효율성을 높이고 생동감 있는 교수·
학습 활동이 이루어지도록 한다.
- ○ 실험·실습 활동은 교과의 특성과 학습의 효율성을 고려하여 실험·실습에 필
요한 시설이나 설비, 기구 등이 갖추어진 실험·실습실을 확보하여 이루어지도
록 한다.
- ○ 기계 기구의 조작과 손질, 보관, 식품의 위생과 조리 기구 사용, 열원과 연료의
취급과 관리에 유의하도록 하고 안전 교육에 힘쓴다.

현행 새 교과서가 활동 위주의 과제를 중심으로 구성되어 있기 때문에 이론과 실습 활동을 별도로 구분하여 지도하는 것은 그 효과가 크지 않다고 말한 바 있다. 따라서 교수-학습을 전개할 때에도 활동 위주로 학생들이 주가 되어 이루어질 수 있도록 해야 한다. 물론 이러한 방법을 적용하려면 교사의 입장에서는 많은 준비를 해야 함은 두말할 나위가 없다. 학생들이 스스로 만들 과제의 아이디어를 구상하고 종이 위에 나타내고, 도면을 그리는 과정에서 부딪치는 문제를 해결할 수 있도록 교사는 안내자가 되어야 한다. 일방적으로 교사가 지식을 전달하려고 하는 방법은 새 교과서가 지향하는 방향에서 크게 벗어나는 일이다. 학생들이 활동에 전념하여 흥미와 관심을 가질 때 새로운 문제나 활동과제를 해보려고 하는 의욕을 가질 수 있기 때문이다. 또한 이러한 활동 위주의 수업이 이루어지기 위해서는 이와 관련된 많은 교수-학습 자료를 연구기관에서 실과 교사들에게 제공해 줄 필요가 있다. 활동위주의 수업을 하기 위하여 모든 자료를 교사들이 모두 개발하는 데에는 한계가 있기 마련이다. 갑작스러운 변화에 교사들은 쉽게 적응하지 못하고 포기할 수도 있기 때문에 이와 관련된 다양한 연수를 통하여 활발한 논의를 제공해 줄 필요도 있다.

2. 프로젝트 학습의 개관

프로젝트는 보다 더 학습할 가치가 있는 주제(topic)를 심층적으로 탐구하고 만들어 보는 활동이며, 대개 학급 내에서 소집단이나 학급 단위로 의해 수행되거나 학생 개개인에 의해 독자적으로 수행되기도 한다. 전통적으로 프로젝트법에 의한 프로젝트 학습이 범교과적으로 적용되어 오다가 최근에는 이를 변형한 여러 가지 유형이 나타나고 있다. 즉 프로젝트 중심법이나 프로젝트 접근법 등이 바로 그것이다. 그러나 이들 모두가 프로젝트를 매개로 하여 교수·학습을 전개한다는 것에 공통점이 있으며 적용하는 방법이나 상황에 있어서는 조금씩 차이가 있다. 이 연구에서는 새롭게 나타난 프로젝트 학습에 대해서도 일부 소개하기는 하지만 대부분의 내용을 기존의 프로젝트법에 의한 프로젝트 학습을 기술과의 특성에 맞게 단계를 구체화하고 보다 명확하게 하는 데 할애하였다.

1) 프로젝트법

　20세기 초 진보주의자들에 의해 주창된 교수·학습 방법으로서, 1918년 Kilpatrick에 의해 정립된 방법이다. 이 방법은 프로젝트를 학습의 매개체로 하여 아동의 흥미와 관심에 따라 개개인이 주도적으로 학습을 해나가는 형태가 주를 이룬다(이춘식, 1989). 따라서 학생이 자신의 역량에 맞는 프로젝트를 선정하는 것이 관건이 되며, 교사는 안내자이면서 수업의 촉진자가 된다.

　프로젝트 학습이 경험중심 교육과정에 미국을 중심으로 세계적으로 많은 주목을 받다가 1960년대 이후 학문중심 교육과정기에 관심이 적어지기 시작하였다. 그러나 실업, 직업 및 기술교육에서는 여전히 중요한 교수·학습 방법으로 자리잡고 있다. 왜냐하면 이 방법이 어느 정도 기능과 이론을 통합하여 기를 수 있는 장점이 있기 때문이다. 특히 교양교육 측면을 강조하는 기술과 교육에서는 학생들이 기본적으로 가지고 있는 지식과 기능을 프로젝트 수행을 통하여 익히거나 적용할 수 있기 때문에 기능만을 강조하는 실습법보다 더 유용하게 활용되고 있다.

프로젝트법의 변천

　1900년 Columbia 대학교의 C. R. Richards가 'project'라는 용어를 최초로 사용하였다(Burton, 1929, p.256). Richards는 당시 수기훈련(manual training)에서 문제해결 상황의 학습을 주창하여 학생 자신이 자발적으로 계획하고 작업하면 학습의욕이 높아진다는 점에 착안하였다. 따라서 학생 각자가 활동 계획을 세우고 각 단계별로 실행하는 '문제해결의 실습활동(problem-solving shop laboratory)'에 프로젝트라는 용어를 사용한 것이다.

　1908년에는 매사추세츠 교육위원회의 R. W. Stimson이 매사추세츠 농업고등학교에서의 'home project'에서 프로젝트라는 용어를 교육적으로 사용하였다. 홈프로젝트는 매사추세츠의 Smith's 농업학교에서 최초로 적용되었고, 1911년 매사추세츠 주에서 법안이 통과되어 농업학부가 설치되었다(이춘식, 1989).

　그 후 1908~1910년에 Stevenson은 매사추세츠 직업학교 농업과정에 프로젝트라는 용어를 사용하였으며, 주로 옥수수 농장, 양잠 등의 농업에서 홈 프로젝트로 적용되었다. 결국 이 당시의 프로젝트의 개념을 가정의 실제적인 환경에서 상당히 지적인 특성을 갖고 있는 학교 실습활동과 상호 관련시켜 적용시켰다.

1911년에는 매사추세츠 교육위원회의 보고서에서 프로젝트라는 용어를 최초로 정의하였다. 즉 농장 프로젝트는 농장에서 행해지는 방법으로 개량 프로젝트(improvement project), 실험 프로젝트(experiment project), 생산 프로젝트(productive project) 등으로 행해질 수 있다(Bossing, 1944).

그 후 1917년 스미스-휴즈(Smith-Hughes)법이 통과되었을 때 매사추세츠에서 최초로 채택되면서 '프로젝트'의 개념은 아주 일반화되었다. 1918년에는 연방 직업교육위원회에서도 '프로젝트' 용어를 사용하였으며, 이 용어는 농업과학 분야에서 계획하고 탐구하는 방법으로 널리 사용되어 왔다. 또한 중등학교 과학, 수공예(manual arts) 교사들은 프로젝트의 용어를 자주 인용하였으며 농무부는 초·중등학교 농업실습에서 그 당시 유행하고 있던 홈프로젝트의 개념에 기초하여 여러 가지 간행물을 발간하기도 하였다. 따라서 그 당시까지만 해도 '프로젝트'의 개념은 실험적이고 구체적이며 조작적인 형태의 문제 상황에 적용되어 학생들이 흥미를 갖고 스스로 계획하고 실제적인 문제를 해결하는 것을 의미하였다.

Horn(1920, pp.112-116)은 교육행정가, 교장, 감독관, 교사 등 120명을 대상으로 '프로젝트'의 개념에 대해 설문조사 한 결과, '구체적인 재료를 사용하는 문제해결의 활동이며 자연적인 환경에서 수행되는 활동'으로 결론지었다.

그러나 프로젝트의 개념을 근본적으로 바꾸어 놓은 것은 1918년 Kilpatrick의 "The project method"라는 논문에서 시작되었다. 킬패트릭은 Dewey의 교육이론에 크게 영향을 받아 교육현장에서 실천할 수 있는 실천적 방안으로 '프로젝트법'을 창안하였다(Kilpatrick, 1918, p.320). 이 논문에서 '프로젝트'를 "사회적인 환경에서 전심을 다한 유목적적 활동(wholehearted purposeful activity proceeding in a social environment)"으로 정의하였으며, 프로젝트는 학교에서 이루어지는 모든 학습의 조직 단위가 될 수 있다고 보았다. 따라서 유목적적 활동은 가치 있는 생활에서 극히 본질적인 것이며, 지적인 학습의 요소가 되어야 함을 주장하였다. 여기서 전심전력은 프로젝트의 요체가 되며, 유목적적 활동은 자기 스스로의 운명의 주인이 될 수 있는 인간을 기르기 위한 기초로 간주된다.

1921년에는 또 다른 논문에서 프로젝트를 '어떤 목적을 가진 경험단원 중에서 일어나는 왕성한 목적의식이 행동의 목적을 결정하고, 그 과정을 이끌어갈 수 있는 활동이나 내적 동기를 부여하는 목적적 활동'으로 재정의하였다(Bossing, 1944). 따라서 킬패트릭이 말하는 프로젝트법은 '학생이 계획하고 현실생활 가운데서 달성할 수 있는 목적을 설정하고, 그 목적을 성취시킬 수 있는 계획을 세워, 그 계획에 따라 실행하고, 실행한 결과를 검토하는 과정에서 새로운 지식이나 기능을 습득하는 학습방법'으로 요약할 수 있다.

1920년대부터 시작된 프로젝트법은 미국에서 번성했던 학습자 주도적 학습 방법의 하나이자 주입식 교육을 탈피하기 위한 일련의 노력이었다. 이러한 프로젝트법은 교육 방법으로서의 지위를 갖게 되면서 미국과 소련, 유럽 등에서의 학교 교육에 영향을 주었다(박순경, 1999). 이후 프로젝트법은 듀이에 의해 일반 교육학 분야에서 그 정당성을 인정받게 되었으며, 학습자 주도적 프로젝트는 미국의 교육학자와 교육과정 학자들의 중요한 연구 주제가 되기도 하였다.

우리나라에서는 초등교육을 대상으로 해방 직후에 새 교육 운동이 일어났으며, 이때에는 교육과정의 연구보다는 학습지도법을 개선하려는 데 주력하였다. 그 일환으로 프로젝트법을 초등학교(서울 효제국민학교 윤재천 교장)에 도입하였으며 학습지도안 작성에도 프로젝트법을 도입하기도 하였다(손인수, 1988).

그러나 1960년대 학문중심 교육과정이 적용되면서 프로젝트법은 점차 쇠퇴의 길로 접어들었으며 그동안 범교과적으로 적용되던 것이 점차 활동이 중심이 되는 일부 교과에만 적용되어 왔다. 최근 산업사회와 경제 분야에서의 프로젝트 과제는 학교 학습에서의 프로젝트에 대한 새로운 관심을 불러일으키게 되었다. 학교교육에서 열린교육이 유행하면서 1990년대부터는 '프로젝트 접근법(The Project Approach)'과 '프로젝트 중심 학습(Project－Based Learning)'이라는 방법으로 다시 부활하고 있다. 현재 학교에서 '프로젝트 수업'이라든가, '프로젝트 학습'은 모두 학습자 중심이면서 활동 중심의 학습 프로그램과 거의 유사하게 사용되고 있다. 이들 학습 방법들은 각 교과의 특성에 따라 재조직되면서 다양하게 사용되고 있으며 이들의 구체적인 방법에 대해서는 다음 장에서 논의하기로 한다.

프로젝트의 종류

프로젝트법을 적용하여 실제 학습에서 이루어지는 교수·학습 상황을 프로젝트 학습이라고 할 때, 기본적으로 프로젝트의 종류는 매우 다양할 수 있다. 그러나 여기에

서는 프로젝트를 수행하는 구성원의 수, 적용형태, 활동형태의 준거에 따라 분류하면
다음 표와 같다(이춘식, 1989).

◑ 기술적 활동과 관련한 프로젝트의 종류 ◑

구 분	프로젝트의 종류		주안점
구성원의 수	개별 프로젝트	동질 프로젝트	프로젝트를 개인별로 수행하되 학급 내에서 같은 모양이나 재료를 사용하는지, 서로 다른 형태로 수행하는지에 따라 구분한다.
		이질 프로젝트	
	집단 프로젝트	부분 프로젝트	하나의 프로젝트를 모둠별로 어느 부분을 수행하는지, 전체 프로젝트를 구분하는지에 따라 구분한다.
		전체 프로젝트	
활동 형태	제작 프로젝트		'만들기 프로젝트'라고 할 수 있으며, 대부분 프로젝트명은 다양하게 이루어진다.
	문제탐구 프로젝트		문제해결을 위한 프로젝트로서 수행과정은 문제를 해결하거나 탐구하는 형태를 띤다.
	기능훈련 프로젝트		기능이 강조되는 특별한 상황에서 적용되며 기능중심의 활동이나 제품의 기능을 향상시키기 위한 프로젝트이다.
	성능개량 프로젝트		

위의 표에서 볼 수 있듯이 활동형태로 분류된 프로젝트는 공통적으로 구성원의 수
에 따른 프로젝트로 또다시 구분할 수 있다. 예컨대, 제작(만들기) 프로젝트의 경우에
는 개인 프로젝트와 집단 프로젝트로 수행될 수 있기 때문에 개별, 집단 프로젝트는
공통으로 적용된다. 프로젝트의 종류는 위의 표에서 분류한 것 이외에도 매우 다양하
다. 프로젝트 학습이 기술과 외에도 범교과적으로 활용되기 때문에 각 교과의 특성에
따라 분류되기 때문이다. 따라서 여기에서 분류한 것은 기술적 활동을 고려하여 적용
할 수 있거나 시사점을 얻을 수 있는 것만을 제시한 것이다.

프로젝트법의 특징

프로젝트법은 실천적이고 구체적이며 조작적인 성격을 가진 문제해결의 활동이다.
학생들로 하여금 흥미를 일으키게 함으로써 학생들 자신이 현실문제의 해결 방안을
계획하고, 그것을 실현하는 능력을 기르는 데 크게 기여한다. 프로젝트법의 특징을
정리하면 다음과 같다.

첫째, 문제의 해결을 포함하며, 결과로 산출물이 나온다. 즉 프로젝트를 수행함으로
써 어떤 산출물이든지 간에 문제해결의 결과를 제시하여야 한다. 여기에는 만든 물건,
보고서, 계획서, 보조학습자료, 소프트웨어 등이 있다.

둘째, 개별 학생이나 모둠별로 자발적으로 수행되며 다양한 교육활동을 반드시 수반한다. 기본적으로 프로젝트 학습을 하기 위해서는 학생들이 스스로 문제를 해결하려는 노력이 없이는 소기의 목표를 달성하기도 어려울 뿐만 아니라 수업을 진행할 수도 없다.

셋째, 프로젝트 활동은 비교적 많은 시간이 소요된다. 개개인이 수행하는 프로젝트가 다르고 다양하기 때문에 가능한 한 필요한 시간을 보다 더 많이 제공해 주어야 한다.

넷째, 담당 교사는 권위자이기보다는 보조자, 안내자, 촉진자, 상담자이어야 한다. 프로젝트 학습의 전제가 자발적인 학습으로 진행되기 때문에 일방적인 수업의 진행은 있을 수 없고 학생들의 수업이 잘 진행되도록 안내하고 촉진해 주는 역할로 교사의 위치가 바뀌어야 한다.

다섯째, 모둠 프로젝트일 경우 학생들 간의 협동성이 길러진다. 하나의 프로젝트를 여러 명이 수행하거나 대단위 프로젝트를 여러 명이 각 부분 프로젝트를 수행하여 완성해갈 수 있기 때문에 학생들 간의 상호 협동성을 기를 수 있다.

이러한 프로젝트법의 특성을 참고하여 프로젝트 학습의 장단점을 살펴보면 다음 표와 같다.

◑ 프로젝트 학습의 장 · 단점 ◑

구 분	장 점	단 점
학습자의 측면	○ 학습에 대한 확실한 동기가 크다. ○ 개개인의 능력에 따라 진도를 조절하여 학습할 수 있다. ○ 끝까지 작업을 요구하므로 학습에 대한 인내심과 성취감을 갖게 한다. ○ 부가적으로 학습능력뿐만 아니라 태도, 지식 등을 배울 수 있다. ○ 창의성과 인내심을 중시하므로 독창성이 길러진다. ○ 자신이 계획하고 실행하므로 학습을 통하여 자주성과 책임감이 길러진다. ○ 복잡한 문제해결에 만족을 줄 수 있다.	○ 계획수립 능력이 부족한 학생은 끝까지 성공하도록 도움이 필요하다. ○ 비교적 수행시간이 많이 소요되기 때문에 시간계획이 필요하다. ○ 문제해결에 필요한 자료를 제공해 주어야 한다. ○ 모둠으로 수행되는 경우에는 일부 우수한 학생이 독점하지 못하도록 배려해야 한다.
교사의 측면	○ 교사가 학생 개개인을 관찰하여 알 수 있는 기회를 제공하여 준다. ○ 학생들의 요구와 능력에 맞게 프로젝트를 계획할 수 있게 해 준다. ○ 수행과정을 관찰하고 판단하여 다양한 평가를 할 수 있다.	○ 개별 프로젝트일 경우에는 프로젝트에 맞는 평가준거를 설정해 주어야 한다. ○ 수행시간이 많이 걸리기 때문에 효율적인 시간계획에 배려를 해야 한다.

프로젝트의 수행 단계

일반적으로 프로젝트법은 4단계, 즉 목적설정(purposing), 계획(planning), 실행(executing), 평가(evaluation)의 순서로 이루어진다. 그러나 프로젝트 학습을 실제로 수행할 때에는 교과의 특성에 따라 부분적으로 이러한 단계를 변형하여 사용하기도 한다. 따라서 때로는 3단계에서 6단계에 이르기까지 다양하게 적용되고 있다.

(1) 목적설정 단계

무엇을 할 것인가의 목적을 세워야 하는 단계로서 구체적인 프로젝트명을 정하고 그 목적을 달성하기 위한 기본 단계이다. 학습자가 자신의 능력과 흥미에 맞는 프로젝트를 정할 수 있도록 하는 것이 중요하며, 이때 교사는 학생들이 수행하려고 하는 프로젝트가 적절한지를 판단하여야 하며 유의할 점은 다음과 같다.

- 학습자가 관심과 흥미가 있는가?
- 수행을 위하여 선행학습의 내용이나 기본 기능이 갖추어져 있는가?
- 정해진 시간 내에 수행할 수 있는가?
- 수업시간에 재료나 공구를 쉽게 구할 수 있는가?
- 프로젝트가 해당 영역의 내용과 관련 있는가?
- 프로젝트가 현실과 밀접한 관련이 있는가?
- 실습장에서 수행 가능한 프로젝트인가?
- 독창성을 충분히 발휘할 수 있는 것인가?
- 개별 프로젝트인가, 모둠별 프로젝트인가?

(2) 계획 단계

1단계에서 선정한 프로젝트를 효율적으로 수행하기 위하여 수행방법을 정하고 검토하는 단계이다. 많은 학생들은 상세한 계획을 하지 않고 다음 단계인 직접 만들기로 넘어가려는 경향이 많다. 따라서 프로젝트 성공 여부는 계획단계에서 얼마나 치밀하게 구성하였는지에 달려 있다고 해도 과언이 아니다. 계획 단계에서는 만들기 프로젝트일 경우, 프로젝트 수행에 필요한 공정표, 재료표, 구상도, 제작도, 공정 흐름도 등을 그려야 한다. 그리고 이러한 계획이 수행 가능한 것인지를 검토하고 수정할 필요도 있으며 유의할 점은 다음과 같다.

○ 시간계획이 세워졌는가?

○ 작업의 흐름도가 합리적인가?

○ 구상도에 따라 제작도가 그려졌는가?

○ 재료와 공구 목록표가 마련되었는가?

○ 전체적인 수행 과정의 계획이 적절한지 교사의 검토를 받았는가?

○ 산출물에 대한 평가 사항이 제대로 반영되었는가?

(3) 실행 단계

앞의 계획 단계에 따라 실제로 물건을 만드는 단계로서 학생들이 가장 흥미를 가지고 활발하게 활동한다. 수행과정에서 문제가 일어난다고 하여도 학생들이 포기하지 않도록 교사는 적극적으로 조언과 격려를 해 주어야 한다. 그러나 문제해결과정에서 교사가 직접 해결하는 것보다는 학생들이 판단하여 해결할 수 있도록 안내해 주는 것이 필요하다. 학생들의 수행과정이 비록 적절하지 않더라도 교사가 대행해서는 안 되며 작업이 끝까지 완수할 수 있도록 배려해 주어야 한다. 수행과정에서의 문제가 있었을 경우에는 하나하나를 꼼꼼히 기록하여 남기도록 하는 것이 필요하며 다음과 같은 점에 유의하면 된다.

○ 문제가 일어났을 경우, 어떻게 해결하였는가?

○ 문제해결에 필요한 조언을 교사로부터 들었는가?

○ 계획한 대로 프로젝트를 수행하였는가?

○ 시간은 적절하였는가?

(4) 평가 단계

프로젝트 수행의 전체 과정과 산출물을 평가하는 단계로서 학생 자신의 자기평가, 학생 상호간의 평가, 교사에 의한 평가 등이 수행된다. 평가가 끝나면 산출물은 전시를 한다든가 발표를 하고 수행과정에서의 문제점을 다시 파악하고 피드백을 받아야 한다. 유의할 점은 다음과 같다.

○ 해당 영역의 목표를 달성하였는가?

○ 수행과정의 기록은 있는가?

○ 수행과정에서의 문제해결 과정이 적절하였는가?

○ 수행과정에서의 작업 태도는 좋았는가?

○ 작업 안전에 문제는 없었는가?

○ 산출물이 계획한 대로 완성되었는가?

○ 산출물이 실생활과 관련이 있는가?

○ 산출물이 창의적인가?

○ 모둠별 프로젝트인 경우 공동으로 협력하였는가?

2) 최근의 프로젝트 학습에 대한 새로운 시도

1990년대에 들어서서 기존의 프로젝트법을 변형하여 새롭게 학교 교육에 적용하려는 시도가 있어왔다. 그중에 프로젝트 중심학습(PBL; Project-Based Learning)과 프로젝트 접근법(The Project Approach)이 있다. 이러한 시도는 아직 세계적으로나 우리나라에서 일반화되어 널리 쓰이지는 않지만 부분적으로 프로젝트법의 특징을 살려 학교교육에 확대·적용하려는 것으로 평가할 수 있다. 기존의 프로젝트법이 특정 교과의 영역에서부터 범 교과에 이르기까지 광범위한 접근을 하고 있는 반면에, 프로젝트 중심학습이나 프로젝트 접근법은 교육과정을 재구조화하여 "바람직한 아동 중심 교육"의 일환으로 접근하고 있다. 이하의 글에서는 이러한 새로운 접근법에 대한 간단한 소개를 하고자 한다.

프로젝트 접근법

프로젝트 접근법은 아동을 가르치는 새로운 방법이 아니고, 진보교육운동의 중심부분이었다. 이 접근법은 1960년대와 1970년대 영국의 아동학교 교육에서 광범위하게 활용되어 왔다. 프로젝트 활동의 잠재적인 가치에 대한 흥미가 1989년의 『아동의 마음을 끌어들이기: 프로젝트 접근(Engaging Children's Minds: The project approach)』이라는 책에서 새롭게 재개되었다. 여기에서는 Reggio Emilia의 유치원에서 학생들이 수행되어 온 집단 프로젝트를 보여주고 있다.

프로젝트 활동은 이른바 영국의 'Plowden 보고'라고 알려진 보고에서 확인되고, 기술되고, 주창되어 온 바와 같이 활동에 핵심이 있다. 영국의 교육자들은 프로젝트 활동을 '통합의 날', '통합 교육과정', '비형식적 교육' 등과 같이 다양하게 불렀다. 그 당시에 수백 명의 북아메리카 교육자들이 질 높은 프로젝트 활동을 관찰하기 위하여 영국으로 건너가 아동학교를 방문한 바 있다. 1960년대 말과 70년대 초기에, 많은 미국 교육자들은 '열린교육(open education)'이라는 표방하에 프로젝트 접근방법을 통합하여 사용하였으며, 이 방법은 3단계로 구성되어 있다(Cadwell, 1977; Katz & Chard, 2000; 지옥정, 2000).

□ 1단계: **프로젝트 시작하기**(getting started)

발단의 단계에 해당하며 교사는 개별 어린이들이 해당 주제에 대해 얼마나 알고 있는지와 어린이들의 직접적인 경험에 특별한 관심을 갖는다. 학생들 또한 현재 자신들의 지식과 흥미를 검토하게 된다. 어린이들은 관심 주제에 대해 토의에 참가하여 자신이 경험한 이야기도 하고, 아이디어도 내놓는다. 어린이들은 그 주제에 대해 자신이 경험한 것과 이해하고 있는 것을 그림으로 그리기도 하고 쓰기도 하며, 이를 극화하거나 역할놀이를 하기도 한다. 이렇게 상호간에 자신의 경험을 발표하면서 주어진 토픽에 대해 학급 전체가 어느 정도나 이해하고 있는지를 인식한다. 이런 과정 후에 어린이들이 조사하고자 하는 질문 사항의 목록을 작성하고 나면 1단계는 종료된다.
- 프로젝트 준비하기: 교사의 역할을 마련한다.
- 디자인과 활동 계획: 집에서 부모나 다른 어른들과 함께 학생들이 질문하면서 프로젝트 활동을 준비한다.

□ 2단계: **프로젝트 활동 전개하기**(developing the project work)

학습의 전개단계로서 현장조사에 대한 계획을 수립하고 전문가를 학교에 초청하여 어린이들과 이야기를 나누도록 하는 활동이 주요 내용을 이룬다. 여기서의 주된 관심은 어린이들이 새로운 직접 경험을 할 수 있도록 준비하는 일과, 그 외의 필요한 자원을 수집하는 일에 집중된다. 이를 위해 현장 견학에서는 실제 대상과 과정에 대한 조사를 하며, 준비한 질문에 대한 답을 찾기도 하고, 새로운 질문을 제기하기도 한다. 이러한 과정에서 프로젝트와 관련하여 수행한 활동의 결과물 중에서 가장 대표적인 것을 선정하여 학급 전체가 볼 수 있도록 교실의 벽이나 선반에 전시한다.
- 현장에서 활동하기(conduct fieldwork): 교사가 교육과정의 목적과 학습을 도와주면서 학생들의 욕구를 충족시켜주는 토론을 한다.

- 프로젝트 활동의 실행과 전개: 자신의 프로젝트 전개에 참여하여 종합적인 탐구
  를 한다.

□ 3단계: **프로젝트 활동 마무리하기**(concluding the project)

이 단계에서는 프로젝트 활동에 대해 학생들이 평가하고 반성하며 서로 공유하면
서 다른 학급의 어린이들과 교장, 학부모들이 함께 참여할 수 있는 기회가 제공된다.
현재의 활동을 재검토하고 평가하며, 특별한 항목을 선정하여 전시한다. 여기에서는
무엇보다도 학습한 것을 다른 사람에게 전달하는 데 역점을 둔다.

- 학습 상황을 보고하기(debrief the learning): 교사들이 학생의 흥미와 관심에 따른 프
  로젝트 활동을 언제 마무리하거나, 연장하거나, 요약할지의 결정에 도움을 준다.
- 검토와 공유: 학생들이 수행한 활동에 대해 서로 공유할 활동을 선정하는 것이
  중요한 단계이다.

이러한 프로젝트 접근법의 특징은 활동에 대한 토론, 현장활동, 표현·발표하기, 탐
구하기, 전시하기 등을 통하여 교육과정과 수업을 융합하여 범교과적으로 운영하는
데 있다. 프로젝트 접근법에서 프로젝트를 위한 토픽의 선정 준거는 다음과 같다.
  ○ 어린이들이 이미 알고 있는 것에 기초하고 있는가?
  ○ 어린이들이 자기가 살고 있는 세계에 대해 보다 잘 이해할 수 있도록 도울 수
    있는가?
  ○ 어린이들이 서로 더 잘 이해할 수 있도록 도울 수 있는가?
  ○ 어린이들에게 극화놀이, 발표 등을 위한 아이디어를 제공할 수 있는가?
  ○ 어린이들이 학교 밖에서 정보원을 찾도록 고무시킬 수 있는가?
  ○ 부모와의 의사소통을 촉진할 수 있는가?

3) 프로젝트 중심법(Project-based method)

이 방법은 프로젝트를 중심으로 교육과정이나 교수·학습을 이끌어 가는 수업방법
중의 하나로써, 실제 실무세계에서 사용하는 전략이기도 하다. 전형적으로 프로젝트

중심 학습을 사용하는 교사와 학생은 각 개인의 흥미와 의미 있는 프로젝트를 스스로 선정하여 팀 단위로 수행한다. 프로젝트 중심 학습의 핵심은 학생들로 하여금 실제 의미 있는 활동에 참여하도록 하여야 하며, 팀의 일원으로서 새로운 지식을 구성하여 알게 하고 심도 있는 학습이 이루어지도록 계획하여야 한다. 이 방법은 어떤 프로젝트를 디자인하고, 계획하여, 만드는 과정에서 학생들이 새로운 지식과 기능을 얻고자 할 때 사용하는 방법이다. 따라서 이 방법은 교과내용의 핵심 개념과 원리에 초점을 둔 교수·학습 모형으로서 문제해결과 다른 의미 있는 과제에 학생들이 참여하고, 학생 스스로 학습을 구성하여 자동적으로 과제를 수행하도록 해 주며, 실제적으로 학생이 산출물을 만들어 완성하도록 하는 방법이다. 여기서는 활동을 효과적으로 디자인하고 동기 유발시키기 위해 안내하는 데 초점을 두고 있다(BIE, 2003; Thomas, 2002; Hutchings & Standly, 2000). 이 방법은 다음과 같은 단계에 따라서 진행된다.

- 1단계 – 출발하기(getting started): 프로젝트를 계획할 때 먼저 고려할 점을 제시한다.
- 2단계 – 내용(content): 학생들이 얻어야 할 일반 목표와 결과를 정의(제시)한다.
- 3단계 – 질문하기(driving questions): 학생들이 자신들의 노력에 초점을 두어 활용할 수 있는 도전적인 이슈나 문제를 개발한다.
- 4단계 – 활동요소(components): 해당 프로젝트 활동을 수행하기 위한 산출물, 학습 활동, 수업의 지원을 확인한다.
- 5단계 – 전략(strategies): 학습환경을 조성하고, 학습 지원에 필요한 자원을 확인한다.
- 6단계 – 평가(assessment): 프로젝트를 평가하기 위한 균형 있고 통합적인 계획을 세운다.

결국 이러한 단계를 거쳐서 이루어지는 프로젝트 중심법의 강조점은 다음과 같다.

○ 교육과정의 초점은 심층적인 이해 중심이고, 원리와 개념의 종합하여, 복잡한 문제해결 기능(skill)을 개발하는 데 있다.
○ 범위와 계열성 및 교사의 역할에서는 주로 학생의 흥미에 따르며, 복잡한 문제나 이슈를 중심으로 대단원을 구성하며, 광범위하고 간학문적 중심으로 구성한다.
○ 평가의 초점은 과정과 산출물, 가시적인 성과물, 시간에 따른 수행과 성취의 준

거비교, 이해 정도에 있다.

- ○ 수업의 자료는 프린트물·인터뷰·기록물 등의 원자료와 학생들이 개발한 데이터 및 자료이다.
- ○ 기술매체의 사용은 중심적이고 통합적이며, 학생이 주축이 되고, 학생의 효율적인 발표나 능력을 확장하는 데 유용하다.
- ○ 수업의 상황은 학생 모둠별로 활동하고, 다른 학생과 협동하며, 학생들이 정보를 구성·종합하게 된다.
- ○ 학생의 역할은 자기주도적으로 활동을 수행하며, 학생들이 아이디어의 발견자이자 통합자이며 제시자가 된다. 또한 학생들이 과제를 정하고, 일정부분은 독립적으로 수행하게 되며, 의사소통을 하고, 효과를 보이고, 결과를 산출하여 책임을 진다.
- ○ 수업의 단기 목표는 복잡한 아이디어와 처리과정의 이해·응용 및 통합적인 기능의 숙달에 있다.
- ○ 수업의 장기 목표는 심층적인 지식을 얻고, 지속적이고 자율적으로 평생 학습을 할 수 있게 하는 데 있다.

프로젝트 중심 학습의 특징으로는 프로젝트 활동이 중심이 되는 수업 전략이며, 학생들에게는 학습에 대한 상당한 자율권이 주어져 있으며, 프로젝트 수행 시 자신과 동료 학생들과 함께 책임을 지고 있다. 또한 프로젝트 학습은 실제 활동으로써, 교실에서와 교실 밖의 시간이 과제 수행을 위해 주로 기울여야 하는데, 이러한 과제는 교실 밖의 세계와 관련되어 있고, 실생활과 생생한 과제를 통합하고 그 결과 가치 있는 산출물이 나온다.

따라서 프로젝트 중심법이 실제 수업에 활용되기 위해서는 다음과 같은 4가지 본질적인 측면을 고려해야 한다.

첫째, 프로젝트 중심 학습은 교육과정과 교과 내용기준(content standards)을 통합해야 한다. 이 방법을 위해서는 내용기준이 필요하며, 이 과정에서의 탐구과정은 프로젝트를 안내하는 질문으로 시작한다. 프로젝트 중심 학습은 교육과정 내에서 다양한 교과를 통합할 수 있는 공동 프로젝트를 제공해 준다. 이 과정에서는 학생들이 학문의 원리와 주요 핵심 내용에 직접 다가갈 수 있도록 질문을 해야 한다.

둘째, 프로젝트 중심 학습은 개별 학생이 대답할 수 있는 어떤 문제에 대한 질문을 하거나 그러한 자세가 필요하다. 이런 문제에는 '밤에는 무슨 일이 일어나는가? 우리가 잠자는 동안에 동물은 야간에 무엇을 하는가? 낭포성 섬유증은 무엇이고 그 원인은 무엇인가? 우리 반이 실제 제품을 가지고 사업을 조직하고 물건을 팔기 시작한다면 무슨 일이 일어날 것인가? 2050년의 고등학교 모습은 무엇일까?' 등이다. 학생들은 서로 다른 학습양식을 가지고 있기 때문에, 학생들은 프로젝트를 통하여 보다 더 직접적이고 의미 있는 방법으로 내용을 탐구한다. 구체적으로 말하면, 프로젝트 중심 학습을 하는 동안에 학생들은 공동으로 손으로 하는 조작적인 경험을 하게 된다.

셋째, 프로젝트 중심 학습은 교과 간 교육과정을 통합하는 동안에 학생들로 하여금 실세계의 문제와 토픽을 탐구하게 한다. 교과 간의 통합 연결을 통하여 학생들은 지식을 독립적인 개별 사실로 보지 않고 총체적으로 알게 한다. Sylvia Chard는 "프로젝트 접근은 어린이들의 관심과 노력으로 실세계의 가치 있는 토픽을 심층적으로 탐구하게 해 준다"라고 하였다.

마지막으로, 프로젝트 학습은 복잡한 문제를 탐구하기 위하여 추상적이고 지적인 과제를 해결하게 해 준다. 이 학습은 참지식을 이해하도록 해 주어서, 학생들이 정보를 의미 있는 방법으로 탐구하고, 판단하고, 해석하며, 종합하게 해 준다. 또한 이 학습은 성인들이 배우기 위하여 묻고 지식을 보여주는 방법을 잘 보여준다.

4) 프로젝트 학습의 사례: 일본을 중심으로

학교 수업에서 프로젝트 학습을 활용하는 사례는 미국과 유럽에서 많이 찾아볼 수 있다. 그런데 이들 나라는 우리나라와 교육환경과 교육과정이 상이하기 때문에 모델로 삼기에는 어려움이 있다. 그러나 이웃 일본은 우리나라와 교육환경이 유사할 뿐만 아니라 프로젝트 학습을 적용하는 사례도 많이 있기 때문에 이러한 사례를 중점적으로 살펴보기로 한다.

미래 교육 프로젝트 학습

일본에서 2000년부터 초·중·고등학교에 프로젝트 학습을 널리 보급하고 있는 이는 스즈키 토시에(鈴木敏惠, 2002)[17]이며, 프로젝트 학습과 포트폴리오를 접목하여 종합적인 학습을 시도하고 있다.

미래교육 프로젝트 학습이란, 학생들이 의욕적으로 자신의 과제(테마)를 갖고, 문제를 해결해가면서 목표를 향하는 새로운 학습을 말한다. 이 학습의 최대 특징은 '무엇 때문에 무엇을 해내겠다'라는 의지를 자각하고, 전략적으로 목표를 달성해 가는 과정과, 그 전체를 한눈에 파악할 수 있는 포트폴리오가 있다는 것이다. 미래교육은 프로젝트 학습과 포트폴리오 활용의 두 축을 기본으로 하여 '의욕', '자신', '사고력'을 확실하게 몸에 터득하는 역할을 수행하여야 한다. 총합적 학습을 교과에 도입함으로써 아이들에게 21세기를 살아가는 힘을 익히게 한다. 결국, 미래교육 프로젝트 학습은 프로젝트의 전략이나 포트폴리오를 최대한으로 활용하는 새로운 교육방법으로 '의지가 있는 학습'을 의미한다. 즉 학습자 자신이 주제를 갖고, 자신들의 목표를 향하여 전략을 세우고, 정보를 수집하고 지혜와 힘을 합하여 팀워크(teamwork)로 목표를 달성해 나가는 것을 말한다. 여기에서 가장 중요한 것은 "무엇을 했는가, 무엇을 할 수 있게 되었는가?"가 아니라, 그 과정에서 "무엇에 관심을 갖게 되었고, 이를 어떻게 생각하게 되었나!"이다.

이러한 미래교육 프로젝트 학습에 대한 전체적인 맥락을 그림으로 나타내면 다음과 같다. 학생들이 원하는 테마를 설정하고 프로젝트의 목표를 달성하고자 하는 성장의지를 가지고 계획하고, 정보를 찾고, 만들어서 발표하는 과정에서 과제의 해결력, 협동능력, 정보능력, 의사소통능력 등을 얻게 된다.

결국 프로젝트 학습이란, 목적(goal)을 명확히 하고, 이에 도달하기 위한 전략을 생각하고, 이를 위해 필요한 정보를 수합하여 문제를 해결하면서 개인이 아닌 팀으로 도전하는 것이다. 목표인 꿈은 한 사람만으로 이루기가 어렵다. 그래서 한 사람 한 사람의 힘이나 개성을 살려 지혜를 공유하면서 팀 전체의 힘으로 도전하게 된다. 이와 같은 일련의 경험을 거쳐 '아동들에게 목표 달성력(꿈을 이루는 방안)'을 터득하게 한다. 미래 교육 프로젝트 학습은 21세기를 살아나가기 위한 미래형 시뮬레이션 학습이라고도 볼 수 있다. 바로 눈앞에서 일어나는 사태를 스스로 직접 보고, 자기가 담당하여 수행할 수 있는 역할을 찾아내는 힘과 목표를 열거하고, 어떻게 하면 이에 도달할 수 있는지, 그 방법이나 해결 방안을 자신의 것으로 삼으며, 성장하고 힘을 길러나가

---

17) 橫浜(요코하마) 건축연구소 교육시스템 부장이며 일본의 '차세대 IT 미래형 교육위원'으로 활동하고 있다. 프로젝트 학습을 학교에 보급하기 위하여 교사들에게 연수 강의를 하며, 직접 학생들에게 교사와 공동으로 수업을 하여 매우 긍정적인 결과를 얻고 있다. 또한 각종 방송매체에 출연하여 미래교육은 프로젝트 학습에 달려 있으며 평가에 있어서도 포트폴리오를 사용하여 혁명을 일으키자고 제안하고 있다.

는 것이 곧 '미래교육 프로젝트 학습'이다. 이를 위하여 10가지 전력을 제시하고 있다. 즉 활동의 목표와 가치를 학생들에게 확실하게 알려주기, 처음에 목표를 명확하게 결정하기, 프로젝트 학습의 기본 단계를 전개하며 진행해나가기, 무엇 때문에 무엇을 하려고 하는가를 되물어 보기, 총합적 학습은 활동을 위한 것이 아니라 성장을 위한 것임을 알기, 활동과 활동 사이에 사고의 시간을 마련해 두기, 학습의 자취(학습력)를 포트폴리오에 남겨 놓기, 학생들의 성장과 연계되는 자기평가를 하기, 재구축한 포트폴리오를 활용하기, 포트폴리오를 활용하여 성장을 확인하기가 바로 그것이다. 여기서 포트폴리오의 재구축이란, 한 사람 한 사람이 지금까지 해온 일을 뒤돌아보고, 포트폴리오에 들어 있는 정보, 데이터, 아이디어를 조망하여 그중에서 자기의 독자적 관점으로 과제나 이를 뒷받침할 수 있는 논거를 찾아내어 새로 구성하며 고쳐나가는 활동을 의미한다.

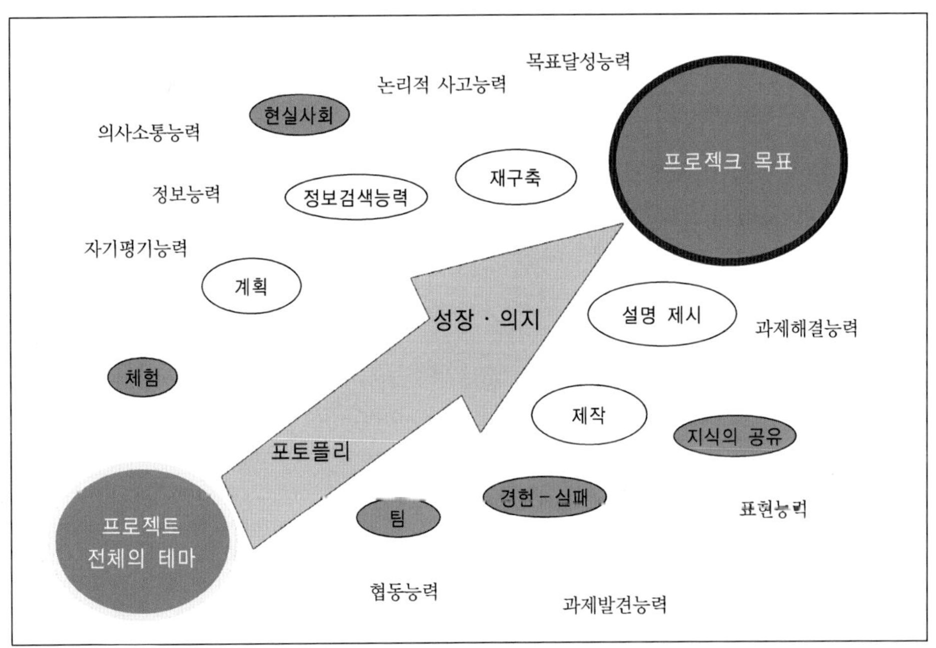

※ 출처: http://www.02.so-net.ne.jp/~s-toshie

◙ 미래교육 프로젝트 학습의 개요 ◙

기본 단계의 전개

미래교육 프로젝트 학습은 하나하나의 활동이 쌓아 올려서 목표를 달성하는 데 먼저 공통되는 기본적인 단계에 따라 전개된다. 건축의 프로젝트나 기업에서의 프로젝트 등 어떠한 프로젝트라도 모두 공통적으로 [주제(테마)] → [계획] → [정보] → [제작] → [설명 제시]의 순서로 진행된다. 이와 같이 성격이 다른 일을 쌓아 올려서 목표에 도달하며 이를 그림으로 다음과 같다.

기본 전개 단계	각 단계별 활동
준비	○ 활동을 시작하기 전에 교사가 어떤 능력을 터득시키겠다는 '목적'을 정하고 이의 성취를 위한 학습 과제를 결정한다. ○ 학생들에게 과제를 알려준다. ↓ ○ 학생들은 그 제재를 의식하고, 관심과 의욕이 나타나기 시작한다. **과제발견능력**
테마 · 목표설정	○ 어떻게 해서라도 해보겠다는 '의욕'이 생기는데 바로 이것이 '전체의 테마'가 된다. ○ 구체적으로 무엇을 할까 결정한다. 그것이 달성목표가 된다. **목표설정능력**
계획	○ 목표를 달성하기 위해서 어떻게 하면 좋을까 생각한다. ○ 생각하는 데 필요한 정보를 한정된 시간에 어떻게 하면 수집할 수 있는지 전략을 짜낸다. **과제해결능력 · 전략능력**
정보 검색	○ 과제해결을 위해서 '사회의 생생한 정보'를 수집한다. ○ 정확한 정보의 수집을 위하여 다양한 매체를 활용한다. **대응능력 · 정보능력**
제작	○ 정보의 취사선택, 분석, 가공, 정보의 재구성을 통하여 설명 제시할 때 사용할 제시용 자료를 제작한다. **시각적인 구성능력**
발표	○ 설명 제시하여 자신들의 생각을 제안한다. **표현능력 · 의사소통능력**
재구축	○ 개인별로 독창성이 있는 스스로의 방법으로 논리적인 전개에 따라 생각을 재구축하고, 표현한다. **논리적 사고능력 · 구성능력**
성장 결과	○ 프로젝트 수행으로 자신이 성장한 것을 발견한다. **자기평가능력 · 자기긍정능력**

◼ 프로젝트 학습의 기본 단계와 활동 ◼

일본의 프로젝트 학습에서 테마란, 조사학습의 과제와는 달리 '환경'이나 '지역' 등과 같이 학교나 학년 전체가 도전할 수 있는 '공통 테마'와 학생 스스로가 결정하는 '개인 테마', 그리고 팀에서 정한 '팀 테마'가 있다. 기본적으로 프로젝트 학습은 테마와 목표도 학생들이 자기 스스로의 의지로 생각하고 이해한 다음 출발하는 것을 전제로 한다. 앞으로의 시대는 주어진 일을 시키는 대로 해낼 수 있는 능력이 아니라, 스스로 상황을 판단하고 거기에 필요한 일을 간파하여 해결할 수 있는 능력을 필요로 한다. 정보 수집 능력이나 표현력 등의 기능(skill)도 중요하지만, 무엇보다 먼저 '과제를 발견하고, 달성할 목표를 스스로 정할 수 있는 능력'만이, 21세기를 살아갈 학생들에게 필요한 능력이라는 인식에서 출발한다. 따라서 과제를 스스로 결정하는 데 많은 시간을 할당하는 일이 중요하며 의미 있는 일이다.

또한 프로젝트 학습을 기본 단계로 전개하여 얻는 효과는 크게 세 가지가 있다. 첫째, 교사와 학생이 현재 진행 사항을 명확하게 파악하고 앞으로 해나갈 일을 통찰하여 주체적으로 추진하게 된다. 둘째, 각 단계마다 하는 일이 다르므로 '몸에 익혀지는 능력'이 명확해진다. 셋째, 혼자서 생각해내는 힘과 팀으로 지혜를 합해서 지식을 터득하는 두 가지 활동을 모두 체험하게 된다.

팀별 목표달성 방법

학년이나 학급 전체가 한 주제에 도전하는 것을 원칙으로 한다. 각자 서로 생각을 달리하는 개개인이 모여 팀을 구성하여 주제를 해결하기 위하여 목표를 향해 활동을 하게 된다. 목표는 '꿈'을 실현하는 것이요 이 꿈은 혼자서는 잘 이루어지지 않는다. 그래서 팀을 이루어 도전하게 된다. 팀워크로 목표를 향하여 전략을 짜내어 목표를 달성하게 된다. 여기에서는 한 사람 한 사람의 개성이 발휘되고, 과제 해결력, 상상력, 자기평가 등의 21세기를 살아가는 힘을 몸에 익히게 된다.

이와 같이 학년(학급) 전체가 참여해야 하는 이유는 세 가지이다. 첫째, 목표의 범위를 좁혔기 때문에 효과적인 지원이 가능하다. 둘째, 한정된 인원, 지원체제에서도 실행할 수가 있다. 셋째, 평가의 관점이 명확하고 공통적이라 확실하게 지도할 수가 있다. 또한 프로젝트 전체의 테마에 팀이 도전하는 것은, 각자의 지혜와 힘을 합하는 팀워크의 우수성을 알 수 있게 되기 때문이며, 한 사람 한사람의 개성이 발휘될 수가 있고, 자기와 다른 생각을 갖는 사람과 대화함으로써 다면적인 것을 볼 수 있는 능력을 터득하게 되기 때문이다.

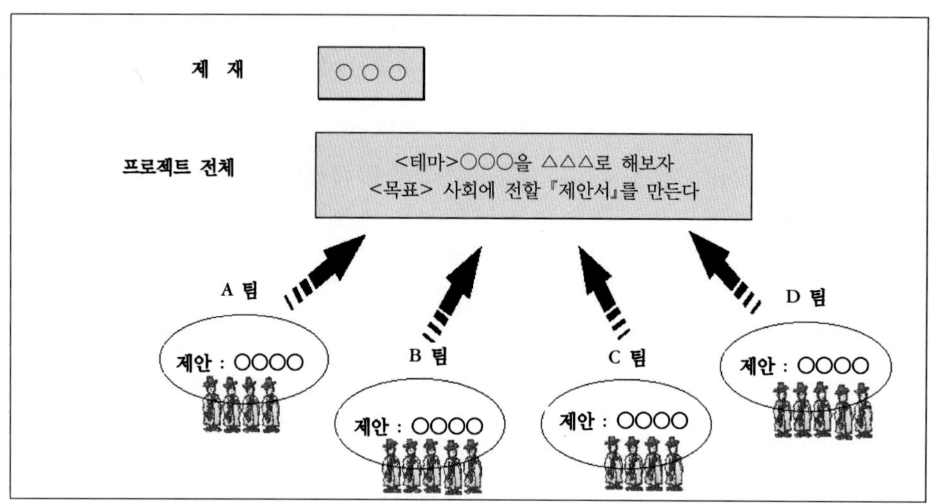

◙ 프로젝트 전체의 테마와 팀의 관계도 ◙

프로젝트 학습과 포트폴리오의 활용

포트폴리오란 활동과 학습의 과정을 일원화한 파일이다. 수집한 자료, 메모, 자기의 생각, 관심을 갖게 된 것을 기록해둔 활동표 등을 시간 순으로 정리해 감으로써 사고 과정을 눈으로 볼 수 있는 것이다.

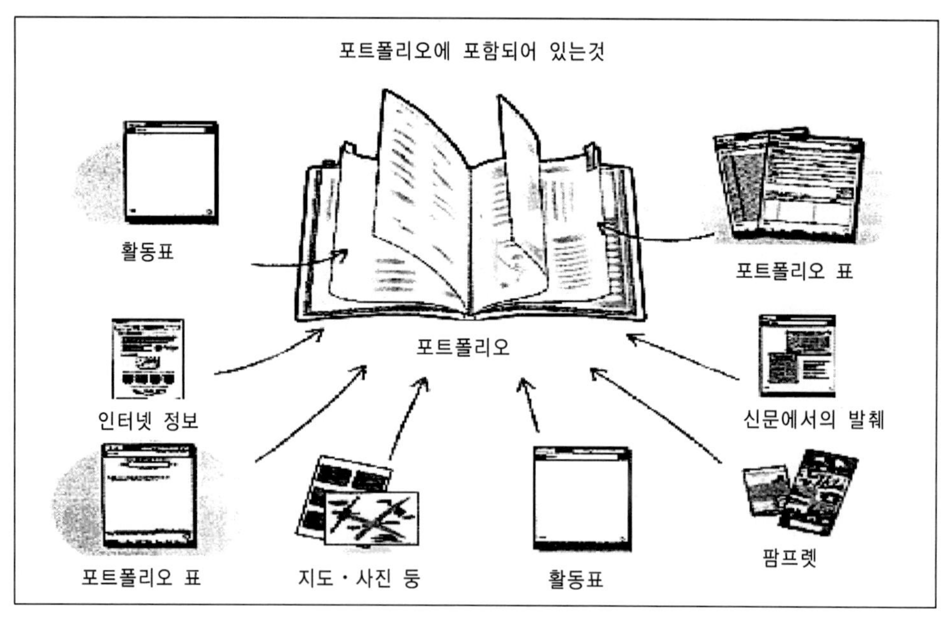

◙ 포트폴리오의 구성 ◙

포트폴리오를 활용해서 프로젝트를 진행할 때 생기는 이점은 네 가지가 있다.

- 활동 후 결과가 확실하게 눈에 보여서 의욕적으로 진행할 수 있다.
- 학생들이 자기평가를 하면서 스스로 학습의 질을 높여갈 수 있다.
- 교사가 아이들의 내면이나 정의적인 면의 성장을 볼 수가 있어서 장점이나 개성을 신장시킬 수 있다.
- 학생들이 자기 스스로 자기 성장을 확인할 수 있어 다시 하고자 하는 의욕이 생긴다.

따라서 포트폴리오는 근거 있는 설명 제시를 할 수 있고, 지금까지 해온 일 전체를 조망하고, 재구축하여 '응축 포트폴리오'를 작성하는 데도 필요하다. 또 포트폴리오를 보는 것으로 교사는 아이들 생각, 활동상황을 파악할 수 있게 된다. 동시에 아이들 자신이 자기평가를 하면서 주체적으로 학습을 추진할 수 있게 된다. 학생들은 포트폴리오에 채워진 정보를 재구축함으로써 논리적인 사고력을 몸에 익히게 되며 또한 평가에도 활용할 수가 있다. 포트폴리오의 처음과 끝을 비교해 보면 얼마나 자기가 성장을 했는지 알 수가 있다. 자기 성장을 자신이 찾아내어 그것을 한 장의 종이에 써내어 '성장으로의 입문'을 작성하는 것으로, 이 프로젝트에서 몸에 터득된 힘이 명료해지고, 더 나은 성장을 위한 의식이 강화된다고 볼 수 있다.

프로젝트 학습에서 활용할 수 있는 포트폴리오

포트폴리오는 학생 개개인의 소중한 경험을 일원화하여 철해 놓은 것으로서, 개인의 역사를 철해 놓은 것이라고도 볼 수 있다. 여기에는 목저이나 무엇을 파일로 철하느냐에 따라 과제 포트폴리오, 개인 포트폴리오, 신체 포트폴리오로 나눌 수가 있다. 그런데 프로젝트 학습과 관련하여 가장 중요한 것은 과제 포트폴리오이다. 과제 포트폴리오(theme portfolio)는 어떤 연구 대상이나 과제에 따라 학습 정보나 보고서 등을 일원화한 것으로 학습한 기록, 학습의 발자취를 말한다. 과제 포트폴리오를 통한 평가는 학습의 과정을 평가하고, 문제 해결력, 의사소통능력 등과 같이 지금까지는 평가가 어려웠던 항목을 평가하며, 자기평가·공개 평가가 포함된다. 학습자 스스로가 자신의 입장에서 알맞은 과제를 제출하고, 학습자 자신이 학습 설계를 인식하고 있어서 교사와 학습자 사이에 평가 관점을 공유할 수 있다. 여기에 점수를 기입하는 것이 아니라, 학습자가 피드백하여 자기의 장점, 특기 그리고 개성 등을 찾아낼 수 있도록 성장의 과정을 직접 볼 수 있게 한다.

과제 포트폴리오를 만들기 위해서는 파일을 만들어야 하는데, 이때에는 값이 싸고, 간단하게 차례대로 철할 수가 있고, 튼튼하며, 사용하기 편리하여 흩어지지 않게 보관할 수 있는 것이 좋다. 또한 보관할 수 있는 내용을 찾아내기가 쉽고 간단해야 하며, 파일 등 쪽에 여분의 폭이 있어 제목을 기입할 수가 있어야 하고, 책가방이나 책장에 넣을 수 있는 크기로 만들고, 시원스런 디자인과 아름다운 모양이 좋다.

파일과 포트폴리오는 차이가 있는데, 모아 놓은 파일이 포트폴리오가 되기 위해서는 주제가 있어서 이를 추구하기 위한 파일이어야 하며, 특정한 목적을 위하여 데이터나 정보를 일원적으로 보존하고 있으며, 처음부터 이미 활용을 의도한 파일이 바로 포트폴리오이다. 최종 포트폴리오를 재구축하기 위해서는 1차 포트폴리오(원천자료)를 만들어야 한다. 여기에 해당하는 것으로는 주제와 이를 주제로 정한 이유나 발상, 달성 목표와 시간 할당 계획, 활동 계획 전 과정을 통하여 계획의 흐름을 볼 수 있는 것, 프린트류, 팸플릿·박물관 입장표 등 편지나 인사장, 스케치나 현장 사진, 인터넷 정보를 프린트 출력한 것, 사례자료, 보고서, 실험 데이터, 자기평가, 교사 평가, 상호 평가, 공개 평가, 대화 메모, 교사와의 대화, 티임 구성원끼리의 대화 기록, 활동에 필요한 예산 계획서, 견적서, 금전 출납부 등이다. 이러한 자료를 1차 포트폴리오에 보관할 때에는 분류하지 않고 시계열로 일원화해 두고, 모든 자료에 제목, 키워드, 날짜를 기록해 두며, 한 번 1차 포트폴리오에 포함시킨 자료는 빼내지 않도록 해야 한다.

1차 포트폴리오로부터 일목요연하게 항목별로 정리한 것을 응축 포트폴리오라고 하는데, 과제에 대한 정보를 수집하는 일과 정리하는 일을 동시에 해서는 안 된다. 과제 수행 중에는 우선 모아 놓고, 그런 다음에 파일을 정리하여 재구축한 것이 응축 포트폴리오이다. 따라서 1차 포트폴리오를 보면 '학습의 과정'이 보이고, 응축 포트폴리오를 보면 '학습의 성과'가 보인다. 결국 1차 포트폴리오와 응축 포트폴리오는 모두 매우 중요한 역할을 한다. 응축 포트폴리오를 잘 만들기 위해서는 간결하고 명료해야 하며, 사고과정과 분석 및 고찰이 명료하게 포함되어 있어서 다른 데서 모방하지 않아야 하며, 자신의 관점이나 발상이 포함되어 있어야 한다. 이를 기준으로 삼아 이론이나 추론으로 이어질 수 있는 확실성이 있어야 한다.

3. 설계기술에서의 프로젝트 학습

실과의 설계기술 영역 수업의 특징 중의 하나인 기술적 활동과 프로젝트 학습과는 밀접히 관련되어 있다. 이를 설명하기 위하여 기술적 활동과 관련된 교육내용을 살펴보았고, 수업에서의 문제점은 무엇인지에 대하여 논의하였다. 여러 가지 교수·학습 방법 중에서 실과 수업에서 유용하게 활용할 수 있는 교수·학습 방법에 대한 논의를 통해 프로젝트 수업과의 관련성을 고려하였다.

1) 설계기술 수업의 특성

전통적으로 설계기술 영역의 목표를 달성하였는지의 여부를 평가할 때의 영역을 기술적 지식(technological knowledge), 기술적 활동(technological activity), 기술적 태도(technological attitude) 등으로 나누어서 설정한다. 여기에서 기술적 지식은 기술에 대한 절차적 지식(procedure knowledge)과 선언적 지식(declarative knowledge)으로 구분할 수 있다(Marzano, 1996; Gagne, 1977). 절차적 지식은 '무엇을 어떻게 하는가에 대한 지식(knowledge of how)'을 의미하며, 선언적 지식은 '무엇이 어떻다는 지식(knowledge that)'을 말한다. 물론 이러한 지식 중에서 기술과에서는 선언적 지식보다는 절차적 지식의 비중이 훨씬 더 크다고 할 수 있다. 기술에 대한 선언적 지식에는 내면화를 요구하는 경우, 활용을 요구하는 경우, 산출물을 요구하는 경우가 있다.

이와는 달리 기술적 활동은 기술과의 내용이 주로 실천적인 활동을 중심으로 이루어져 있음을 전제하고 있다. 기술적 활동, 즉 실천적 활동은 학습자가 중심이 되어 조작적인 활동을 통해 문제를 해결하고 창의적으로 활동함을 의미한다. 이것은 기술과 학습의 본질적인 차원에서 볼 때에도 보다 타당한 활동이다. 기술적 활동은 학교 기술수업에서 주로 만드는 활동의 형태로 나타난다. 실생활과 관련지어 자신이 구상한 물건을 도면으로 나타내고 실제로 만드는 과정에서 학생들은 만드는 기쁨과 성취감을 맛볼 수 있어서 새로운 경험을 하게 된다. 따라서 기술적 활동은 기술 수업에서 핵심적인 활동이며 수업의 성패를 좌우하는 활동이라 할 수 있다. 대개 실천적인 활동을 중심으로 하는 수업에는 프로젝트 수업이나 문제해결 수업이 주를 이루고 있다.

현행 실과 교육과정에 제시되어 있는 설계기술 영역의 내용은 대부분이 생활기술에 속하는 것들이다. 대체로 5학년에서는 우리 생활과 전기전자의 내용을, 6학년에서는 우리 생활과 목제품 만들기를 다루고 있다. 이러한 내용 중에는 기술적 지식에 속하는 것도 있고, 기술적 활동에 속하는 것도 있다. 주로 이 연구에서의 관심은 기술적 활동을 프로젝트 학습으로 전개하기 위한 절차를 구안하고, 보다 생동감 있고 창의적이며, 본래 의도하는 목표를 달성할 수 있는 자료를 개발하는 데 있다. 그러기 위해서는 현 교육과정을 구현한 교과서의 내용을 조사하여 실제로 프로젝트 활동이 가능한 내용에는 무엇이 있는지 조사해 볼 필요가 있다. 여기서 말하는 프로젝트 활동은 단순한 실험·실습의 수준이 아니라 개인 혹은 모둠별로 교과의 내용 전개에 얽매이지 않으면서 자유롭고 창의적으로 전개할 수 있는 테마를 의미한다. 다음 표에 제시되어 있는 활동들은 영역에 따라서는 다소 구체적인 활동으로 제한되어 있기는 하나, 해당 영역에서 자유롭게 프로젝트 활동을 전개할 수 있을 정도의 규모라고 볼 수 있다.

◐ 제7차 실과 교육과정 중 설계기술 영역의 프로젝트 가능 활동 분석 ◑

구 분	교육과정 내용		교과서에 제시된 프로젝트 가능 활동
	대영역	중영역	
5학년	우리 생활과 전기·전자	전기 기구 다루기	○ 연장 코드 만들기 ○ 양쪽 스위치 회로 꾸미기 ○ 조명기구 조사하기
		전자 제품 만들기	○ 빛 감지 새소리 제품 만들기 ○ 해지면 빛나리 제품 만들기 ○ 간단한 로봇 만들기
6학년	우리 생활과 목제품	우리 생활과 목재	○ 생활 속의 목제품 조사하기 ○ 나무의 나이테와 특징 조사하기
		목제품 만들기	○ 다용도 선반 만들기 ○ 메모판 만들기

위의 표에서 보는 바와 같이 각 영역별로 교과서에 제시되어 있는 활동들이 단순한 실습 수준에서 끝날 수도 있지만, 창의적인 수업이 되기 위해서는 활동의 폭과 깊이를 더 많이 열어놓을 필요가 있다. 단순한 체험활동 정도의 수준으로만 수업이 진행되었을 경우에는 수업이 지루해지기 쉽고 다양한 평가활동과도 연계되기가 쉽지 않을 가능성이 높다. 현재 교과서에 제시되어 있는 활동 내용들이 대부분 다양하지 못하여 기술 교사가 프로젝트 수업을 하기 위하여 자료를 만들고 재조직해야 할 필요가 많이 있음을 확인할 수 있다. 또한 교과서의 내용이 일률적이고 단편적인 내용 중심

으로 구성되어 있어서 프로젝트 학습을 위해서는 내용의 폭과 깊이를 조정해야 한다.

2) 프로젝트 학습 단계의 구체화

프로젝트 수업의 절차 구안에 필요한 자료와 준거를 토대로 하여 실과수업에 적절하고 기술적 활동의 특성을 반영한 절차를 구안하면 다음과 같다. 즉 다음 그림에서 보는 바와 같이 기존의 프로젝트법에서 범교과적으로 활용되고 있는 4단계(목적설정하기, 계획하기, 실행하기, 평가하기)를 6단계로 구체화하면서 단계의 명칭도 이해하기 쉽도록 부분적으로 수정하였다. 그러한 전체적인 흐름은 프로젝트 준비하기 → 프로젝트 선정하기 → 정보 탐색하기 → 설계하기 → 만들기(실행하기) → 평가하기로 이루어진다.

1단계: 목적설정 1－프로젝트 준비하기
○ 학습목표를 제시하고, 선행 학습 내용을 확인한다.
○ 프로젝트를 시작하기 전에 관련 지식을 정리한다.
○ 프로젝트 수행에 필요한 제반 사항을 제시한다. 즉 프로젝트 수행 시 제공되는 재료와 공구 및 수행시간을 알려준다.
2단계: 목적설정 2－프로젝트 선정하기
○ 기술수업에서 단원 내에서 또는 단원 간에서 만들려고 하는 활동주제를 정하게 하는 단계이다.
○ 대영역 학습내용을 구체적인 활동으로 내용과 폭을 구체화하는 단계이다.
○ 학생들이 주체적으로 관심과 흥미에 따라서 활동주제를 선택하도록 한다.
○ 학생들은 기존에 이미 수행해왔던 활동 목록을 참고할 수도 있고, 전혀 새로운 활동을 선택할 수도 있다.
○ 주제 결정 이전에 교사는 해당 프로젝트의 형태, 즉 개별 프로젝트인지, 조별 프로젝트인지를 미리 정하여 알려준다.

이 단계에서는 여러 가지 현실적인 고려사항을 참조하여 다음과 같은 프로젝트 선정 기준을 활용하는 것이 좋다. 여기서 제시한 프로젝트 선정 기준표는 운영 여건에 맞게 재조정하여 활용할 수 있으며, 해당 기준도 프로젝트의 성격에 맞게 구성할 수 있어야 한다. 해당 프로젝트에 따라 프로젝트 선정 기준이 확정되면 학생 스스로 평가를 하여 점수를 산정한다. 점수는 평가란에 '예'에 응답하면 1점을, '아니오'에 응답하면 0점을 부가하여 점수를 산출한다. 최종 판정 점수의 기준도 조정할 수 있으며, 여기에서는 예시로 점수가 7점 이상이면 수행가능, 5~6점이면 수행고려, 4점 이하이면 수행불가로 판정한다.

◐ 프로젝트 선정 기준표 ◐

선정 기준	평 가		비 고
	예(1점)	아니오(0점)	(가중치)
1. 교육목표와 관련이 있는 프로젝트인가?			
2. 해보고 싶은 과제인가?			
3. 주어진 시간에 해결할 수 있는가?			
4. 수행 인원이 적절하게 구성되어 있는가?			
5. 활용 가능한 재료가 준비되어 있는가?			
6. 사용 가능한 공구는 있는가?			
7. 프로젝트가 실용적인가?			
8. 프로젝트가 창의적인가?			
9. 프로젝트와 관련된 안내 자료가 있는가?			
10. 프로젝트 수행 시 주변의 도움을 받을 수 있는가?			
점 수			
판정: 수행가능 10~7, 수행고려 6~5, 수행불가 4점 미만			

3단계: 계획 1 – 정보 탐색하기

○ 정보 수집에 대한 안내를 하고 인터넷이나 문서자료를 찾는 방법을 알려준다.

○ 선정된 주제에 따른 디자인하기 위한 각종 정보를 찾고 정리하는 단계이다. 즉 재료와 공구에 대한 정보 찾기, 실용적인 디자인에 대한 정보 찾기, 제작 과정에 대한 정보 찾기, 정보를 수집하는 경로는 서책 자료, 인터넷, 제품 안내 팸플릿, 관계자 면담 등

○ 여러 가지 자료의 수집과정과 결과물을 정리하여 둔다(평가 시 활용).

4단계: 계획 2 – 설계하기

○ 수집한 각종 정보를 토대로 하여 구체적인 디자인을 하는 단계이다.

○ 만들려고 하는 물체를 스케치(구상도)한 후 제작 도면을 그린다.

○ 제작 과정을 구체적으로 도식화하여 과정별로 구체적인 소요 시간을 할당한다.

○ 제작에 필요한 재료 및 공구 목록표를 만든다.

5단계: 실행하기

○ 계획 단계에서 수립된 디자인에 따라 제품을 실제로 만드는 단계이며, 소요시간이 가장 많이 걸린다.

○ 제작 도면에 따라 만들되 만드는 과정에서 필요에 따라서 실용성을 고려하여 도면을 수정할 수 있다.

○ 제작에 필요한 기능을 자연스럽게 익힐 수 있게 해 준다(기능 습득에 중심을 두지 않는다).

○ 만드는 과정에서 일어나는 문제점, 개선 사항 등을 기록하여 둔다.

○ 주어진 시간에 계획한 물건을 반드시 만들 수 있도록 조언한다.

6단계: 평가하기

○ 만들기 활동이 끝난 후 포트폴리오(각종 자료와 결과물)를 평가하는 단계이다.

○ 모든 정보가 들어 있는 포트폴리오를 대상으로 평가한다.

- 주제 선정의 과정과 결과
- 정보 수집과정과 결과
- 제품에 대한 스케치와 도면, 공정 등
- 결과물(제품)

○ 평가의 주체를 다양화힌다(교시에 의한 평가, 동료에 의한 평가)

○ 평가가 끝난 후 발표를 하거나 교내에 전시를 한다.

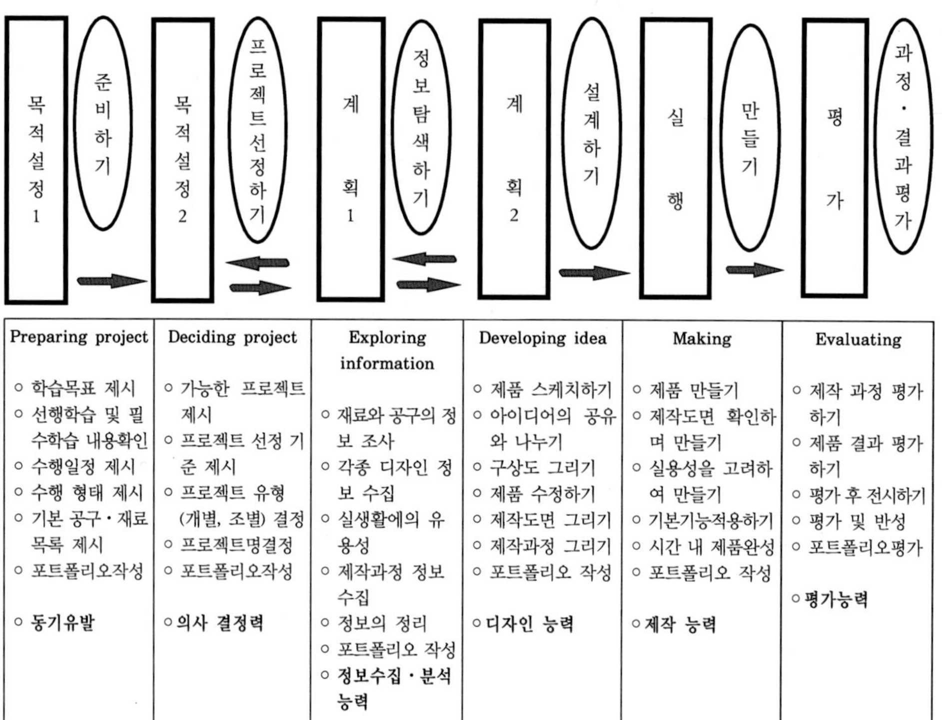

Preparing project	Deciding project	Exploring information	Developing idea	Making	Evaluating
○ 학습목표 제시 ○ 선행학습 및 필수학습 내용확인 ○ 수행일정 제시 ○ 수행 형태 제시 ○ 기본 공구·재료 목록 제시 ○ 포트폴리오작성 ○ **동기유발**	○ 가능한 프로젝트 제시 ○ 프로젝트 선정 기준 제시 ○ 프로젝트 유형 (개별, 조별) 결정 ○ 프로젝트명결정 ○ 포트폴리오작성 ○ **의사 결정력**	○ 재료와 공구의 정보 조사 ○ 각종 디자인 정보 수집 ○ 실생활에의 유용성 ○ 제작과정 정보 수집 ○ 정보의 정리 ○ 포트폴리오 작성 ○ **정보수집·분석 능력**	○ 제품 스케치하기 ○ 아이디어의 공유와 나누기 ○ 구상도 그리기 ○ 제품 수정하기 ○ 제작도면 그리기 ○ 제작과정 그리기 ○ 포트폴리오 작성 ○ **디자인 능력**	○ 제품 만들기 ○ 제작도면 확인하며 만들기 ○ 실용성을 고려하여 만들기 ○ 기본기능적용하기 ○ 시간 내 제품완성 ○ 포트폴리오 작성 ○ **제작 능력**	○ 제작 과정 평가하기 ○ 제품 결과 평가하기 ○ 평가 후 전시하기 ○ 평가 및 반성 ○ 포트폴리오평가 ○ **평가능력**

■ 설계기술 수업에서 프로젝트 학습의 절차 ■

실과 수업에서의 프로젝트 학습을 단계별로 평가하기 위하여 포트폴리오 서식을 개발하여 학생들이 수행 중에 활용하도록 하는 것이 필요하여 9가지의 서식을 개발하였다. 이 서식을 묶어서 자세한 안내를 하면 학생용 프로젝트 수행자료가 된다.

- 서식 1: 프로젝트 안내하기
- 서식 2: 프로젝트 정하기
- 서식 3: 프로젝트 관련 정보 수집·정리하기
- 서식 4: 스케치하기
- 서식 5: 구상도 그리기
- 서식 6: 제작도 그리기(선택)
- 서식 7: 만들기 - 수행일지
- 서식 8: 프로젝트 최종 평가표

◑ 실과 수업에서의 프로젝트 학습 진행 과정 ◐

단 계	교사 활동	학생 활동	활동지
Ⅰ. 준비하기	○ 학습목표를 제시하고 선행학습내용을 확인한다. ○ 프로젝트에 대한 전체적인 흐름과 제반 사항을 안내한다. : 포트폴리오 1을 제시한다.	○ 학습목표와 선행학습 내용의 인지 ○ 프로젝트 수행의 흐름과 주어진 여건을 파악한다. : 포트폴리오 1을 완성한다.	● 포트폴리오 1
Ⅱ. 프로젝트 선정하기	○ 수행 가능한 프로젝트를 개인별 / 모둠별로 정하게 한다. - 프로젝트 선정 기준을 제시한다. - 프로젝트의 성격에 따라 개인 프로젝트인지, 모둠 프로젝트인지를 판단하게 한다. - 포트폴리오 2(프로젝트 주제설정)를 제시한다.	○ 여러 가지 프로젝트 리스트를 참고하여 관심과 흥미에 따라 프로젝트명을 제시한다. - 프로젝트 선정 기준에 따라 프로젝트를 평가한다. - 해당 프로젝트의 수행방법(개인, 모둠)을 참고한다. - 수행할 프로젝트를 선정한다. - 포트폴리오 2를 완성한다.	● 포트폴리오 2
Ⅲ. 정보 탐색하기	○ 정보수집에 대한 안내를 한다. ○ 정보를 정리하는 방법을 안내한다. - 포트폴리오 3(정보수집 · 정리)을 제시한다.	○ 디자인에 필요한 각종 정보를 찾는다 (서책, 인터넷 등). ○ 제작에 필요한 재료와 공구를 조사한다. ○ 시중에서 판매하고 있는 유사 제품의 정보를 찾는다. ○ 정보를 정리한다. - 포트폴리오 3을 작성한다.	● 포트폴리오 3
Ⅳ. 설계하기	○ 스케치와 구상도 그리는 방법을 안내한다. ○ 제작도 그리는 방법을 안내한다. 경우에 따라서는 생략한다. - 포트폴리오 4(스케치), 5(구상도), 6(제작도)을 제시한다.	○ 수행 프로젝트를 스케치한다. ○ 제품의 구상도를 그린다. ○ 제품을 구체화하여 제작도를 그린다. - 포트폴리오 4, 5, 6을 작성한다.	● 포트폴리오 4 포트폴리오 5 포트폴리오 6
Ⅴ. 만들기	○ 제품 만드는 방법을 안내한다. ○ 매시간 수행과정을 기록하고 반성한다. - 포트폴리오 7(수행 일지)을 제시한다.	○ 제작도면에 따라 제품을 만든다. - 제작시간을 적절히 안배한다. - 안전 사항에 유의한다. - 모둠 프로젝트인 경우에는 상호 협동성을 발휘한다. - 포트폴리오 7을 작성한다.	● 포트폴리오 7
Ⅵ. 평가하기	○ 평가 과정을 안내한다. ○ 평가를 한다. - 포트폴리오 8(최종 평가표)을 제시한다.	○ 평가자료와 결과물을 제출한다.	● 포트폴리오 8

3) 생활용품 만들기(예시 자료)

Ⅰ. 준비하기

차 시	1 / 11	장소	실과
내 용	① 프로젝트 안내 활동	수업 방법	프로젝트 학습
수업 내용 및 교사 활동			학생 활동
1. 재료 소개하기	사용할 수 있는 재료를 소개한다. 주어진 재료 안에서 최상의 창의력과 활용력을 갖게 한다. **목재: 알비자 집성판 / MDF** **소모품류: 나사못, 못, 사포, 접착제,**		
2. 공구 소개하기	필요한 공구의 용도와 사용방법에 대해 설명한다. **공구류: 장도리, 톱, 곱자, 직각자, 강철자, 드라이버**		
3. 프로젝트 단계 소개하기	프로젝트 각각의 단계에서 무엇을 하여야 하는지에 대해서 설명하고, 포트폴리오 책자에 기록해야 할 내용과 기록방법에 대해서 상세히 설명한다.		강의 듣기 및 포트폴리오 작성
4. 평가기준 발표	평가 기준을 제시하고 설명한다.		
5. 주의 사항 전달하기	프로젝트 수행 중 발생할 수 있는 각종 안전사고에 대해서 설명하고 주의할 수 있게 한다. **톱질, 망치질 등의 요령과 함께 안전사고 사례를 설명한다. 특히 기계를 작동하는 요령과 안전에 대한 것은 자세하게 설명하고 주의를 준다.**		
수업 준비물	프로젝트 진행과정, 준비물, 평가 기준을 설명할 자료		

200 년   월   일   교시

대단원	재료의 이용(생활용품 만들기)
이 름	
생활용품	
재료 적어보기	학교에서 준비해 주는 재료:
	각자 준비해야 할 재료:
공구 적어보기	학교에 있는 공구:
	각자 준비해야 할 공구:
각 프로젝트 단계에서 할 일 적어 보기	1. 준비하기 (시간) 2. 프로젝트명 정하기(시간) 3. 정보 탐색하기(시간) 4. 설계하기(시간) 5. 만들기(시간) 6. 평가하기(시간)
주의 사항 적기	
기 타	
다음 시간에는	프로젝트 명을 정해야 합니다. 미리 좋은 아이디어를 생각해 봅시다.

차 시	2 / 11	장소	실과실
내 용	② 프로젝트 선정활동	수업 방법	프로젝트 학습
수업 내용 및 교사 활동			학생 활동

	수업 내용 및 교사 활동	학생 활동
수업을 시작하며	1. 서로의 의견을 존중하라. 2. 어떤 의견이든 생각나면 말하라. 3. 다른 사람의 의견에 내 생각을 더해 더 좋은 아이디어를 만들어라. 4. 수행 가능한 아이디어를 창출하라.	
가능한 프로젝트 주제명	좋은 아이디어가 나올 수 있도록 질문을 던져 줌으로써 스스로 아이디어를 창출하도록 돕는다. “주어진 재료로 만들 수 있는 생활용품에는 어떤 것들이 있을까?”	
프로젝트 선정 기준	선정기준에 잘 맞지 않는 프로젝트를 선정하지 않도록 관찰하면서 조언한다.	토론 및 의사결정
선정한 최종 프로젝트명		
역할 나누어보기	모든 학생이 열심히 참여할 수 있도록 서로의 역할을 나누어 보도록 지도한다. 공구 담당, 재료 담당, 직선 가공, 곡선 가공, 마름질, 톱질, 사포질, 조립, 니스칠 등	
정보 수집 방법 생각해 보기	한 사람에게 편중되지 않도록 해야 한다. 수집한 자료의 출처를 꼭 알아 오도록 지도한다.	
다음 시간은	다음 차시를 공고하고 준비물을 준비하도록 한다.	

【포트폴리오 2】 프로젝트 정하기

200 년 월 일 교시

가능한 프로젝트 주제명	○ 서로의 의견을 나누고 가능한 프로젝트명을 적어 보세요. 1. 2. 3. 4. 5. 6. 7. 8.
프로젝트 선정 기준	○ 프로젝트 선정 기준표를 활용한다. 1. 수행가능: 10~7점 2. 수행 고려: 6~5점 3. 수행불가: 4점 이하 ○ 프로젝트 선정 점수:　　　　점
선정한 최종 프로젝트명	
역할 나누어보기	
정보 수집 방법 생각해 보기	○ 필요한 정보를 어떻게 얻을 것인가를 이야기 해보세요. 다음 단계의 포트폴리오 서식을 살펴보면 어떤 정보가 필요한지 알 수 있습니다. 표: 수집해야 할 정보 / 어떤 매체에서? / 누가?
다음 시간은	○ 다음 시간은 정보 정리단계입니다. 각자 준비한 자료들을 잘 정리해서 꼭 갖고 오고, 풀과 가위, 칼 등을 준비해오세요. 기타 필요한 준비물이 있으면 여기에 적어보세요 (　　　　　　　　　　　　　　　　　　　　　　　　　　　)

정보 수집 방법 표:

수집해야 할 정보	어떤 매체에서?	누가?

선정 기준	평 가		비 고
	예(1점)	아니오(0점)	(가중치)
1. 교육목표와 관련이 있는 프로젝트인가?			
2. 해보고 싶은 과제인가?			
3. 주어진 시간에 해결할 수 있는가?			
4. 수행 인원이 적절하게 구성되어 있는가?			
5. 활용 가능한 재료가 준비되어 있는가?			
6. 사용 가능한 공구는 있는가?			
7. 프로젝트가 실용적인가?			
8. 프로젝트가 창의적인가?			
9. 프로젝트와 관련된 안내 자료가 있는가?			
10. 프로젝트 수행 시 주변의 도움을 받을 수 있는가?			
점 수			
판정: 수행가능 10~7, 수행고려 6~5, 수행불가 4점 미만			

차 시	3 / 11	장소	교 실(실과실)
내 용	③ 정보 수집활동	수업 방법	프로젝트 학습

수업 내용 및 교사 활동		학생 활동
유사한 다른 생활용품 종류 알아보기	**프로젝트명: 생활용품 만들기** **(다용도 선반, 메모판, 서류함 등)**	
생활용품의 용도 알아보기	각 생활용품의 용도에 대해서 알아보고 간단히 포트폴리오에 기술하도록 지도한다.	
도면의 종류 및 그리는 방법 알아보기	프로젝트 진행과정에서 필요한 도면의 종류를 미리 파악하여 학생들이 도면의 기능과 그리는 방법에 대해서 스스로 학습할 수 있는 기회를 제공하여야 한다. **스케치, 구상도, 부품도 등**	정보 처리 (포트폴리오 작성)
정보수집의 출처	수집된 정보를 사용할 때 정보 출처를 밝히는 것은 매우 중요하다. 형식을 엄격히 지키지 않더라도 정보출처를 밝히는 습관을 갖도록 지도한다. **인터넷: URL 주소 적기** **도서: 저자명(출판년도), 도서명, 출판사**	
프로젝트 관련 재료 및 공구 조사하기	프로젝트를 수행하기 위해서는 생활용품 제작에 맞는 재료와 공구를 사용해야 한다. 제작에 필요한 공구를 나열해 보고 어떤 재료를 이용하면 목적에 맞게 제작을 할 수 있는지 생각해야 한다. **수공구: 톱, 실톱, 드라이버, 칼 등** **전동 공구: 전기 사포기, 전동 드라이버 등** **소모품: 못, 나사못, 사포, 경첩 등** **목재: 집성재, MDF 등** **기타 재료: 에나멜 니스, 신나 등**	

【포트폴리오 3】 프로젝트 관련 정보 수집 · 정리하기

200 년　월　일　교시

프로젝트명	
유사한 다른 생활용품 알아보기	1. 2. 3. 4. 5.
생활용품의 상세한 용도 알아보기	1. 사용 장소: 2. 주된 용도: 3. 사용가능한 다른 장소:
도면의 종류 및 그리는 방법 알아보기	1. 스케치와 구상도 2. 제작도 3. 부품도
정보수집의 출처	○ 인터넷 자료는 URL 주소를 적고, 도서는 도서명, 저자, 출판사를 적어주세요.
재료 및 공구 조사하기	1. 수공구: 2. 전동 공구: 3. 소모품: 4. 목재: 5. 기타 재료:
부품 조사하기 및 관련 그림	다음 쪽으로

차 시	3 / 11	장소	교 실(실과실)
내 용	④ 정보 정리활동	수업 방법	프로젝트 학습

수업 내용 및 교사 활동	학생 활동
제작할 생활용품과 유사한 제품의 외관사진을 찾아 붙이세요.	학생들이 수집한 자료는 사진의 크기가 매우 다양하며 자신들의 프로젝트와 전혀 관계가 없음에도 불구하고 프로젝트와 유사한 많은 그림이나 사진을 갖고 오는 경우가 대부분이다. 많은 정보 중에서 내가 사용해야 할 정말 중요한 정보를 찾아내는 과정을 거치는 단계이므로 신중하게 생각하여 하나 혹은 두 개 정도의 사진만을 붙이도록 지도한다. 가져온 사진이 규격보다 클 경우는 축소 복사해서 붙이게 지도하거나, 잘 접어 붙일 수 있게 지도한다. 사진이나 그림은 생활용품과 관련된 쓸모 있고 아름다운 것 신중하게 고려하여 붙인다. 우리 조의 프로젝트와 관계있는 사진을 찾아 붙여야 한다. 메모판: 입체모양, 다각형 모양, 네모난 모양, 동물 모양, 과일 모양, 사물을 본 뜬 모양 등	
기타 정보	각자 수집해 온 정보의 양은 조에 따라 큰 차이를 보이게 된다. 수집된 정보 중 우리에게 필요한 정보와 필요치 않은 정보를 분리하고 지금 당장은 필요치 않으나 프로젝트 수행 시 필요할 수도 있는 정보들은 여기에 모아 둔다. 정보의 양이 많을 경우는 잘 접어서 붙여 두도록 지도한다.	정보 처리 (포트폴리오 작성)
다음 시간에는	다음 시간에 수행할 단계를 설명하고 준비물을 알려 준다. 다음 시간은 설계하기 단계, 준비물은 자, 연필, 지우개	

만들고자 하는 생활용품의 외관에 참고할 사진이나 그림을 찾아 붙이세요.
자료 출처	
제작할 생활용품의 구조에 참고할 사진이나 그림을 찾아 붙이세요.
자료 출처	

차 시	4 / 11	장소	교 실(실과실)
내 용	⑤ 스케치 활동	수업 방법	프로젝트 학습

수업 내용 및 교사 활동		학생 활동
교사의 지도 조언	설계하기는 스케치(외관 그리기), 구상도 그리기, 부품도 그리기 등으로 구성되어 있다. 한 시간 동안 아이디어를 구상하여 모든 것을 완벽히 그린다는 것은 사실상 힘들다. 따라서 설계하기 단계는 수업 시수가 허락된다면 한 시간 정도 더 배정하는 것이 바람직하다. 그러나 학교 수업시간의 여건상 그렇지 못할 경우가 많기 때문에 여기에서는 한 시간으로 한정을 짓고 부족한 시간에 대해서는 별도의 시간(방과 후 활동)을 활용하여 그릴 수 있도록 지도하여야 한다.	 **3. 디자인(설계)하기 (1)**
스케치하기	스케치하기는 생활용품의 외관을 그리기 위한 단계이다. ○ 먼저 학생들에게 A4용지를 1인당 2~3장씩 배부한다(입체적으로 그리게 할 경우는 등각 투상도 용지를 배부한다). ○ 프로젝트 명과 잘 부합되는 생활용품의 외관을 개인별로 스케치하도록 한다. ○ 개인별로 스케치한 그림을 갖고 조별로 의사결정과정을 거쳐 최종적인 외관을 결정한다. ○ 외관이 결정되면 포트폴리오 서식에 옮겨 그리도록 한다. 이때 외형을 나타내는 선은 두꺼운 선으로 그리도록 지도한다. 1. 제도 통칙에 너무 얽매이지 않도록 하라. (학생들이 아이디어를 구안하는 데 중점을 둔다.) 2. 외관 결정 시 고려할 사항 - 프로젝트명과 잘 부합되는가? - 제작이 가능한가? (어떤 재료를 가지고 만들 수 있는가?) - 창의적인가? - 아름다움이나 독특한 특징을 갖고 있는가?	아이디어 구안 및 그리기의사 결정 (포트폴리오 작성)

【포트폴리오 4】 스케치하기

200 년   월   일   교시

○ 생활용품의 외관을 그려보세요.	프로젝트명	

차 시	4 / 11	장소	교 실(실과실)
내 용	6 구상도 그리기 활동	수업 방법	프로젝트 학습

수업 내용 및 교사 활동	학생 활동
구상도 그리기에 앞서 제도 형식에 얽매이지 않도록 한다. 제작도와 공정표를 그리지 않는 대신 구상도에 많은 것을 표현할 수 있도록 지도한다. ○ 자를 사용하거나 프리핸드로 자유롭게 그린다. ○ 척도는 고려하지 않아도 된다. ○ 포트폴리오의 서식이 부족할 경우는 별도의 종이에 그려 첨부할 수 있도록 한다. ○ 새로운 아이디어가 나올 수 있으므로 모든 그림과 글씨는 연필을 이용하여 그리고 나중에 수정사항이 발생하면 다시 수정하도록 한다.	아이디어 구안 및 그리기의사 결정 (포트폴리오 작성)
구상도 그리기 ○ 연습용 종이를 배부하거나 연습장을 준비하도록 한다. ○ 조별로 서로의 아이디어를 말로 표현하거나 그림으로 그려보고 더 좋은 아이디어를 재창출하는 논의 과정을 거치도록 한다. ○ 확정된 안을 포트폴리오 서식에 글과 그림으로 나타낸다. **구상도 그리기에서 고려할 사항** **1. 외관 몸체에 사용할 재료** **2. 칸막이나 공간 분할 재료** **3. 견고함을 가질 수 있는 구조** **4. 아름답게 꾸밀 방법은 없는가?** **5. 얼마나 쓸모가 있을 것인가?**	

【포트폴리오 5】 구상도 그리기

200 년   월   일   교시

○ 생활용품의 구상도를 그려보세요.	프로젝트명	

【포트폴리오 5】 구상도 그리기

차 시	4 / 11	장소	교 실(실과실)
내 용	⑦ 부품도 그리기 활동	수업 방법	프로젝트 학습

수업 내용 및 교사 활동	학생 활동

부품도 그리기

제도 형식에 얽매이지 않도록 한다. 특히 부품도는 자를 대지 않고 프리핸드로 그리도록 한다. 하지만, 크기(치수)와 규격 및 모양에 대한 것은 정밀하고 정확하게 표시하도록 지도해야 한다.

- 재료의 종류는 글로 표현한다.
- 재료의 형태는 그림으로 표현한다.
- 재료의 결합 및 연결 방법은 글과 그림 중 편리한 방법으로 표현한다.

> **부품도 그릴 때 고려할 사항**
> 1. 각 부품의 모양에 맞도록 프리핸드로 그린다.
> 2. 척도는 고려하지 않아도 되지만, 어느 정도 정확하게 그린다.
> 3. 같은 모양을 하는 부품은 한 개만 그린 뒤에 개수만 표시한다.
> 4. 두께, 오차 등을 고려하여 치수를 정한다.
> ※ 아무리 에쁘고 튼튼하더라도 쓸모가 없으면 안 된다. 이 프로젝트의 주된 목적은 쓸모 있는 생활용품을 만드는 것이다.

학생 활동: 아이디어 구안 및 그리기 (포트폴리오 작성)

【포트폴리오 6】 부품도 그리기

200 년 월 일 교시

○ 생활용품의 부품도를 그려보세요.	프로젝트명	

차 시	5~10 / 11	장소	교 실(실과실)
내 용	⑧ 제작 활동	수업 방법	프로젝트 학습

수업 내용 및 교사 활동	학생 활동
만들기 조별로 직접 생활용품을 만들어야 하며, 교사는 길잡이와 조언자의 역할을 하며 가장 바쁘게 움직여야 하는 단계이다. ○ 공구를 올바르게 사용하고 있는지 항상 관찰하고 잘못된 사항은 곧바로 조언을 통하여 고칠 수 있도록 한다. ○ 제작 과정에서 문제가 발생하여 제작이 중단되어 있거나 해결책을 찾지 못하고 있을 경우 직접적인 방안을 제시하기보다는, 여러 가지 경우의 수를 제시함으로써 스스로 판단하도록 지도한다. ○ 만들기 과정에 참여하지 않는 학생들이 생기지 않도록 지속적인 관찰과 조언을 아끼지 않는다. **지켜야 할 안전 수칙** 1. 톱을 사용할 때에는 날에 다치지 않게 한다. 2. 망치질할 때 손가락 등을 주의한다. 3. 전동 공구를 사용할 때는 교사와 함께한다. 4. 접착제와 니스, 희석제 등은 화기 주의한다. 5. 먼지가 많이 나지 않도록 환기에 주의한다. 6. 토론할 때는 다른 조에 방해되지 않게 한다. 7. 기타 공구로 장난하지 않는다.	만들기 및 포트폴리오 작성
만들기 순서 안내 ○ 만들기 1: 마름질하기 1(목재에 그리기) ○ 만들기 2: 마름질하기 2(톱질하여 절단하기) ○ 만들기 3: 가공하기(모양내기, 사포질하기) ○ 만들기 4: 조립하기(접착제 발라 못질하기) ○ 만들기 5: 사포질하기(꾸미기, 사포질하기) ○ 만들기 6: 칠하기(니스 칠하기)	
수행 일지 작성 ○ 제작 과정에서 일어나는 모든 사항을 적을 수 있도록 지도한다. ○ 만들기 과정에서 발생하는 문제점과 해결 방안에 대한 아이디어를 기록할 수 있도록 한다. ○ 조에서 준비할 준비물이 있다면 준비물을 다음 시간에 잊지 않도록 지도한다.	

【포트폴리오 7】 수행 일지 1

200 년　월　일　교시

1. 오늘 무엇을 만들었는지 적어보세요.
2. 오늘 혹시 예상 못했던 문제가 발생했나요? 　발생했다면 어떤 문제인지 적어보고 해결방안을 찾아보세요.
3. 방과 후 조별 모임을 할 것인가요? 　한다면 약속 시간과 장소, 그리고 준비물을 적으세요.
4. 다음 시간에는 무엇을 만들 계획인가요?

다음 시간 준비물	

【포트폴리오 7】 수행 일지 2

200 년 월 일   교시

1. 오늘 무엇을 만들었는지 적어보세요.

2. 오늘 혹시 예상 못했던 문제가 발생했나요?
   발생했다면 어떤 문제인지 적어보고 해결방안을 찾아보세요.

3. 방과 후 조별 모임을 할 것인가요?
   한다면 약속 시간과 장소, 그리고 준비물을 적으세요.

4. 다음 시간에는 무엇을 만들 계획인가요?

다음 시간 준비물	

200 년   월   일   교시

1. 오늘 무엇을 만들었는지 적어보세요.
2. 오늘 혹시 예상 못했던 문제가 발생했나요?   발생했다면 어떤 문제인지 적어보고 해결방안을 찾아보세요.
3. 방과 후 조별 모임을 할 것인가요?   한다면 약속 시간과 장소, 그리고 준비물을 적으세요.
4. 다음 시간에는 무엇을 만들 계획인가요?

다음 시간 준비물	

차 시	11 / 11	장소	교 실(실과실)
내 용	⑨ 평가활동	수업 방법	강의 / 토의
수업 내용 및 교사 활동			학생 활동
평가하기 전에	평가를 위해 별도의 자기평가표(부록 3)를 만들어 활용해도 되지만, 되도록 학교 실정과 실습 여건에 맞는 평가표를 만들어 활용하는 것이 가장 좋다.		
포트폴리오 서식	포트폴리오 서식마다 점수를 부여한다.		
심미성	각 조에서 정한 프로젝트에 따라 산출물의 외관이 잘 나타나 있는가를 살펴보고 아름다움과 창의성을 고려하여 평가한다.		자기평가하기
창의성	비록 같은 제품이라 하더라도 구조나 제작 및 사용에 있어 독특한 아이디어가 있는가를 잘 살펴보아야 한다.		
기능성	생활용품 만들기 프로젝트에서의 가장 중요한 부분이다. 얼마나 쓸모 있는지를 평가하고 하되, 학생들이나 동료 교사의 도움을 받아 공정하게 채점하는 것이 좋다.		

【포트폴리오 8】 프로젝트 평가하기

200 년   월   일   교시

프로젝트명					

☞ 수행한 프로젝트의 결과를 평가해 보세요.

<자기평가>

구 분	잘한 점	못한 점	개선할 점	점수
포트폴리오1				
포트폴리오2				
포트폴리오3				
포트폴리오4				
포트폴리오5				
포트폴리오6				
포트폴리오7				
전체 반성				

<교사 평가>

구 분	상	중	하	점수
포트폴리오 1				
포트폴리오 2				
포트폴리오 3				
포트폴리오 4				
포트폴리오 5				
포트폴리오 6				
포트폴리오 7				
심미성(프로젝트명과 외관이 잘 부합되는가?)				
창의성(제작, 구조, 용도 등이 독특한가?)				

기능성 (얼마나 쓸모가 있는가?)
  1) 꼭 필요한 갖고 싶은 제품이다.(　　점)
  2) 잘 만들었지만, 기능이 미비하다.(　　점)
  3) 외관은 좋으나 쓸모가 없는 것 같다.(　　점)
  4) 무엇에 사용하는 제품인지 모르겠다.(　　점)

기 타

1. 평가 기간 내 만들지 못한 미완성 작품은 0점 처리한다.
2. 무단결석으로 평가에 한 번도 참여하지 않은 학생은 0점 처리한다.

총 점수

포트폴리오(　　)점 완제품(　　)점 총(　　)점

【자기평가표 예시】

생활용품 만들기 평가표

제   학년   반   이름:

단계	평가 항목	평가 기준	평가 점수		
			학생	교사	합계
구상	창의적인 제품을 구상하였는가?	창의적인 제품이 구상되었다.	상		
		부분적으로 창의적인 제품이 구상되었다.	중		
		대부분 다른 제품을 모방하였다.	하		
	선택한 제품의 치수가 적절한가?	제품과 비교하여 치수가 적절하다.	상		
		제품과 비교하여 치수가 부분적으로 부적절하다.	중		
		제품과 비교하여 치수가 대부분 부적절하다.	하		
제작	재료를 계획대로 사용하였나?	계획한 재료로 제품을 만들어 냈다.	상		
		1번 이상 재료를 추가로 지급받았다.	하		
	조원들의 역할 분담은 제대로 이루어졌는가?	모든 조원들이 협동하여 과제를 수행하였다.	상		
		협동하기도 하고, 보고 그런 것 같다.	중		
		모든 조원들이 협동하지 못했다.	하		
평가	제작된 제품의 크기가 도면과 일치하는가?	제품이 도면과 일치한다.	상		
		제품이 도면과 부분적으로 다르다.	중		
		제품이 도면과 매우 다르다.	하		
	제작된 제품의 외관에 틈이 없는가?	부품 사이에 틈이 없다.	상		
		부품 사이에 틈이 부분적으로 있다.	중		
		부품 사이에 틈이 많다.	하		
	제작된 제품에 칠하기가 잘 되었는가?	제품에 칠이 매끈하게 되었고, 거친 곳이 없다.	상		
		제품에 칠이 부분적으로 거칠다.	중		
		제품에 칠이 매우 거칠다.	하		

수행 평가 최종 점수	계획했던 제품명	완성된 제품명	번호	이름	개인점수

제3장 초등 설계기술교육의 평가

1. 수행활동에 근거한 설계기술의 평가

교육목표와 평가의 일관성

설계기술의 평가활동은 교수-학습 활동의 성과를 설계기술교육의 본질에 비추어 점검하는 것으로, 새로운 학습의 시작이자 목표 달성의 한 조건으로서의 의미를 지녀야 한다. 이런 의미에서 실시되는 설계기술의 평가는 교수-학습 과정을 통하여 달성하기를 기대하는 능력이 함양되었는가를 측정하는 데에 초점을 맞추어야 한다. 따라서 평가는 평가의 목적이 집단 내에서 학습자의 위치를 결정하고 서열을 매기는 도구로서가 아니라, 교수-학습 과정에서 학습자들이 어느 정도로 수업 목표, 단원 목표, 교과목의 목표를 달성하는 데 성공하였는가를 측정하기 위한 방법으로서 활용되어야 한다.

교육의 과정에서 교수-학습 과정과 평가 과정이 유기적으로 연계성을 지니는 평가활동이 되기 위해서는 교수-학습의 과정에서 학습자들에게 요구하는 학습 활동이 평가의 장면으로 직결되며 평가활동이 곧 교수-학습 과정으로 활용될 수도 있어야 한다. 따라서 실과 교육의 전 과정이 유기적으로 일관성을 유지하기 위해서는 교수-학습 과정은 물론 교육평가 또한 실과 교육목표에 적합해야 한다. 즉 설계기술의 교육목표가 평가활동의 적절성을 평가하는 중요한 잣대이며 실과 교육목표가 교육평가의 적합성을 평가하는 기준이므로 교육을 통하여 학습자들이 성취하기를 기대하는 바가 무엇인가를 분석하여 평가 영역 전반에 걸친 종합적인 평가를 실시해야 한다(이춘식 외, 2000).

교수-학습 과정과 평가의 유기적 관련성

교수-학습 과정과 연계된 평가는 일정 시점에 일회적으로 학생들이 무엇을 학습하였는가를 재는 평가와는 달리 학생들이 무엇을 학습하였는가, 어떻게 학습하고 있으며, 어느 정도 향상되고 있는지를 알려 주는 평가가 되어야 한다. 이때 평가는 학습의 결과만을 측정해 주는 소극적 평가에서 벗어나 학생들의 학습을 유도하고 수업의 방향을 제시할 수 있는 방향으로 평가활동을 전개해야 한다. 이처럼 평가를 학습자의 학습 향상 정도와 더불어 수업 진행에 관한 정보를 끊임없이 제공하는 활동으로 이해할 때, 평가활동이 일어나는 시기는 단순히 진단, 형성, 종합으로 진행되는 단계별 평가가 아니라 시간과 공간을 넘나드는 다각적인 평가로 전환되어야 한다. 즉 학습자의 학습 활동을 끊임없이 관찰하고 관찰 결과를 교수-학습 과정에 바로바로 피드백을 해 주는 평가활동으로 운영되어야 한다.

이와 같은 평가 체제는 바람직한 교수-학습 방법을 구현할 수 있도록 유용한 도움을 주는 것으로서 평가활동이 교수-학습 과정에서 이루어지는 것이며, 교수-학습 방법과 유사한 것을 활용하여 실시하는 평가 과정이다. 이것은 평가활동이 실제의 세계와 관련된 것이라는 점에서 그 의의가 매우 크다. 교수-학습 과정과 평가활동의 연계성을 높이는 방법으로서 평가를 위해 따로 평가 과제를 마련하기보다는 학생들이 활동한 결과, 즉 산출물을 그대로 평가의 대상으로 활용하는 방안을 고려할 수 있다. 이와 같은 평가는 교수-학습 과정과 단절되지 않는 평가, 교수-학습을 돕는 평가활동으로서의 자리매김을 할 수 있을 것이다.

또한 공평한 평가활동의 특성이 학습자들의 학습 양식을 고려함은 물론, 학습자들이 자신의 능력을 최대한으로 표현할 수 있는 기회를 부여한다는 점에서 볼 때 공평한 평가를 실시하기 위한 방안으로서의 가치도 함께 지닌다고 할 수 있다.

타당성 높은 평가

평가 도구가 지녀야 할 조건은 우선적으로 재고자 하는 것을 재고 있는가에 관련된 타당도, 재고자 하는 것을 얼마나 정확하게 얼마나 오차 없이 측정하고 있느냐에 관련된 신뢰도를 확보하는 것이다. 채점자의 채점이 어느 정도 신뢰성 있고 일관성이 있느냐와 관련하여 객관도의 보장도 매우 중요하다. 타당도란 한 개의 검사 혹은 평가 도구가 측정하려고 의도하는 것을 어느 정도로 충실하게 측정하고 있느냐의 정도로 정의할 수 있다. 결국 타당도란, 무엇을 측정하고 있느냐, 측정하려는 것을 어느 정도로 충실하게 측정하고 있느냐의 문제로 요약할 수 있다. 교수-학습 과정을 거친

다음 학생에게 실시하는 검사가 타당한 평가 도구가 되기 위해서는 가르치려고 했던 내용을 충실하게 측정하고 있어야 한다. 교육에서 의도하는 궁극적 목적은 보다 더 고차적인 것에 있겠지만 평가 도구의 직접적 목표, 즉 준거는 교육목표→교수－학습 과정→교재의 내용을 얼마나 잘 대표하고 충실히 측정하고 있느냐의 정도에 비례하여 타당도는 높아질 것이다. 그렇게 하기 위해서는 이 평가 도구가 처음에 의도했던 교육목표에 비추어 보아 적절한가? 문항 내용이 교과 내용의 중요한 것을 보편적으로 빠뜨리지 않고 포괄하고 있는가? 문항의 난이도가 학생 집단의 성질에 비추어 보아 적절한가 등을 고려해야 한다. 실과에서 중시하는 교육목표는 문제 해결 능력과 조작적 능력, 정보의 수집 및 활용, 절차적 과정 등에 대한 이해를 포함하므로 이러한 다양한 능력들을 평가해야 한다.

평가의 공평성

교사는 교수－학습 과정에서 보여주는 학습자들의 능력과 특성을 공평(equity)하게 평가해야 한다. 평가를 공정하게 한다는 것은 각 개인에 따라 차별적(differentiated) 평가가 가능함을 의미한다. 공평한 평가에서는 각 학생의 선수 학습 정도, 학습 양식, 흥미 등에 따라 평가의 개별화가 가능하며 평가 방법과 평가 범위, 수행 과제, 시행 절차, 채점 방식 그리고 해석에 이르기까지 학습자들의 다양한 특성을 고려하여 실시해야 할 것이다. 즉 공평한 평가란 학생들에게 지필 검사뿐만 아니라, 프로젝트를 수행하거나 글쓰기 주제를 선택할 수 있게 되고 평가 시간에 대한 융통성을 허용한다든지 평정 점수 부여 방식을 다양하게 하는 등 학습자 중심의 평가로의 전환을 의미한다.

또한 제7차 교육과정에서 실과는 '개인차를 고려한 교육과정'인 만큼 개인의 개인차를 고려하는 평가가 이루어져야 한다. 즉 학생 개개인의 성취수준이 상이하다는 것을 고려하여 평가를 실시해야 한다. 이에 따라 다양한 과정을 학습한 아동에 대해서는 각각 그에 상응하는 수준의 평가가 이루어져야겠고, 결과의 처리 또한 아동의 개인차에 따라 이루어져야 할 것이다. 교수－학습 과정에서 평가가 병행되어야 한다. 평가의 결과들은 학생의 학업성취수준을 판정하는 데에서 더 나아가 학생들의 학습 능력과 교사의 교수－학습방법의 적절성을 진단하고 평가하는 데 활용되어야 한다.

2. 설계기술교육 평가의 영역

초등에서의 설계기술교육 학습내용을 평가하는 일은 다분히 설계기술의 특징과 밀접하게 관련되어 있다. 초등 설계기술교육의 목적이 학생들로 하여금 기술적 소양을 갖게 하고 설계기술에 대한 안목과 기술적 원리를 갖도록 하는 데 있다면, 이러한 목적이나 목표에 어울리는 교육내용이 있어야 한다. 그러고 나서 이를 어느 정도 달성하였는지를 알아볼 수 있는 평가 상황으로 전개되어야 할 것이다. 그런데 여기서 한 가지 주의해야 할 것은 앞으로 논의하게 될 평가의 내용과 상황이 설계기술교육의 이상적인 목표에 비추어서 제시하는 것이기 때문에 현실과는 어느 정도 거리감이 있을 수밖에 없다는 것이다. 궁극적으로는 설계기술교육의 목표와 내용과 평가가 일관되게 그러한 방향으로 이루어져야 함을 강조하는 차원에서 논의한 것임을 주지할 필요가 있다.

설계기술교육의 학습내용을 평가하기 위해서는 평가할 수 있는 범주를 설정할 필요가 있으며 이를 범주화하는 영역에도 학자마다 다를 수 있다. 그러나 기술과의 내용을 일반적으로 누구나 받아들이고 인정할 수 있는 영역을 구분한다면 크게 세 가지, 즉 기술적 지식(technological knowledge), 기술적 활동(technological practice), 기술적 태도(technological attitude)로 나누어서 상정할 수 있다(이춘식, 2000). 이러한 분류는 Bloom의 교육목표 분류체계와도 일맥상통하다고 할 수 있다. 그러나 평가의 구체적인 내용으로 들어가면 상당한 차이가 있음을 알 수 있을 것이다.

1) 기술적 지식에 대한 평가

일반적으로 지식은 절차적 지식(procedure knowledge)과 선언적 지식(declarative knowledge)으로 구분할 수 있다(Marzano, 1996; Gagne, 1977; Anderson, 1983). 여기서 절차적 지식은 '무엇을 어떻게 하는가에 대한 지식(knowledge of how)'을 의미하며, 선언적 지식은 '무엇이 어떻다는 지식(knowledge that)'을 말한다.

이러한 지식 중, 설계기술교육에서는 선언적 지식도 중요하지만 절차적 지식의 비중이 훨씬 더 크다고 할 수 있다. 기술교육에서 기술에 대한 선언적 지식에는 내면화를 요구하는 경우, 활용을 요구하는 경우, 산출물을 요구하는 경우가 있다. 이러한 선언적 지식에는 설계기술 영역에서의 용어나 사실 등이 있는데 이것들을 평가할 때에는 단순히 낱개의 지식으로 평가하는 경우가 대부분이어서 개개의 지식이 단절적으로 이해되기 십상이다. 선언적 지식에서는 기술에 대한 의미 있는 오개념을 지니고 있지는 않은지, 알고 있는 지식기반에 어떤 핵심정보를 이해하고 있는지에 대해서도 평가할 수 있다.

이에 반해 설계기술교육에서의 절차적 지식은 기술적 활동에 필요한 관련 지식으로서 그 의의가 있다. 일선 학교 현장에서는 대개는 절차적 지식보다는 선언적 지식에 비중을 두어 평가하는 경향이 많았다. 즉 그러한 지식이 어떤 상황과 관련되어 활용되는지에 초점을 두기보다는 단편적인 평가에 그치는 경우가 많음을 의미한다. 설계기술교육에서는 선언적 지식보다 절차적 지식에 대한 평가가 더욱더 목표에 적절한 경우가 대부분이다. 기술에 대한 절차적 지식은 단편적인 낱개의 사항으로 존재하기보다는 기술적 활동을 수행하거나 문제를 해결하는 과정으로서의 지식이라고 할 수 있다. 따라서 기술의 절차적 지식을 평가하기 위해서는 구체적인 문제 해결 상황에서나 프로젝트에서의 해결 과정을 통하여 평가하는 것이 큰 의의가 있다.

2) 기술적 활동에 대한 평가

설계기술교육의 내용은 주로 실천적인 활동을 중심으로 이루어지고 있다. 여기서의 실천적인 활동은 학습자가 중심이 되어 조작적인 활동을 통해 문제를 해결하고 창의적인 활동을 말한다. 이것은 기술과 학습의 본질적인 차원에서 볼 때에도 보다 타당한 활동임을 의미한다. 그렇다면 기술교육에서의 평가 역시 수업의 상황에 맞게 이루어져야 할 것이다. 실천적인 활동을 중심으로 하는 수업을 문제해결을 통한 수업이라고 할 수도 있고, 프로젝트 수업이라고 할 수도 있다. 기술적 활동에 대한 평가의 특성은 학습자의 활동을 보다 잘 변별하여 학생들이 할 줄 아는지에 대한 분명한 평가가 이루어져야 한다. 기술과의 경우 내용의 대부분은 기술적 활동에 관한 것이어야 함에도 불구하고 교과의 내용을 그러한 내용으로 구성되고 있지 않은 면이 많았다. 기술과의 본질적인 측면에서 이러한 활동을 평가하기 위해서는 구체적인 수행 과제 활동에서의 절차적 지식을 어느 정도 활용하는지에 대해 평가해야 할 것이다.

실험·실습과 같이 활동 위주로 이루어지는 수업에서의 평가는 학생들의 능력을 평가할 요소, 즉 과정에서의 평가와 결과에서의 평가를 동시에 할 수 있도록 평가항목을 세분화하여야 한다. 여기서 과정을 평가한다고 할 때 단순히 학생들의 수업 활동을 위축하는 방향으로 진행되어서는 안 된다. 학생이 수업에 참여하는 과정을 교사가 관찰하고 판단하는 과정에서 제품의 구상에서부터 산출물에 이르기까지 학생의 문제 해결 능력을 파악할 수 있도록 평가 항목을 세분화시켜야 한다. 이때 양적인 평가뿐만 아니라 질적인 평가에 중점을 두고서 행해져야 한다.

3) 기술적 태도에 대한 평가

실과교육이나 설계기술교육 교육과정이 개편될 때마다 빠지지 않고 등장하는 목표 중의 하나는 바로 태도와 관련된 것이다. 2007 개정 교육과정 상에서도 알 수 있듯이 기술교육과 관련된 목표는 태도와 관련되어 있는데, 즉 "나의 삶, 가정생활, 산업 기술의 세계에 대한 지식, 능력, 가치 판단력을 함양하여 건강한 개인 및 가정생활을 영위하고 산업 기술에 대한 기본 소양을 습득하여 현재와 미래 가정생활과 사회를 주도할 수 있는 능력과 태도를 기른다."이다. 이것은 산업기술에 대해 이해하지 못하고서는 우리 삶의 터전으로서 사회를 이해할 수 없으며 또한 사회에 적응할 수 없기 때문에 여기에 적절한 태도를 기르게 함이 중요함을 의미한다(교육인적자원부, 2007).

교사는 학생들이 기술에 대해 어떻게 생각하는지에 대해 알아야 하고, 실과 기술 영역 수업을 통해 정의적인 측면인 태도를 평가하여 그 결과를 교수·학습에 반영하는 것이 필요하다. 이를 위해서는 기술에 대한 태도척도(TAS)를 이용하여 기술과 기술의 개념에 대한 학생들의 태도 정보를 수집할 수 있다. 이러한 정보는 교사들에게 기술에 대해 보다 효과적인 수업을 제공하는 수단으로서 매우 중요하다. 따라서 이미 연구 수준에서 개발된 기술에 대한 태도척도(이춘식, 1999)를 이용하면, 기술 수업을 받는 학생들의 인지(perception) 정도와 어떤 주제에 대한 교사와 학생들 간의 동등한 이해의 수준을 알 수 있다.

설계기술교육에서 실천적 태도는 John Dewey의 '행하면서 배운다(Learning by doing)'라는 철학과 일맥상통한 것으로서 매우 중요한 부분을 차지하고 있다. 실생활에서 기술적 경험들을 활용하는 능력은 이를 실천하려고 하는 태도와도 직결되기 때문에 경험과 조작적 활동이 주어졌을 때, 이 활동을 어떤 태도로 수행하는지에 대한 평가가 이루어져야 할 것이다. 이를 평가하는 방법은 관찰을 하는 방법이 있을 수도 있고, 아니면 태도척도를 이용하여 평가하는 방법 등이 있다. 그러나 기술의 실천적 태도를 재는 방법이 매우 다양하기는 하나 이들 모두를 개발하기에는 힘들 것이다.

제6차 교육과정에서 기술교육의 태도와 관련된 하위 목표 중에서 다른 하나는 탐구하고 탐색하는 태도였다. 즉 일을 창의적으로 계획하고 실천하는 학습 활동을 통하여 기술·산업의 세계를 이해하게 하고, 자신에 대한 진로를 탐색하는 능력과 태도를 기르게 하는 것이다(교육부, 1992).

제7차 교육과정에서 실과(기술·가정과)의 하위목표 중의 하나로 태도와 관련된 것은 "기술과 가정생활에 관련되는 다양한 실천적 경험을 통하여 자신의 적성을 계발하고 진로를 탐색하며, 일과 직업에 대한 건전한 태도를 가진다."이다(교육부, 1988).

2007 개정 실과(기술·가정) 교육과정의 하위 목표에서는 "산업 기술에 대한 개념과 특성을 이해하고 일상생활과 관련되는 문제를 창의적으로 해결함으로써 산업 기술에 대한 바람직한 자세와 미래 사회에 적응하는 능력과 태도를 기른다"이다.

이러한 목표는 산업에 대한 지식과 기초 기능 습득, 일의 세계에 대한 이해와 진로 탐색 능력 등을 함양하여 일과 직업을 존중하는 태도를 기르게 하기 위하여 설정된 것이다. 인간은 누구나 원하든 원하지 않든 한 가지 이상의 기술과 관련된 직업을 가지고 지식기반 사회에서 살아가야 한다. 그러나 한 개인이 기술과 직업에 대한 태도 형성이 부정적이라면 사회의 낙오자요 부적응자로 남게 될 것이다. 따라서 산업 사회에서 일, 기술, 직업 등에 대한 태도에 대하여 어떻게 인식하는지, 그리고 긍정적인 태도로 바뀌어졌는지를 평가하여 기술교육을 통하여 자연스럽게 형성될 수 있도록 도와주어야 한다. 이러한 태도에 기초하여 진로를 올바로 탐색할 수 있도록 해야 할 것이다.

이와 같이 정의적 영역을 강조하여 다루는 내용의 평가에서는 기술에 대한 긍정적이고 적극적인 태도 등을 관찰 평가하여 그 결과를 교수-학습에 되먹임(feed-back)하여 반영하여 활용하는 것이 좋다. 수업을 하는 과정에서 기술에 대한 긍정적인 태도를 갖게 되면 실과, 기술교육에서의 활동과 실천을 하는 과정에 대해 매우 흥미를 갖게 되고 성공적인 학업 성취에 도달할 수 있다. 학생들의 기술에 대한 태도는 교과에 계속적으로 관심을 갖고 공부를 하며, 높은 성취를 이룰 수 있을 것인지를 판단하게 하는 중요한 준거가 된다. 그럼에도 불구하고, 우리의 현실에서 정의적 영역에서의 평가가 제대로 이루어지고 있지 않은 이유는 다인수 학급, 교사의 주관적 판단을 중요하게 여기지 않고 신뢰하지 못하는 분위기, 평가상의 번거로움, 교사들이 쉽게 이용할 수 있는 평가 도구나 자료의 부족 등이다. 교사의 주관적 판단의 중요성을 인식하고 그것을 신뢰하며, 평가상의 번거로움을 최소화하고, 교사들이 손쉽게 이용할 수 있는 평가 도구나 자료를 만들어 제공한다면, 정의적 영역에 대한 평가도 보다 활성화될 수 있을 것이다. 문제 해결에 대한 태도와 자율적인 학습 경험에 대한 자기평가와 진단이 이루어져 교수−학습에 활용되어야 한다. 신중하고 정확한 자기평가는 자주적인 학습을 촉진하기 위하여 매우 중요하다. 이때 미리 목표를 확인시키고 평가양식을 정해 주어 평가기준이 신뢰성 있도록 해야 한다.

일반적인 태도의 측정

이러한 태도를 측정하는 방법을 크게 두 가지로 대별하면 척도화(scaling)와 질문지법을 들 수 있다. 척도화에 의한 방법으로는 다음과 같은 것들이 있다(이춘식, 2008).

첫째, Thurstone식 척도는 정의적 척도 중에서 가장 오래된 기법으로서 Louis Thurston에 의해 1929년에 개발된 것으로서, 12~46개 정도의 문장으로 구성되는 그다지 길지 않은 척도가 대부분이다. 이 기법은 정의적 특성의 여러 가지 양을 나타내는 진술문들을 만들기 위해 사용되며, 이들 진술문들 중 서로 인접된 두 진술문들이라도 정의적 특성을 지니고 있는 양의 차이에 있어서 다른 인접된 두 진술문들 간의 차이와 같도록 연속선상에 배열된다. 인접된 진술문들 간의 이러한 동차성을 유사 동간(equal appearing interval)이라고 부른다.

둘째, Likert식 척도는 Renis Likert에 의해 1932년에 개발된 방법으로써, 진술문들이 단지 연속선상의 양극단을 나타내도록 만든다. 척도의 길이는 대개 긴 편이며 종류가 다양하며, 각 문항은 정의적 특성에 관하여 매우 긍정적인 것이거나 매우 부정적인 것들로 이루어진다. 대체로 Likert식 척도는 같은 수의 부정 문항과 긍정 문항들로 구성된다. 개인의 총점을 계산하기 위해서는 각 반응 선택란에 반응 기준에 따라 수치를 부여하고 각 문항의 반응 선택란에 부여된 수치를 합산하는 총합 평정법(summated rating method)이다.

셋째, Guttman식 척도는 Louis Guttman이 1944년에 개발한 척도기법으로서 누가적인 척도이다. 여기서 누가적이라 함은 아주 긍정적인 진술문에 긍정적인 반응을 보이면 이것보다 덜 긍정적인 진술문에서도 역시 긍정적인 반응을 보임을 의미한다. 각 진술문들은 일련의 연속선상에 따라 배열되며, 인접하는 진술문들에 의해 나타나는 정의적 특성의 소유량 정도는 똑같을 필요가 없는 척도이다. Guttman식 척도는 Thurston식 척도에 비해 길이가 다소 짧으며(6~7개의 문항으로 구성), 지시문이나 채점방법이 간단하다. 여기서 개인의 총점은 선택한 문항의 수가 된다.

넷째, Osgood의 '의미 변별법(semantic differential)'은 한 개인이 지각하는 의미들이 단어의 사용에 의하여 표현될 수 있다는 것을 가정한다. 이 방법은 어떠한 자극에 대하여 또는 신호에 대한 개인의 함축을 표현하기 위하여 사용될 수 있는 일련의 형용사들을 발견함으로써 시작된다. 이 형용사들은 서로 반대되는 것으로 이루어지는데, 개인들은 어떠한 단어, 주제, 또는 자극에 노출되어 그 자극을 형용사 쌍에 어떻게 연결시킬 것인가에 대하여 7점 척도 위에 기술하도록 하였다(Osgood, 1957). 초기의 7점 척도가 어린이들이 반응하기에 어려움이 있기 때문에 Maltz(1963) 등의 학자에 의해 5점 척도로 바뀌어서 사용되고 있다. 피실험자들은 각 자극에 대하여 50개 정도의 상반된 형용사에 반응하도록 되어 있으며, 이 결과를 요인 분석에 의하여 분석되어진다. 따라서 어떤 신호에 대한 한 개인의 의미는 평가(evaluation), 활동(activity), 능력(potency)과 같은 세 가지 차원의 은유적인 공간에 위치한다. 어떤 주어진 신호는(단어와 같은) 하나의 평가(좋은, 나쁜), 활동(활동적인, 정적인), 능력(세기)의 의미를 구성하는 개인의 반응을 유발시킨다(Osgood, 1957).

기술에 대한 태도척도의 예

기술에 대한 태도 연구에 사용된 태도척도는 5가지로 구분된다(de Klerk Wolters, 1989). 첫 번째 도구는 기술에 태도 측정을 위한 '태도 질문지(attitude questionnaire)'이고, 두 번째 도구는 기술의 개념을 측정하기 위한 '개념 질문지(concept questionnaire)'이다. 세 번째 도구는 에세이, 도형 그리기, 개방형 질문지 등을 사용하여 기술의 태도와 개념에 대한 부가적인 정보를 수집하는 것이다. 네 번째 도구는 태도와 개념을 동시에 측정하는 질문지인 TAS(Technology Attitude Scale)이다. 마지막 다섯 번째 도구는 교사들의 기술에 대한 태도를 측정하기 위해 사용한 '교사 태도 질문지'가 있다.

Householder & Bolin(1992)은 중등학교 학생들의 기술에 대한 태도를 조사하기 위하여 SSATT(Secondary Students' Attitude Toward Technology)를 개발하였다. 이들은 1985년

에 Ratt와 de Vries가 개발한 태도척도, 1990년 Bame & Dugger가 개발한 태도척도, 1987년에 Fife-Schow, Breakwell, Lee & Spencer 등이 개발한 태도척도를 분석하고 새로운 SSATT를 만들었다. 이 도구는 이전에 연구자들이 개발한 요인의 내용에 문항을 부가하여 만들어졌다. 206명의 학생으로부터 자료를 수집하여 요인분석을 통하여 65문항을 개발하였다.

Jeffrey(1995)는 미국 중학교 학생들에게 사용할 수 있는 '기술에 대한 태도 척도'의 타당성을 검증하고 적용하기 위하여 네덜란드에서 개발한 태도척도를 이용하였다. 이 태도척도는 세 부분 즉, 응답자의 정보를 얻는 부분(나이, 성별, 학년, 학교의 소재지, 기술교과 교육을 수강하는지의 여부), 학생들의 기술에 대한 태도에 대한 부분(26문항), 학생들의 기술에 대한 개념 인식을 측정하는 부분으로 구성되었다. 기술에 대한 태도 척도는 기술의 흥미, 기술과 성 역할, 기술의 중요성, 기술의 난이도, 기술교과 교육과정, 기술과 직업 등과 같은 6개의 하위 척도로 구성되었다. 학생들은 5점 Likert 척도에 응답할 수 있게 하였다. 기술에 대한 개념 척도는 기술에 대한 일반적인 특성이라고 하는 5가지 영역 즉, 기술과 사회, 기술과 과학, 기술과 기능, 기술과 핵심 요소 등의 내용으로 28문항을 구성하였다.

Meide(1997)는 미국에서 개발된 PATT 측정도구를 수정(89문항이었으며, 측정도구에 대한 신뢰도는 0.7992였음)하여 중학교 831명의 학생들을 대상으로 남녀 학생들 간의 기술에 대한 태도에 차이가 있는지, 도시학생과 시골 학생들 간의 기술에 대한 태도에 어떤 차이가 있는지를 조사하였다.

우리나라에서는 의미 변별 척도를 이용하여 중학생들의 기술과 기술교과서에 대한 태도 척도를 조사한 사례가 있으며(이춘식, 1996; Lee, 1997), 이춘식(1999)은 중학생과 고등학생의 기술에 대한 대도를 측정하기 위하여 TAS(태도척도와 개념척도)를 개발한 바 있다.

기술에 대한 태도 척도의 개발

이춘식(2008)은 우리나라 초·중·고등학교 학생의 기술에 대한 태도 척도(PATT; Pupils' Attitude towards Technology)를 개발하기 위하여 이춘식(1999)이 개발한 '중학생의 기술에 대한 태도 척도'와 외국의 태도 척도(Bame, Dugger, de Vries, and McBee, 1992)를 참고하였다. 면접법을 이용하여 30여명의 학생으로부터 기술에 대한 태도척도 문항집(item pool)을 참고하여 65문항으로 구성된 예비 태도척도 제작하였다. 이 예비 척도는 문헌 연구를 통해 기술에 대한 흥미성, 남녀 학생의 기술에 대한 활동, 기술의 어려운 인지 정도, 기술의 결과, 학교 교육과정에서의 기술, 기술과 직업과 진로 추구 정도 등의 요인을 요인분석[18]을 통해 추출되었다.

최종 기술에 대한 태도 척도는 6개의 요인으로 구성되어 있으며, 58문항 중 16문항은 부정 문항이었다. 따라서 이 태도척도를 이용할 때에는 데이터 처리에 유의해야 하며 개발된 척도는 다음과 같다.

◑ 기술에 대한 태도 척도의 문항 구성 ◐

구 분	문항 번호	문항 수	비고(부정문항)
기술의 흥미	12, 18, 23, 29, 34, 40, 46, 52, 58, 64	10	40, 46
기술의 성 역할	13, 19, 24, 30, 35, 41, 47, 53, 59, 65	10	30, 41, 47, 59, 65
기술의 난이도	15, 21, 26, 37, 43, 49, 55, 61, 67	9	26, 49
기술의 결과	14, 20, 25, 31, 36, 42, 48, 54, 60, 66	10	42, 54, 60
학교 교육과정	16, 22, 27, 32, 38, 44, 50, 56, 62, 68	10	22
기술과 직업	17, 28, 33, 39, 45, 51, 57, 63, 69	9	28, 33, 57
계		58문항	16문항

---

18) 요인분석으로 요인을 추출하는 방법으로는 주요인분석법(PAF)을 사용하였으며, 기술에 대한 태도를 구성하고 있는 각 영역들은 이론상 상관관계가 깊고 통계적으로 요인 간 상관이 나타나기 때문에 사각회전 중의 하나인 Direct Oblimin 방법으로 요인을 회전시켰다. 요인 분석을 한 결과 기술과 흥미(요인1), 기술과 성 역할(요인2), 기술의 난이도(요인3), 기술의 결과(요인4), 기술과 학교 교육과정(요인5), 기술과 직업(요인6)으로 2문항을 제외하고 58문항을 선정하였다. 이들 문항 중에서 부정문항은 16문항이었다. 요인의 수를 정할 때에는 Scree Plot과 아이겐 값이 1이상인 것을 고려하여 추출하였다.

기술에 대한 태도 검사 (초 · 중 · 고 학생용)

이 설문지는 일상생활에서 기술에 대한 여러분들의 의견이나 느낌을 묻는 문항으로 구성되어 있습니다. 따라서 정답이 따로 없습니다. 각 문항에 대해 여러분들의 솔직한 느낌을 짧은 시간에 생각하고 응답해 주시기 바랍니다.

※ 해당 번호에 ∨표(또는 ○표) 해 주세요.

1. 성 별 .... ① 남 　② 여
2. 나 이(만 나이로 계산) .... ① 12세 이하　② 13세　③ 14세　④ 15세　⑤ 16세 이상
3. 학 년 .... ① 초등 5, 6　② 중1　③ 중2　④ 중3　⑤ 고1
4. 아버지가 하시는 일은 기술과 어느 정도 관련이 있습니까? (아버지가 안계시거나 직업이 없는 경우는 5번으로)
   .... ① 매우 많이 관련됨　② 많이 관련됨　③ 조금 관련됨　④ 관련 없음
5. 어머니가 하시는 일은 기술과 어느 정도 관련이 있습니까? (어머니가 안계시거나 직업이 없는 경우는 6번으로)
   .... ① 매우 많이 관련됨　② 많이 관련됨　③ 조금 관련됨　④ 관련 없음
6. 집에서 기술과 관련된 장난감(예; 레고, 블록, 퍼즐 등)을 가지고 놀아 본 경험이 있습니까?......... ① 있다 ② 없다
7. 집에 물건을 만들 수 있는 별도의 작업실이나 방이 있습니까?.................................. ① 있다 ② 없다
8. 집에서 사용하고 있는 컴퓨터는 인터넷에 연결되어 있습니까?......... ① 예　② 아니오　③ 컴퓨터가 없다
9. 앞으로 기술 전문 직업을 가지고 싶습니까?................................. ① 예　② 아니오
10. 가족 중에 형(오빠)이 기술과 관련된 직업을 가지고 있거나 공부하고 있습니까? ..... ①예 ②아니오 ③형(오빠)없음
11. 가족 중에 누나(언니)가 기술과 관련된 직업을 가지고 있거나 공부하고 있습니까?
    .... ①예 ②아니오 ③누나(언니)없음

※ 모든 문항의 해당 번호에 ∨표(또는 ○표) 해 주세요.	매우 그렇다	그렇다	보통이다	그렇지 않다	전혀 그렇지 않다
	⑤	④	③	②	①
12. 새로운 물건이 나오면, 즉시 알아보고 싶다.	⑤	④	③	②	①
13. 기술은 여학생과 남학생 모두에게 어렵다고 생각한다.	⑤	④	③	②	①
14. 기술은 우리나라의 미래를 밝게 해준다.	⑤	④	③	②	①
15. 어떤 기술을 이해하는 데에는 간단한 훈련과정만 거쳐도 된다.	⑤	④	③	②	①
16. 학교에서 기술에 대하여 많이 듣는다.	⑤	④	③	②	①
17. 나는 앞으로 기술 관련 직업을 선택할 것이다.	⑤	④	③	②	①
18. 나는 컴퓨터에 대해 더 많이 알고 싶다.	⑤	④	③	②	①
19. 여학생도 기술 관련 일을 매우 잘 할 수 있다.	⑤	④	③	②	①
20. 기술은 모든 일을 쉽게 할 수 있게 해준다.	⑤	④	③	②	①
21. 기술을 배우는 데 머리가 꼭 좋지 않아도 된다.	⑤	④	③	②	①
22. 나는 학교에서 기술을 더 많이 배우고 싶지 않다.	⑤	④	③	②	①
23. 나는 기술 관련 잡지를 읽고 싶다.	⑤	④	③	②	①
24. 여학생도 자동차 정비사가 될 수 있다.	⑤	④	③	②	①
25. 기술은 우리 생활에서 매우 중요하다.	⑤	④	③	②	①
26. 기술은 똑똑한 사람들만 배울 수 있다.	⑤	④	③	②	①
27. 학교에서 기술 수업(실과의 목공, 전기전자)은 중요하다.	⑤	④	③	②	①
28. 나는 기술 분야의 직업을 생각하고 있지 않다.	⑤	④	③	②	①
29. 기술에 대한 TV와 라디오 프로그램을 더 늘려야 한다.	⑤	④	③	②	①
30. 남학생들은 여학생들보다 생활주변의 물건을 잘 다룬다.	⑤	④	③	②	①

	매 우 그렇다 [5]	그렇다 [4]	보통이다 [3]	그렇지 않 다 [2]	전 혀 그렇지 않 다 [1]
31. 기술은 모든 사람들에게 필요하다.	5	4	3	2	1
32. 나는 학교에서 기술 수업(실과의 목공, 전기전자)을 받고 싶다.	5	4	3	2	1
33. 나는 사람들이 왜 기술과 관련된 직업을 가지려고 하는지 이해할 수 없다.	5	4	3	2	1
34. 우리 학교에 기술과 관련된 동아리나 클럽활동이 있다면, 참가하고 싶다.	5	4	3	2	1
35. 여학생들도 컴퓨터를 잘 다룰 수 있다.	5	4	3	2	1
36. 기술은 나쁜 것보다는 좋은 것을 더 많이 가져다준다.	5	4	3	2	1
37. 기술과 관련된 직업을 갖기 위하여 체격이 크지 않아도 된다.	5	4	3	2	1
38. 집에서 필요한 기술을 학교에서 가르쳐야 한다.	5	4	3	2	1
39. 나는 기술과 관련된 활동을 하면 즐겁다.	5	4	3	2	1
40. 나는 공장에 견학 가는 것이 지루하다고 생각한다.	5	4	3	2	1
41. 남학생들이 여학생들보다 기술에 대해 더 많이 알고 있다.	5	4	3	2	1
42. 기술이 사라진다면, 이 세상은 더 좋아질 것이다.	5	4	3	2	1
43. 기술을 공부하기 위해서는 타고난 재능이 없어도 된다.	5	4	3	2	1
44. 기술은 학교에서 반드시 배워야 하는 과목이다.	5	4	3	2	1
45. 나는 커서 기술 관련 일에 종사하고 싶다.	5	4	3	2	1
46. 나는 기술에 흥미가 없다.	5	4	3	2	1
47. 남학생들은 여학생들보다 기술 관련 직업의 일을 더 잘할 수 있다.	5	4	3	2	1
48. 기술을 도입하면, 나라의 발전이 빨라진다.	5	4	3	2	1
49. 수학과 과학을 모두 잘 해야만 기술을 배울 수 있다.	5	4	3	2	1
50. 지금보다 더 많은 기술 교육이 필요하다.	5	4	3	2	1
51. 기술 분야의 일은 재미있다.	5	4	3	2	1
52. 나는 집에서 물건을 고치는 것이 즐겁다.	5	4	3	2	1
53. 더 많은 여학생들이 기술 분야에서 일해야 한다.	5	4	3	2	1
54. 기술은 실업자를 많이 생기게 한다.	5	4	3	2	1
55. 기술을 배우는데, 수학 지식을 조금만 알아도 된다.	5	4	3	2	1
56. 모든 학생들이 기술 과목을 배워야 한다.	5	4	3	2	1
57. 대부분의 기술 분야 일은 지루하다.	5	4	3	2	1
58. 나는 기계나 도구를 만지는 일이 재미있다고 생각한다.	5	4	3	2	1
59. 여학생들은 기술 분야로 진학하는 것을 꺼려한다.	5	4	3	2	1
60. 기술은 오염을 일으키기 때문에, 기술의 사용을 줄여야 한다.	5	4	3	2	1
61. 누구든지 기술을 배울 수 있다.	5	4	3	2	1
62. 기술 수업은 더 나은 직업을 갖기 위한 훈련에 도움을 준다고 생각한다.	5	4	3	2	1
63. 기술 분야에서 일하는 것이 재미있을 것 같다.	5	4	3	2	1
64. 기술과 관련된 취미는 재미있다.	5	4	3	2	1
65. 여학생들은 기술이 지루하다고 생각한다.	5	4	3	2	1
66. 기술과목은 미래사회에 필요한 교과이다.	5	4	3	2	1
67. 누구든지 기술과 관련된 직업을 가질 수 있다.	5	4	3	2	1
68. 기술수업(실과의 목공, 전기전자)은 모든 학생들에게 필요하다.	5	4	3	2	1
69. 기술과 관련된 직업을 갖는다면, 미래가 상당히 보장될 것이다.	5	4	3	2	1

70. '기술'이라는 단어를 들었을 때, 가장 먼저 떠오르는 것은 무엇인지 아래 네모 칸에 써보세요.(기술과 관련 있는 사물이나 물건을 쓰면 됩니다.)

기술을 생각하면, [　　　　　　　　　　] 가(이) 떠오른다.

☞ 이제 끝났습니다. 수고했습니다. ☜

3. 설계기술교육 평가의 방향

앞으로 논의할 평가의 방향이라는 것이 비단 설계기술교육에서만의 문제는 아니라고 보지만, 가능하면 기술교육의 상황에 비추어서 논의해 보고자 한다. 다소 현학적이고 추상적인 면이 있을 수 있는데 이것은 현재의 평가 상황이 어느 구체적인 부분에서 잘못되었다기보다는 총체적으로 문제점을 안고 있기 때문에 포괄적인 의미에서 제시한 것이다.

첫째, 수업과 평가가 유기적으로 관련되어 이루어져야 한다. 대개 학교에서 이루어지고 있는 평가의 상황을 보면 교수－학습의 상황에서의 문제점보다 더 심각하고 복잡하게 얽혀 있음을 직시할 수 있다. 우리나라 교육의 구조적인 문제이기도 하지만 수업과 평가가 연계되고 있지 못하다는 데 문제가 있다. 이것은 수업 따로, 평가 따로인 기이한 상황을 두고 하는 말이다. 수업과 평가는 동떨어져 있는 것이 아니라 상호보완적이어야 한다. 그래야만 수업의 결과가 평가에 그리고 평가의 결과가 수업에 피드백을 주는 유기적인 관계를 맺을 수 있다. 그런데도 이상한 것은 수업이 여전히 예전과 달라진 것은 없는데 우리가 부르짖는 수행평가를 하고 있다는 것이다. 수행평가의 정신을 제대로 살리기 위해서는 수업의 방법도 이에 맞게 상당부분 달라져야 함은 분명하다. 왜냐하면 평가의 목적과 관점이 달라졌기 때문이다.

둘째, 기술적 지식 중에서도 절차적 지식을 강조하여 평가하여야 한다. 그렇다고 하여 선언적 지식이 쓸데없다든가 평가의 대상에서 모두 제외되어야 한다는 것을 의미하는 것은 아니다. 지금까지 대부분의 평가에서 단편적인 지식위주로 평가를 해왔고 그렇게 하고 있는 것이 현실이기 때문에 여기에서 방향을 틀어야 한다는 차원에서 내세운 것이다. 실과 교과서에 있는 내용을 평가하기로 들자 치면 모든 내용을 모조리 외우지 않고는 '수' 등급을 얻을 수 없을 것이다. 그렇다고 '수'를 맞은 학생이 기술 관련 목표인 기술에 대한 안목이라든가, 기술적 소양이 있다고 말할 수 있겠는가? 그것은 아니다. 그렇다면 단편적이고 사실적인 내용에 대한 평가를 지양하고 방법에 대한 내용인 절차적 지식을 평가하면 이러한 단점은 다소 극복될 수 있을 것이다. 예를 들자면, 목재를 이용하여 생활에 필요한 물건을 만든다고 할 때, 목재와 관련된 단순한 지식을 잴 것이 아니라 다양한 문제상황을 주고 이를 해결할 수 있는 가장 적절한 방법을 구성하도록 하는 문제가 바로 그것이다.

기술교육의 목표를 고려하여 평가를 하고자 하는 마음만 있어도 문제의 반은 이미 해결된 것으로 보아도 좋을 것이다. 그리고 기술의 정의적인 측면이 가치와 태도에 평가에도 관심을 갖고 어떠한 태도의 변화가 있었는지를 관찰(observation)과 판단(judgement)을 통해 지속적으로 알아볼 필요도 있다. 태도의 변화 없이는 기술수업의 학업성취에도 큰 효과를 낼 수 없기 때문이다.

셋째, 기술적 산출물인 경우 기본점수제를 폐지하고 결과물이라도 제대로 평가하여야 한다. 이는 현재의 평가방식이 문제가 있기 때문에 개선하자는 차원에서 강조한 것이지 결과물을 만들기까지의 과정을 생략해도 된다는 것을 말한 것은 아니다. 대개의 경우 정도의 차이는 있지만 평가(수행평가라는 미명하에)에서 어떤 방식으로든 기본점수를 부여하기 때문에 잘한 학생이나 못한 학생이나 큰 차이가 나지 않아 변별력을 잃어가고 있는 처지이다. 평가 항목에 따라 기본점수를 50~70% 정도로 주기 때문에 상대적으로 변별력이 없어졌으며 우수한 학생과 보통학생, 그리고 노력이 필요한 학생들 간의 불만이 커지고 있다. 결국은 결과물을 평가함에 있어서 한 항목이라도 변별력을 가진다면, 최하점수인 1점에서부터 항목별 최고점수에 이르기까지 학생들의 능력을 자리매김할 수 있을 것이다. 또한 실습활동이 학생들에게 점수를 거저 주는 방편으로 전락하는 일은 없어야 하겠다. 지필고사보다는 실습활동을 통한 평가가 당사자인 학생들에게도 유익하고 재미가 있으며, 기술과 본연의 지향하는 바를 얻을 수 있는 계기가 될 수 있다.

마지막으로, 기술수업의 평가기준을 마련하여 평가하되 채점 기준표(rubric)를 준비하여 채점의 공정성과 신뢰성을 보장해야 한다. 새삼스럽게 이 문제를 들고 나온 것은 평가 시마다 제시하는 평가기준이나 채점 기준표가 형식적인 범주를 벗어나지 못하고 있다. 설령 채점 기준표가 마련되어 있다 하더라도 항목별로 상세화 되어 있지 못하기 때문에 상·중·하의 구분도 명확하지 않은 측면이 많다.

산출물을 평가하는 채점자 간의 객관도는 두 번째 치고라도 한 교사에 의하여 매겨지는 점수에 신뢰성이 결여되어 있다면 이것은 문제가 아닐 수 없다. 신뢰도를 높이는 가장 좋은 방법은 채점 기준표를 상세화하여 시간이 다소 들더라도 분석적인 채점 방법을 사용할 것을 권장하고 싶다. 이 방법이 비경제적이고 점수가 하향되는 경향이 있기는 해도 공정성과 신뢰성을 고려한다면 유용한 방법으로 반드시 사용해야 할 것이다. 실제로 기술과의 경우에는 채점 방법에 있어서 분석적인 방법과 총제적인 방법을 병행해야 할 것이다. 왜냐하면 실습 작품의 경우 하나하나의 기준에 모두 만족하여 만들어진 작품이 전체적으로 꼭 훌륭한 것으로만 볼 수 없기 때문에 채점 기준표를 부분적으로 총체적인 입장에서 만들 필요도 있다.

4. 설계기술교육 평가의 기법

1) 설계기술교육과 포트폴리오 평가

지금까지 수행평가 대표적인 유형을 들라면 누구든지 포트폴리오 평가를 들 것이다. 그러나 실과에서 포트폴리오 평가를 어떻게 적용할 수 있는지에 대하여 구체적인 자료나 대안을 제시하려고 하면 그리 간단치가 않기 때문이다. 과연 포트폴리오 평가가 어려워서인가? 아니면 잘 몰라서 그런 것인가? 그것도 아니면 실과에서 현재와 같은 교육여건에서는 도저히 실현 불가능한 기법이기 때문에 포기한 것인가를 고민하면서 탐구해 보고자 한다. 다음은 일반적으로 알려져 있는 포트폴리오 평가방법의 내용이다.

포트폴리오 평가는 자신이 수행한 제품과 과제물을 지속적이면서도 체계적으로 모아 둔 개인별 서류철을 이용한 평가 방법으로, 과제물, 연구 보고서, 실습의 결과 보고서 등을 체계적으로 모아 평가할 수 있는 것으로 알려져 있다. 물론 이 방법을 적용하기 위해서는 장기간에 걸친 프로젝트가 있어야 하고 지속적인 관심을 가지고 수행할 수 있도록 안내를 해 주어야 하는 복잡한 과정이 따른다. 그러한 과정을 거치면 포트폴리오를 통해 학생들은 자기 자신의 변화 과정을 알 수 있고, 자신의 강점이나 약점, 성실성 여부, 잠재 가능성 등을 스스로 인식할 수 있으며, 교사들은 학생들의 과거와 현재의 상태를 쉽게 파악할 수 있을 뿐만 아니라 앞으로의 발전 방향에 대한 조언을 쉽게 할 수 있어서 유용하게 활용될 수 있다(이춘식 외, 1999).

실과에서 포트폴리오 평가를 도입하여 실지로 적용하려면 포트폴리오가 무엇인지, 어떤 종류가 있어서 그중에서 실과에 적절한 것은 무엇인지, 그리고 그 구체적인 방법은 무엇인지에 대하여 간단히 알아보기로 한다.

포트폴리오의 유형

여러 가지 수행평가의 유형 중에서 포트폴리오를 이용한 방법에 대해 교사들의 관심이 많아지고 있으나 포트폴리오가 유형이 많고, 그 활용방법도 다양하기 때문에 혼란스러워하고 있다. 포트폴리오의 주요한 유형으로는 작품 포트폴리오, 전시 포트폴리오, 평가 포트폴리오 등을 들 수 있다. 그러나 이러한 유형들이 이론적으로는 구분이 가지만 실제로는 중첩되는 경향이 있다. 따라서 많은 프로그램에서는 서로 다른 유형의 여러 가지 포트폴리오를 갖게 되고 목적하는 바도 다르게 나타난다.

(1) 작품 포트폴리오(working portfolios)

작품 포트폴리오는 수행 중의 프로젝트에 여러 가지 작품을 갖고 있기 때문에 붙여진 이름이다. 작품 포트폴리오는 작품의 활용 목적도 없이 단순히 모든 작품을 모아둔 작품 폴더(work folder)와는 달리 학습목표에 따라 작품을 의도적으로 모아진 형태이다.

작품 포트폴리오는 일차적으로 학생들의 작품을 모아두는 작품 저장의 역할을 하며, 구체적인 주제와 관련된 작품은 평가 포트폴리오(assessment portfolio)나 전시 포트폴리오 또는 학생들이 집으로 가져갈 때까지 모아진다. 2차적으로는 학생들의 요구를 진단하는 데 활용된다. 따라서 학생과 교사는 학습목표를 달성하는 데 필요한 학생의 강점과 약점에 대한 증거를 갖게 되고, 앞으로의 수업을 계획하는 데 매우 유익한 정보를 갖게 된다.

(2) 전시 포트폴리오(display, showcase, best works portfolios)

학생들이 수행한 포트폴리오를 가장 가치 있게 활용하는 방법은 아마도 자신이 자부심을 가질 만한 가장 좋은 작품을 전시하는 것이다. 학생뿐만 아니라 교사도 그 과정에 확실하게 참여함으로써 가장 좋은 작품을 전시하는 기쁨과 그 의미를 경험하게 될 것이다. 다른 목적으로 포트폴리오를 활용하지 않는 많은 교사들은 전시 포트폴리오를 만드는 데 학생들을 참여시킨다. 따라서 성취감을 맛봄으로써 학생들은 의미 있는 노력을 하게 되고 교실에서의 학습 분위기를 바꾸는 데 기여를 하게 된다.

전시 포트폴리오는 학생들이 성취한 최고의 수준을 보여주는 데 목적이 있다. 이 포트폴리오를 위해서 1년 정도 작품을 모아야 하며, 해마다 새로운 작품이 더하여져

시간에 따른 자신들의 성장을 알아볼 수 있도록 서류화하게 된다. 그리고 교육과정의 목표에 따라 학생들이 노력한 것을 나타내주는 가장 좋은 작품 포트폴리오가 쌓이게 되며, 여기에는 학교 이외의 활동에서 나온 결과, 즉 가정에서 쓴 글 등도 포함된다.

이 포트폴리오에 해당하는 내용에는 많은 것들이 있을 수 있는데, 예컨대 글을 쓴다든가, 자기가 좋아하는 물건의 도면을 그린다든가 또는 자신들이 해결한 어려운 문제 등에 대한 가장 좋은 작품을 들 수 있다.

대부분의 전시 포트폴리오의 작품은 학교에서 수행한 프로젝트인 작품 포트폴리오에서 모아진다. 그러나 때로는 교실 수업 이외에서 수행한 작품, 즉 스카우트 활동에서 수행한 프로젝트나 집에서 쓴 시 또는 기술관련 작품 등이 포함되기도 한다. 작품을 만들고 선정할 때 자신이 수행과정에서 배운 내용과 다른 사람들에게 보여주려고 했던 가치와 신념 등을 설명하게 된다.

(3) 평가 포트폴리오(assessment portfolios)

평가 포트폴리오의 주목적은 학생들이 배운 것을 서류철로 만들어 놓는 것이며, 그 내용은 자신의 포트폴리오를 선정할 수 있다. 이때 교육과정의 목표에 도달하였는지를 나타내는 반성적인 설명(reflective comments)에 중점을 두게 된다. 예컨대, 교육과정이 남을 설득하는 내용, 설명적인 내용, 글을 쓰는 내용이라면 평가 포트폴리오는 글을 쓰는 각 형태의 예를 보여주어야 한다. 또한 교육과정의 목표가 어떤 문제를 해결하고 자신의 의사를 전달하는 통신에 있다면, 이때에는 전시 포트폴리오가 서류화하여 제시되어야 한다.

평가 포트폴리오는 교육과정의 영역에서 배운 것을 작품으로 전시하는 데 사용될 것이며, 어떤 일성 시간에 길쳐시 그리고 한 단원에서 전체 단원에 이르기까지 1년에 걸쳐서 이루어지며, 한 교과나 많은 교과에 해당될 수도 있다.

포트폴리오의 활용

포트폴리오를 사용함에 따라 주요하게 기여하는 것은 학생들이 자신들이 배운 학습의 결과를 서류로 만들어서 보여주는 데 있다. 이러한 결과는 전통적인 평가에서는 보여줄 수 없는 방법이다. 포트폴리오를 활용하는 방법은 다음과 같다.

첫째, 지역사회의 봉사활동 서비스(community service)로 활용될 수 있다. 이 서비스는 많은 학교에서 필수로 요구하고 있으며, 이러한 활동형태는 시험과 퀴즈와 같은 전통적인 평가에는 적절하지 않다. 따라서 포트폴리오 평가는 지역사회에 서비스하는 교육과정의 목적을 평가하기 위한 좋은 수단으로 활용될 수 있다. 학생들은 서비스의 예를 수집할 수 있고, 그중 가장 좋은 것을 선정하고, 자신의 경험을 반영하여 미래의 목적을 결정한다. 이러한 포트폴리오의 목록에는 연구자료, 수행활동을 요약한 설명자료, 그림, 비디오, 프로젝트 등과 같은 것들이 포함될 수 있다. 따라서 학교와 더불어 지역사회가 이 포트폴리오의 수혜 대상이 될 수 있다.

둘째, 다양한 학문이 관련되는 단원에 활용될 수 있다. 간학문적인 단원(interdisciplinary unit)에는 많은 다른 내용 영역이 포함되는데 이러한 영역은 전통적인 평가방법으로는 어려울 때가 많다. 하나의 포트폴리오에는 다양한 학문에서의 능력을 나타내는 많은 활동과제를 포함시키기 위한 방법을 제공한다. 포트폴리오의 목록에는 단일 내용 영역이나 조합된 영역에서 학생의 성장을 나타내는 증거를 보여준다. 단일 주제와 관련하여 많은 학문에서 활동과제를 모아놓은 효과는 다른 사람들과 학생들에게 전체적으로 조망할 수 있게 해 준다. 예컨대, 자동차와 관련된 단원에서는 보고서, 수학 계산, 사회학, 기술 등과 관련지어 학생들이 수행한 결과를 나타내는 포트폴리오를 축적하게 된다.

셋째, 교과 영역과 관련된 포트폴리오에 활용할 수 있다. 어떤 특정 영역을 학습한 학생은 학습한 내용을 기록한 포트폴리오를 활용함으로써 학습효과를 크게 높일 수 있다. 이 포트폴리오에는 글을 쓰는 과제, 외국어 포트폴리오, 사회과 관련 포트폴리오, 기술 관련 포트폴리오 과제가 있을 수 있다. 그중에서 기술작품 포트폴리오는 과제를 수행한 과정에서 제도작품, 프레젠테이션 발표자료 등을 포함시켜 제출한다.

넷째, 대학 입학에 활용할 수 있다. 요즘은 많은 대학에서 입학을 추천하기 위하여 학생 작품의 예를 요구하고 있다. 학생이 수행한 가장 좋은 포트폴리오는 이러한 목적에 잘 어울린다. 어떤 경우에는 글을 쓴 과제, 비디오, 프로젝트 등과 같은 것들이 포함될 것이며, 그 내용은 학생과 해당 기관의 목적에 맞게 주문하여 만들어지기도 한다. 대학진학을 위해 포트폴리오를 모으는 목적은 고등학생들에게는 학습의 강력한 동기를 부여하는 데 부가적인 효과를 가져올 수 있다.

다섯째, 취업에 활용할 수 있다. 어떤 고용주는 유능한 근로자를 뽑기 위하여 수행한 과제를 요구하기도 한다. 대학 진학의 목적으로 포트폴리오를 준비하듯이, 학생들은 기본기능, 문제해결능력과 적응능력, 합동작업기능과 같은 영역에서 전문성을 고용주에게 나타내기 위하여 가장 좋은 포트폴리오를 준비한다. 취업을 위한 포트폴리오를 작성하는 동향은 국립학교에서 크게 유행하고 있다. 이것은 사회가 보다 나은 교육을 받은 인력을 요구하기 때문이다(U. S. Dept. of Labor, 1991).

마지막으로, 기능을 향상시킬 목적으로 활용할 수 있다. 이 포트폴리오는 특정 영역에서 요구되는 기능을 보여줄 때 활용된다. 즉 대중 연설, 문제해결, 기술의 사용 등과 같은 영역이다. 이것은 평가 포트폴리오이기 때문에 관련 기준(criteria)을 세우고, 수락할 만한 수행기준을 세우며, 이러한 기준을 충족시킬 만한 작품을 선정하는 데 주의하여야 한다.

설계기술교육 포트폴리오 평가의 활용

설계기술교육에서 '직업과 진로' 관련 학습한 후 학생들은 자기 미래의 직업과 관련하여 다양한 직업세계에 대한 자료집을 만들어 제출하면서 자신의 진로가 어떻게 변화되었는지를 알아볼 수 있다. 그리고 나서 결과의 구성물을 다음과 같은 항목에서 점검할 수 있다.

- 내용 구성: 다양한 직업세계를 나타낼 수 있는 내용으로 구성되어 있는가?
- 자료 수집 능력: 수집한 자료나 사진이 다양하고 충분한가?
- 자료 분석 및 종합 능력: 수집한 자료나 사진을 적절히 분석하고 종합하였는가?
- 조직력: 자료의 조직 및 편집은 제대로 되었는가?
- 호응도: 다른 사람들의 시선을 끌면서 설득력 있도록 제작되었는가? 등의 평가 기준을 이용하여 평가할 수 있다.

【문항】 아래의 글은 자신에 대한 종합적 이해와 정리의 중요성을 나타낸 내용이다. 글의 내용과 같이 자기의 적성, 흥미, 성격, 신체적 조건 등을 종합적으로 정리하여 자신이 희망하는 고등학교의 결정에 필요한 여러 가지 정보를 수집하고 그 결과를 포트폴리오로 제출하시오.(평가 포트폴리오)

자기 진로를 선택할 때 중요한 것은 자기의 진로와 관련 있는 모든 내용을 종합적으로 이해하고 정리하는 일이다. '자기 진로에 대한 종합적 정리'를 위해 자기가 희망하고 있는 직업의 특성·내용 등과 관련 있는 상급 학교와 학과를 먼저 생각하고, 구체적으로 자기 자신의 모든 면을 자세히 검토하면서 자신의 진로 선택을 위한 준비를 하여야 한다.

【과제 수행 조건】

1) 수행 기간: 한 학기

2) 자신의 적성, 흥미, 성격, 신체적 조건 등을 종합적으로 정리한 자료

3) 위 1)의 결과를 토대로 원하는 고등학교의 계열 탐색 자료

4) 내가 진학하고자 하는 고등학교에 대한 조사 자료: 학교 안내 자료, 사진, 학교 관계자와의 면담 자료

5) 수행 과정 중 느낀 점: 반성적 사고 중심으로 기록

6) 참고 자료 출처 제시

【성취기준】 자신의 특성을 이해하여 진로를 탐색하고 직업윤리에 대한 바람직한 태도를 갖는다.

【평가기준】

○ 상: 자신의 특성을 이해하고 장단점을 구분하여 진로를 탐색한다.

직업의 종류를 나열하고 건전한 직업윤리를 설명한다.

○ 중: 진로 선택에 필요한 자기 자신의 특성을 이해하여 진로를 탐색한다. 직업인으로서 갖추어야 할 직업윤리에 대하여 말한다.

○ 하: 자신에 대한 이해가 부족하여 진로 탐색 시 자신의 특성을 고려하지 않고 진로를 탐색한다.

【채점 기준】

평가 항목	평가 요소	배 점
구 성	• 포트폴리오를 단계별로 작성하고 관리하였으며, 개인의 수행 활동 내용을 잘 구성하였다. • 포트폴리오의 계획을 체계적으로 수립하였으며 각 단계마다 활동 내용을 잘 구성하였다.	3
	• 계획서에 의해 잘 작성되고 관리되었으나 개인 수행 활동 내용이 미흡하였다. • 포트폴리오의 계획 수립이 체계적이지 못하다.	2
	• 포트폴리오의 계획이 수립과 자료 조사 활동이 미흡하였다.	1
자기 이해	• 자기를 이해할 수 있는 성실한 조사를 통해 자신을 정리하였다. • 자신을 탐색하기 위하여 자신의 적성, 흥미, 성격, 신체적 조건 등을 조사하였다.	5
	• 자신의 적성, 흥미, 성격, 신체적 조건 등의 조사를 하였으나 어느 한 부분만을 부각시켜 자신을 이해하려 한다.	3
	• 자신의 적성, 흥미, 성격, 신체적 조건 중 일부만 조사하였으며, 자신에 대한 이해하려는 모습이 부족하다.	1
진로(학교) 탐색	• 자신의 적성, 흥미, 성격, 신체적 조건에 맞는 기준과 원하는 상급학교의 계열이 접근하였다.	5
	• 상급학교를 유형별로 조사하였으나 자신의 탐색 결과와 관련짓지 못했다.	3
	• 상급학교에 대한 탐색과 자료가 미흡하다.	1
결 과	• 계획한 대로 결과물을 제시하였다. • 수행 과정을 통해 수행 활동 전보다 진학에 자신감과 관심을 가지는 모습이 보였다. • 자신을 보다 깊이 이해하는 것이 자신의 진로 선택에 중요하다는 것을 인식하였다. • 수행 과정 중 느낀 점을 기록하였다.	5
	• 활동 전보다 많은 변화가 있었으나 결과물의 구성에는 미흡하였다.	3
	• 활동 전과 활동 후의 모습에 변화가 없으며 결과물도 미흡하다.	1
총 점		

【자기평가표】

평가 항목	평가 요소	평 가		
		우수	보통	미흡
수행 계획 및 과정	• 평가에서 요구하는 학습 목적을 스스로 파악할 수 있었다.			
	• 수행 과정 도중 어려움을 당했을 때 스스로 노력하거나 선생님께 도움을 요청하는 등 문제 해결을 위하여 노력하였다.			
	• 자신을 탐색하는 과정을 통해 나 자신에 대한 종합적인 정리가 되었다.			
반성 및 결과	• 내기 원히는 정보아 자료를 수집하면서 진학과 진로에 관심을 갖게 되었다.			
	• 나 자신을 보다 깊이 이해하는 것이 자신의 진로 선택에 중요하다는 것을 인식하였다.			
	• 나 자신의 특성과 희망 진로에 대하여 선생님, 가족, 친구들의 의견을 참고하였다.			
	• 이러한 과제는 우리에게 좋은 경험이 되었다.			

【결과 예시】

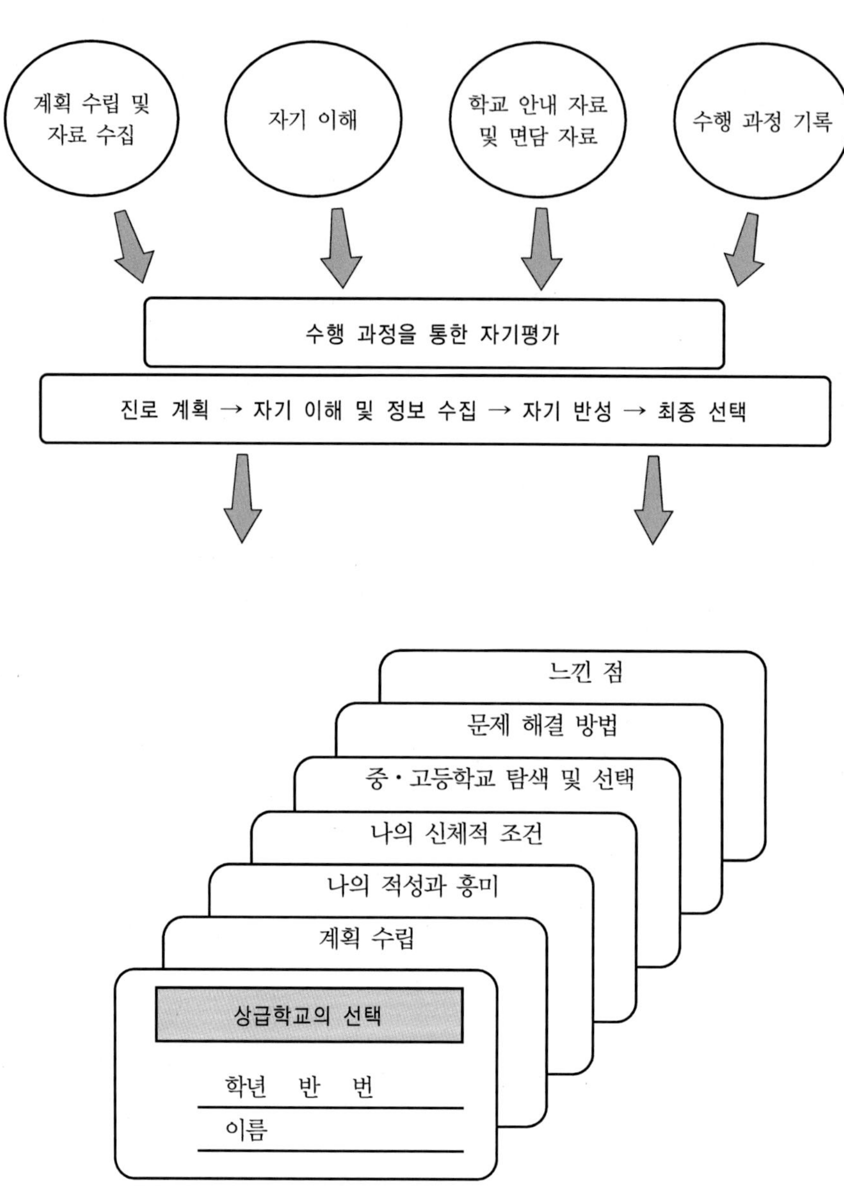

■ 포트폴리오의 활용 ■

2) 실험·실습법

 이 방법은 어떤 과제에 대하여 학생들로 하여금 직접 실습을 하게 한 후 그 결과 보고서를 제출하여 평가하는 방법이다. 개인 단위로 실습을 하게 할 수도 있고, 팀을 구성하여 공동작업을 하게 할 수도 있다. 평가자는 실습과정을 직접 관찰하고 결과 보고서를 동시에 고려하여 학생들의 조작적인 능력과 지식을 적용하는 능력, 문제 해결 과정을 종합적으로 평가한다.

 실험·실습법은 어떤 과제에 대하여 학생들로 하여금 직접 실습을 하게 한 후 그 결과 보고서를 제출하여 평가하는 방법이다. 이때 개인 단위로 실습을 하게 할 수도 있고, 팀을 구성하여 공동작업을 하게 할 수도 있다. 평가자는 실습과정을 직접 관찰하고 결과 보고서를 동시에 고려하여 학생들의 조작적인 능력과 지식을 적용하는 능력, 문제 해결 과정을 종합적으로 평가한다.

 【문항】 가정에서 널리 사용할 수 있는 생활용품 중에서 메모판을 구상하고 만들어 보시오.

【과제 수행 조건】

1) 제한 시간
   ① 스케치, 구상도, 재료표, 제작도 그리기: 1시간
   ② 제품 만들기: 2시간
2) 제출 내용: 완성품, 실습 보고서(구상도, 제작도, 재료표, 자기평가표)

【과제 수행 순서】

1) 다양한 메모판에 대해 스케치한다.
2) 구상도를 그린다.
3) 구상한 메모판에 적합한 재료를 결정한다.
4) 부품도를 그린다.
5) 제품 제작에 필요한 재료표를 작성한다.
6) 제품을 제작한다.
7) 완성된 메모판이 적절한지 검사한다.

【유의 사항】

1) 재료는 오동나무와 같은 가볍고 가공하기 쉬운 목재를 사용한다. 오동나무를 구하기 어려울 경우에는 수입 집성목인 알비자나 MDF를 사용해도 된다. 단, MDF는 자르기는 쉬우나 구멍을 뚫을 때에는 갈라질 염려가 있으므로 주의해야 한다.

2) 코르크판을 자를 때에는 커터 칼을 자르는 방향으로 경사를 두어 잘라야 자른 면이 거칠어지지 않는다.

3) 코르크판을 목재의 밑판에 붙일 때에는 접착력이 너무 강하지 않은 것을 사용하고, 가능하면 코르크판에 접착제가 붙어 있는 것을 사용하는 것도 손쉬운 방법이다.

【성취기준】 여러 가지 생활용품을 스케치하여 구상도를 그릴 수 있다.
　　　　　　목재를 이용하여 구상도에 따라 생활용품을 만들 수 있다.

【평가기준】

○ 상: 여러 가지 생활용품을 구상하여 구상도를 창의적으로 그린 후 제작도를 그린다. 제작도에 따라 메모판을 정확하게 만들었다.

○ 중: 간단한 생활용품을 구상하고 구상도를 그린 후 생활용품의 제작도를 그린다. 간단한 생활용품을 만들었으며 부분적으로 흠이 있다.

○ 하: 목재에 대한 이해가 부족하여 생활용품 구상에 어려움을 겪으며 구상도와 제작도가 일치하지 않는다. 생활용품이 제작도와 부분적으로 일치하지 않으며 실용성이 부족하다.

【채점 기준】

평가 항목	평가 요소	배점
제작도, 재료표, 공정표	• 제작도를 그렸으며, 재료표와 공정표에 빠진 내용 없이 효율적으로 작성하였다.	5
	• 제작도를 그렸으나, 재료표와 공정표에 포함될 내용이 빠져 있고 작성이 체계적이지 못하다.	3
	• 제작도 작성이 미흡하고 재료표와 공정표 작성이 체계적이지 못하다.	1
제품의 제작 과정	• 공구의 선정과 사용 방법이 적절하며 공정표에 따라 작업이 체계적으로 진행되었다.	3
	• 공구의 사용 방법이 적절하나 공정표에 따라 작업이 체계적으로 진행되지 못하였다.	2
	• 공구의 선정이 잘못되었으며 사용 방법이 미숙하다.	1

제품의 결과	• 목재를 잘 나타내었고 제품이 실용적이며 창의적이다.	5
	• 목재를 잘 나타내었고 제품이 창의적이지 못하다.	3
	• 목재를 이용하였으나 가공이 거칠고 만든 제품이 창의적이지 못하다.	1
실습 태도	• 안전 수칙을 잘 지키면서 적극적으로 실습에 참여한다.	5
	• 안전 수칙을 지키면서 실습에 어느 정도 참여하나 작업 후 뒷정리가 다소 부족하다.	3
	• 거의 실습에 참여하지 않으며 작업 후의 뒷정리가 잘되지 않는다.	1
총 점		

【자기평가표】

평가 항목	평가 요소	평가		
		우수	보통	미흡
제품의 구상	• 목재의 특성이 무엇인지 잘 알고 있다.			
	• 스스로 제품을 창의성 있게 구상하였다.			
	• 스스로 구상도 및 제작도를 그렸다.			
제품의 제작	• 도면에 따라 제품을 제작하였다.			
	• 제품의 제작 과정에서 어려움을 스스로 해결하였다.			
실습 태도	• 동료들과 잘 협조했으며 실습에 적극 참여하였다.			
느낀 점				

3) 연구보고서 평가

연구보고서는 여러 가지 연구 주제 중에서 학생의 능력이나 흥미에 적합한 주제를 선택하되, 그 주제에 대해서 자기 나름대로 자료를 수집하고 분석 종합하여 연구 보고서를 작성, 제출하도록 하여 평가하는 기법이다. 이때 연구의 주제나 범위에 따라 개인적으로 할 수도 있고, 관심 있는 학생들이 함께 모여서 단체로 할 수도 있다. 예컨대, 실과에서 컴퓨터를 이용하여 발표자료 만들기에 대한 내용을 가르치면서 인터넷 사용과 관련된 정보 윤리의 피해 사례를 직접 조사하여 연구 보고서를 제출하게 하여 평가할 수 있다. 이때 학생들은 자신의 관심에 따라, 인터넷에 직접 들어가 정보 윤리의 피해 사례를 수집하여 내용을 일반화시키는 보고서를 작성할 수도 있다. 교사는 학생들의 진행 상황을 주기적으로 평가하고 필요에 따라 적절한 지도를 해야 한다. 학습자들은 보고서 작성을 통해서 학생들은 정보를 수집하는 방법, 다양한 자료를 종합하고 분석하는 방법, 보고서 작성법 등을 익힐 수 있는 경험을 습득할 수 있다.

【문항】 직업의 선택에 필요한 자기 자신의 특성을 이해하고 그 결과에 따라 자신이 원하는 직업을 직접 방문 조사하여 직업을 자세하게 탐색한 결과물을 보고서로 제출하시오(단, 이 과정에서 반드시 부모님의 직업을 조사하여 자신이 잠정적으로 선택한 직업의 탐색에 활용하시오).

【과제 수행 조건】

1) 수행 기간: 2개월

2) 자신의 적성, 흥미, 성격, 가치관, 신체적 조건 등을 종합적으로 정리한 자료

3) 부모님의 직업 조사 결과

4) 내가 원하는 직업 현장의 방문·조사 결과

5) 수행 과정 중 느낀 점: 반성적 사고 중심으로 기록

6) 참고 자료 출처 제시

7) 보고서 분량: A4 용지 5매 정도

【성취기준】 자신의 특성을 이해하여 진로를 탐색하고 바람직한 직업윤리를 이해한다.

【평가기준】

○ 상: 자신의 특성을 이해하고 장·단점을 구분하여 진로를 탐색한다. 직업의 종류를 나열하고 건전한 직업윤리를 설명한다.

○ 중: 진로 선택에 필요한 자기 자신의 특성을 이해하여 진로를 탐색한다. 직업인으로서 갖추어야 할 직업윤리에 대하여 말한다.

○ 하: 자신에 대한 이해가 부족하여 진로 탐색 시 자신의 특성을 고려하지 않고 진로를 탐색한다.

【채점 기준】

평가 항목	평가 요소	배 점
수행 계획	• 직업 탐색을 위한 면담, 방문 계획 등이 체계적이고 구체적이다.	3
	• 구체적인 계획보다는 대략적인 일정 중심으로 이루어졌다.	2
	• 직업 탐색을 위한 계획이 부족하고 준비성이 미흡하다.	1
자기 이해	• 성실한 조사를 통해 자신을 이해하였다. • 자신을 탐색하기 위하여 자신의 적성, 흥미, 성격, 가치관, 신체적 조건 등을 조사하였다.	3
	• 자신의 적성, 흥미, 성격, 가치관, 신체적 조건 등 자신의 장점만을 조사하였으며 자신을 이해하려는 점이 다소 부족하다.	2
	• 자신의 적성, 흥미, 성격, 가치관, 신체적 조건 등의 조사가 미흡하고, 자신에 대해 이해하려는 노력이 부족하다.	1
직업 탐색	• 부모의 직업은 부모 자신의 여러 특성에 맞는가를 조사하였다. • 부모가 자신의 직업에 만족하고 계신가를 조사하였다. • 자신의 적성, 흥미, 성격, 가치관, 신체적 조건에 맞고 원하는 직업 탐색이 이루어졌다.	5
	• 부모님 직업은 부모 자신의 여러 특성에 맞는가와 자신의 직업에 만족하고 계신지 한 가지만 조사하였다. • 자신의 적성, 흥미, 성격, 가치관, 신체적 조건을 이해하였으나 이에 적합한 직업 탐색이 미흡하다.	3
	• 부모 직업 탐색의 필요성과 활용성을 이해하지 못해 조사 결과가 미흡하다. • 자신의 적성, 흥미, 성격, 가치관, 신체적 조건의 이해 결과와 직업 탐색이 일치하지 않는다.	1
수행 과정 및 자기 반성	• 처음에 생각한 직업과 조사 과정을 통해 잠정 결정한 직업과의 관계를 자료와 함께 구체적으로 제시하였다. • 부모의 직업 세계를 조사한 후 자신의 특성에 맞는 직업의 선택이 중요하다는 결론이 나타나 있다.	5
	• 처음에 생각한 직업과 조사 과정을 통해 잠정 결정한 직업과의 관계를 단순하게 제시하였다. • 부모의 직업 세계를 조사한 결과와 자신의 특성에 맞는 직업 선택의 관계 정립이 미흡하다.	3
	• 직업 탐색의 조사 과정과 자신의 특성의 이해가 부족하다.	1
수행 실과	• 계획한 대로 결과물을 제시하였다. • 수행 과정을 통해 수행 활동 전보다 직업 선택의 중요성을 인식하는 모습이 보인다. • 수행 과정을 통해 깨달은 점, 새로 알게 된 점, 느낀 점 등을 충실하게 기록하였다.	5
	• 결과물을 통하여 활동 전보다 변화가 있었음을 알 수 있었으나 견과물이 구성에는 미흡하다.	3
	• 결과물의 완성이 미흡하고 활동 전과 활동 후의 모습도 변화가 없다.	1
총 점		

【자기평가표】

평가 항목	평가 요소	평가		
		우수	보통	미흡
수행계획	• 평가에서 요구하는 학습 목적을 스스로 파악하였다.			
	• 원하는 결과를 얻기 위한 자료의 수집 방법에 대하여 스스로 생각하고 계획하였다.			
수행과정	• 나 자신에 대한 종합적인 이해와 정리를 하였다.			
	• 다양하고 적극적으로 자료를 수집하려고 노력하였다.			
	• 스스로 자료를 수집하고 분석하였다.			
수행결과	• 수행 과정 도중 어려움을 당했을 때 스스로 노력하거나 선생님께 도움을 요청하는 등 문제 해결을 위하여 노력하였다.			
	• 부모님의 직업을 조사하면서 나 자신을 보다 깊이 이해하는 것이 자신의 진로 선택에 중요하다는 것을 인식하였다.			

5. 설계기술교육 평가의 과제

미래의 사회를 지식기반사회(knowledge-based society)라고 부르고 있으며 세간의 화두가 되고 있다. 그 소용돌이 속에 학교 환경을 둘러싸고 있는 변화와 시도 중의 하나가 교육과정을 슬림화하려는 움직임이 있다. 이러한 맥락에서 보면 현재 초등학교에서 시행되고 있는 실과 역시 그러한 움직임에서 예외가 될 수 없다. 지금부터라도 기술교육 교수-학습을 통한 엄청난 노력과 협동이 없이는 우리에게 돌아오는 부메랑을 피해갈 도리가 없게 될 것이다.

여기에서는 현재 우리가 앉고 있는 설계기술교육 평가의 문제는 무엇이고 앞으로 해결해 나가야 할 과제는 무엇인지에 대하여 논의를 하면서 미래를 대비하여서라도 기술교육의 엔진을 바꾸려는 노력이 지속되어야 함을 강조하고 싶다. 이러한 맥락에서 그러한 문제를 해결하기 위해 우리가 경주해야 될 앞으로의 과제는 무엇인지에 대하여 몇 가지 짚어보고자 한다.

첫째, 설계기술교육의 평가를 다양화하기 위해서라도 교수-학습을 다양화해야 할 것이다. 교수-학습의 다양화에는 활동 제재의 다양화와도 맞물려 있다. 수행평가를 한다고 하면서 교수-학습은 여전히 과거의 방법을 고수해 온다면 무늬는 수행평가인데 내용은 전통적인 방법과 별반 다르지 않은 결과를 낳을 것이다. 교수-학습을 다양한 방법으로 하였기 때문에 평가의 내용과 방법도 다양화할 수밖에 없어야 하는 데 현실은 그렇지 않음을 볼 수 있다. 어찌 보면 교수-학습이 있고 나서 평가는 그다음에 이루어지든지 아니면 동시에 이루어지든지 해야 할 것이다. 그런데 실제 상황에서는 본말이 전도된 현상을 종종 목격하게 되는 데 문제가 있다.

둘째, 교과서를 보는 시각을 달리해야 한다. 대개 교과서가 교수-학습의 안내 자료임을 말하면서도 실제로 수업 상황에서는 참고자료로 사용하지 않고 경전으로 활용하는 경우를 목격할 수 있다. 그런 상황에서는 교과서를 재구성하기란 불가능하고 많은 효과를 기대할 수는 없을 것이다. 여기에 종사하는 사람들의 전면적인 인식의 전환이 이루어지지 않고서는 큰 기대를 걸 수가 없을 것이다.

셋째, 설계기술의 다양하고 창의적인 실습활동 자료를 개발하기 위해서는 교사 상호간에 자료를 공유할 수 있는 시스템을 만들어야 한다. 한 사람의 노력으로 모든 것을 포괄하기란 그리 쉽지가 않다. 여러 사람들의 아이디어를 모아서 전달하고 확산하려는 움직임이 있어야 하고, 이를 위해서는 실과교사 모임이나 학회를 중심으로 다양하게 만들어진 활동자료를 공유하고 연수하며 나누는 체제가 시급하다 할 것이다.

마지막으로, 설계기술교육에 대한 정체성을 분명히 가져야 한다. 실과에서 이루어지고 있는 내용이 학생들의 실생활에서 도움이 되고 실제로 적용할 수 있는 살아 있는 지식이 되기 위해서는 학생의 수준에 맞게 학습자를 고려한 교수-학습이 되어야 할 것이다. 교과서에 지식이 있어서 가르치는 것이 아니라 학생들에게 필요하고 유용하기 때문에 수업을 해야 하고 개개인은 기술에 대한 소양을 갖도록 확신을 갖고 이루어져야 한다. 물론 이를 위해서는 1차적으로 교육과정의 구성과 교과서의 내용을 참신하고 살아 있는 것으로 만들어야 한다. 이는 누구 하나의 책임이 아니라 우리 모두의 책임이라 할 것이다.

제 2부

설계기술의 기초

제1장 제도의 이해

1. 제도란

제도(drawing)란 설계를 기준으로 제작에 필요한 설계물의 형태, 구조, 크기 등을 정해진 규칙에 따라 선, 글자, 기호 등을 사용하여 제도용지와 같은 도면에 나타내는 것을 말한다. 여기서 설계란 제품 등을 만들기 위해 설계자가 제품의 기능에 맞도록 구조, 크기, 재료, 제작법 등을 결정하는 과정을 말한다.

제도에서는 물체의 모양이나 크기 등을 제도자의 의도대로 나타내고, 이를 위해 약속(규격)을 정해 놓는다.

물건을 제작하기 위하여 도면을 작성하는 단계에서는 형태나 크기를 정확하고 효과적으로 나타낼 수 있도록 일정한 규칙에 따라 선·문자·기호 등을 이용한다. 제도는 설계자의 의도를 제작자에게 정확하게 전달하는 것을 목적으로 하므로 물건의 모양·크기·구조·사용재료·공정·수량 등 제작에 필요한 모든 사항을 각종 기호로 평면에 표시하게 된다. 제도의 능률성을 위하여 각국에서는 국가단위의 규격을 쓰고 있다. 우리나라는 한국산업규격(KS)의 제도통칙으로 각 단업부문 전반에 공통되는 기본적인 제도법이 규정되어 있다.

우리가 흔히 설계와 제도를 혼동하기도 한다. 설계는 계획에서 나온 기본 안을 가지고 더욱더 기능적으로 그리고 협의하고, 보충하고 현장과의 일치 여부 등 다양하게 검토하는 모든 단계를 말한다. 여기서부터 도면 제작이 들어가는데 도면설계뿐만 아니라 검토자료 수집도 설계라고 볼 수 있다. 이러한 설계를 흔히 영어로 '디자인'이라고도 한다. 따라서 제도는 도면만을 제작·작도하는 것을 의미하기 때문에 설계와는 차이가 난다. 설계는 협의과정도 설계행위지만, 제도는 도면만을 작도 제작하는 것이다.

KS란?

KS는 <산업표준화법>에 따라 산업표준심의회의 심의를 거쳐 국립기술품질원장이 제정·고시하는 산업표준을 말한다. 약칭하여 'KS(Korean Industrial Standards)'로 표시한다. 한국산업규격은 광공업품을 대상으로 기본부문(A) 등 16개 부문으로 구성되며, 내용별로는 다음 세 가지로 분류하고 있다.

① 제품규격으로, 제품의 형상·치수·품질 등에 관한 규격
② 방법규격으로, 시험·분석·감정·생산방법·작업표준 등에 관한 규격
③ 전달규격으로, 용어·기호·약어·부호 등에 관한 규격이다.

한국산업규격은 1961년 <공업표준화법>이 제정·공포됨으로써 국가규격으로서 보급하게 되었으며 당시 상공부 표준국이 업무를 관장하였다.

1962년 공업표준에 관한 사항을 심의하기 위하여 공업표준심의회(현 산업표준심의회)를 설치하고, 공업표준의 보급·교육 및 지도를 담당할 한국규격협회(현 한국표준협회)를 설립하는 한편, 1963년에는 국제표준에 관한 양대 기구인 국제표준화기구(ISO)와 국제전기기술위원회(IEC)에 가입하여 국제표준화 활동에 참여하는 등 명실상부한 국가표준화 추진체제를 갖추게 되었다.

1973년에는 공업진흥청이 개청되어 산업표준화에 대한 장기계획을 수립하고 제정된 규격의 보완과 더불어 새로운 규격을 제정하는 등 양적 확대를 가져오게 되었으며 1996년 2월에는 정부조직개편에 따라 공업진흥청이 폐지되고 국립기술품질원(표준계량부)이 산업표준에 관한 제반사항을 관장하고 있다.

한국산업규격은 1962년에 300종이 제정된 이래 해마다 급격한 성장을 이룩하여, 국가산업기반을 공고히 하였다. 한편, 광공업품의 품질개선과 생산능률의 향상을 기하고 거래의 단순화와 공정화로 소비자보호에 기여해왔다.

한국산업규격 중 규격의 보급이 필요한 경우 광공업품의 품목이나 가공기술의 종목을 선정하여 표시지정을 하고 제조업체가 지정규격에 대한 KS표시를 하고자 하는 경우 정부가 주관하여 소정의 공장심사와 제품심사를 실시하고 있다. 그리하여 KS수준 이상의 제품을 생산한다고 인정이 되면 KS표시를 할 수 있도록 하던 허가제를 1997년 <산업표준화법> 개정으로 1998년 7월부터는 인증제로 전환되어 민간 인증기관이 인증을 하고 있다.

아울러 외국에 소재한 업체에 대해서도 국내에 소재한 업체와 동일한 절차를 거쳐 KS표시인증을 함으로써 한국산업규격의 보급을 촉진하고 있다. 한편, 우수규격제품의 보급을 촉진하기 위하여 국가기관·지방자치단체·공공단체 등에서 물품을 구입하고자 하는 경우 KS표시제품을 우선적으로 구매하도록 <산업표준화법>에서 규정하고 있다.

<품질경영촉진법>·<전기용품안전관리법> 등 다른 법령에서 의무적으로 검사 또는 형식승인을 받도록 규정하고 있는 경우 KS표시제품에 대하여는 검사 또는 형식승인을 면제할 수 있도록 하고 있다.

그 밖에 <건축법>에서도 일정규모 이상의 건물(3층 이상, 500㎡ 이상)을 건축할 때 사용되는 건축자재에 대하여 KS표시제품을 의무적으로 사용하도록 하고 있다.

2. 제도의 역사

인류는 유사 이전부터 회화형태의 도면을 사용하였다. 기원전 수천 년 무렵의 분묘·신전·왕궁 등의 구조를 볼 때 제도가 이용되었음을 상상할 수 있다. BC 2세기 무렵 그리스의 헤론이 펴낸 『기계학』에는 많은 기계장치가 삽화와 함께 기술되어 있어 당시의 제도기술을 알 수 있는 귀중한 자료가 되고 있다. 중세에 이르러 레오나르도 다 빈치는 유고에서 도면을 사용함으로써 표현을 단순화·보편화할 수 있음을 보여주었다. 인쇄술의 발명으로 기계그림·서적 등이 출간되었는데 아그리콜라(Georgius Agricola)의 『데 레 메탈리카(De Re Metallica』(1556)에는 광산에서 쓰이는 도르래·수차(물방아)·펌프·기중기 등의 세밀한 삽화가 있다.

근세에 오면서 G. 몽주가 창시한 화법기하학은 축성기술에 일대 약진을 가져왔다. 그때까지는 복잡한 계산이 필요하였던 것을 작도함으로써 쉽게 해결할 수 있게 되었고 이로 인하여 제1각법에 의한 투영화법도 출현하여 비로소 제도가 이론적인 틀을 갖추게 되었다. 산업혁명으로 급격하게 생산이 증대되면서 공정문제와 제품의 호환성 문제가 대두되고 제도의 필요성도 증대되었다. 르 블랑의 한계 게이지 발명, J. 휘트워스의 나사 규격화 등도 이 시대에 나온 발명들이다. 이렇게 하여 제도는 기술자에게는 가장 명확하게 자기의 사상과 관념을 나타낼 수 있는 수단이 되었다.

특히, 이탈리아의 Leonardo da Vinci(1452~1519)는 유명한 예술가이며 훌륭한 과학자로서 수많은 기계를 고안하였으며, 종래에 사용되던 투시도법보다 진보된 화법으로 투상도를 그렸으나 투상법이 아닌 투시투상도였다.

19세기 말 미국에서 제3각법이 규격화되면서 현재 전 세계적으로 이용되고 있다. 제1각법은 유럽에서 많이 이용되고 있다.

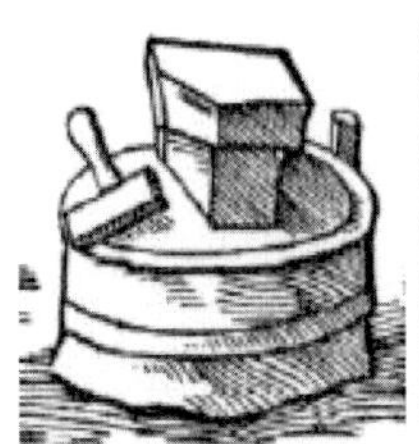

◨ 아그리콜라의 세밀화 ◨

몽주는 그가 태어난 도시인 본(Beaunne)에 있는 오라토리오외의 대학에서, 또 16세에 물리학 강사가 되었던, 리용에 있는 대학에서 교육을 받았다. 그는 고향의 대규모 지도를 정교하게 만든 덕분에 메지엘에 있는 공병학교에 제도공으로 취직하게 되었다. 공급된 자료로부터, 계획된 요새의 포 위치를 찾아내라는 요청을 받고 몽주는 당시의 길고 지루한 산술적 과정을 빠른 기하학적 방법으로 대체하였다.

3차원 물체를 2차원 평면에 적절히 사용하여 현명하게 표현한 것 중의 하나인 그의 방법은 군에서 채택하여 일급비밀로 분류하였다. 후에 그것은 화법기하학(iescriptive geometry)으로 널리 가르쳐졌다. 몽주는 1768년 메지엘의 수학 교수가 되었고, 1771년에 물리학 교수가 되었으며 1780년에는 파리 대학원의 수리학 교수에 임명되었다. 몽주는 해군성 장관으로 재직하며 육군에서 사용하는 무기와 화약을 제조했다. 1795년 에콜 폴리텍을 설립할 때 집정부에서 주동적인 역할을 했고 그곳에서 수학 교수를 지냈다. 그는 나폴레옹과 친하게 지냈고 그를 존경했으며 후에 실패로 끝난 1798년의 이집트 원정에 수학자 푸리에(Joseph Fourier, 1758~1831)와 함께 수행했었다. 프랑스로 돌아와서는 에콜 폴리테크닉의 자리에 복귀하여 뛰어난 재능을 지닌 교수임을 입증했다.

(출처: http://library.thinkquest.org/22584/mh3000.htm)

20세기 중반 이후부터 컴퓨터를 이용한 제도(CAD)가 일반화되고 있다. CAD(computer aided design)는 컴퓨터를 이용하여 설계하는 것을 뜻하며, CAM은 computer aided manufacturing의 약칭으로 컴퓨터를 이용한 생산을 뜻한다. CAD는 도면을 제도대 위에서 한 장씩 그리는 것이 아니라, 데이터베이스의 정보를 모니터 화면을 보고 합성하면서 설계하기 때문에 작업의 효율화와 고속화 등이 가능하다. 그리고 CAD에 의하여 설계된 내용은 바로 CAM으로 연결된다. CAM을 통해 NC(수치제어) 공작기계에 정확한 작업동작지시를 하게 되며 생산, 가공, 조립, 검사 등의 제조과정을 컴퓨터로 관리하여 작업의 신속성과 제품의 정밀성을 기하게 된다. 요즘에는 설계도면을 입체적으로 나타낼 수 있는 3차원 CAD · CAM 시스템이 개발되어, 입체형상을 컴퓨터 화면에 완벽하게 재현시켜줄 뿐만 아니라, 그 대상 입체의 겉넓이 · 부피 · 무게 · 강도 등 물리적 성질까지 자동으로 계산하여 적합한 형태로 설계하여 준다. 이 시스템은 1960년대 초 미국의 자동차 · 항공기 제작회사 등 몇몇 생산업체들이 수없이 바뀌는 자동차 모델이나 엔진의 설계 그리고 수십만 종의 부품이 복잡하게 얽힌 항공기의 설계 등을 사람의 손에 의존하는 데 한계를 느껴 개발한 장비이다. 한국에서는 1970년대 중반부터 이 시스템이 도입되었다.

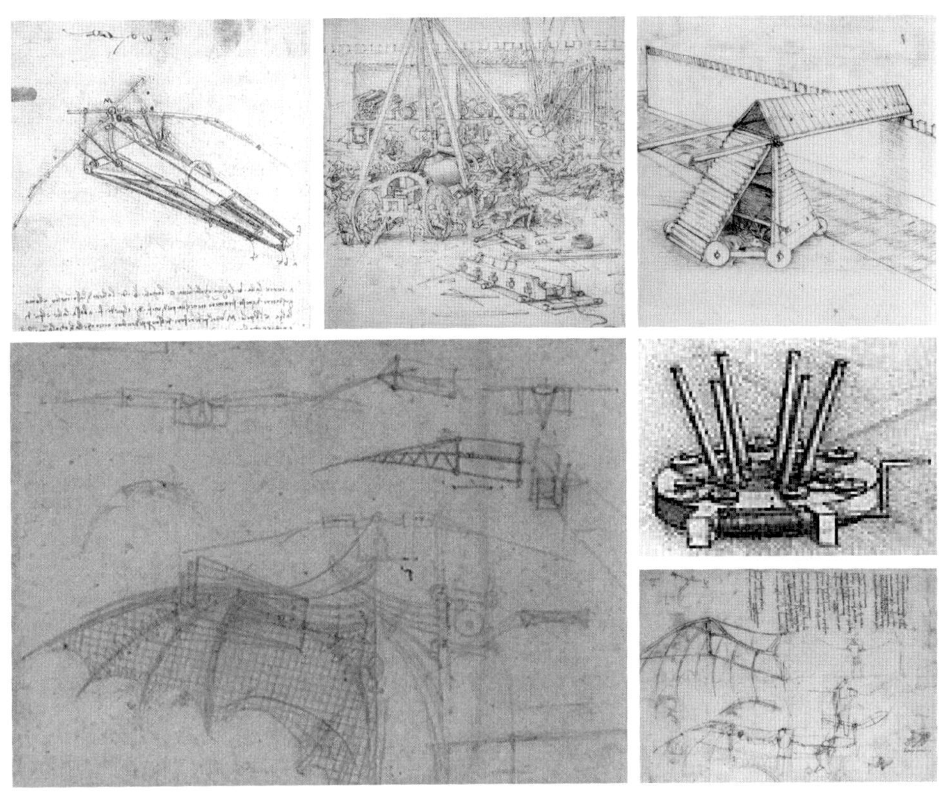

◼ 다빈치의 다양한 투상도 ◼

3. 도면

도면이란, 설계자의 의도에 따라 제도용지에 물체의 모양, 크기 등을 선, 기호, 문자 등을 사용하여 일정한 규칙에 따라 나타낸 것을 말한다.

1) 도면의 종류

도면은 사용 목적에 따라 제작도와 설명도로 크게 나눈다.

제작도

제품을 만들 때 필요한 모양, 크기, 재료, 구조, 조립 방법 등을 나타낸 도면으로 이는 다시 조립도, 부품도, 상세도로 나뉜다.

조립도(assembly drawing)는 제품을 구성하는 각 부품들의 조립 상태를 나타내는 도면이다.

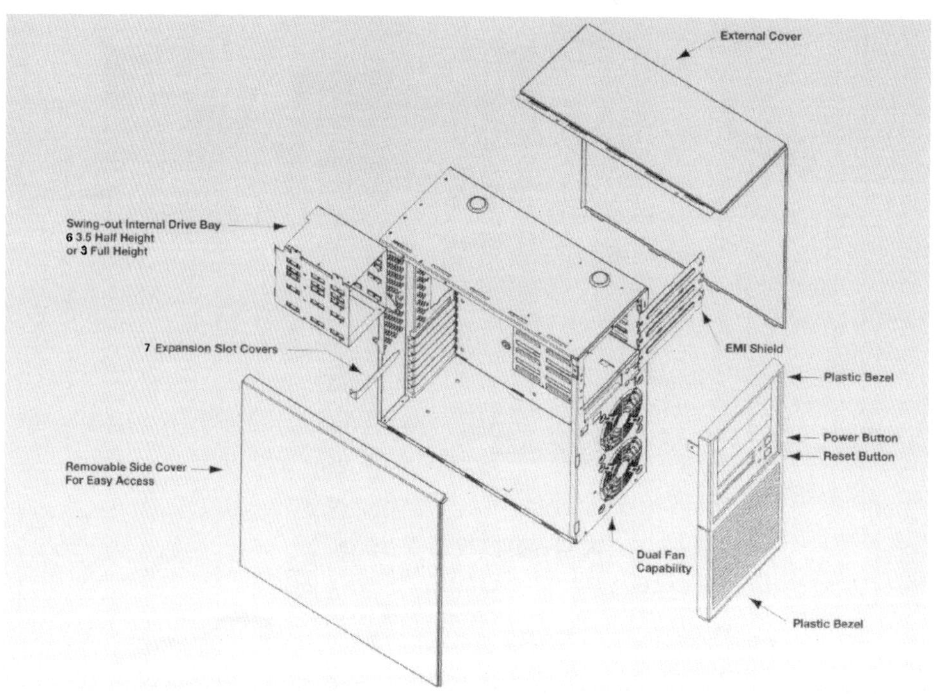

◉ 조립도의 예시 ◉

부품도는 제품을 구성하는 부품을 하나한 떼어내어 상세하게 나타내는 도면이다. 부품도는 기계장치를 구성하는 부품을 제작하기 위한 도면이고, 조립도는 기계장치의 전체적인 조립상태를 나타낸 도면이다. 부품도에는 부품에 요구되는 기능·성능을 만족시키기 위한 재료, 형상, 치수, 정도, 가공법 등이 적절히 지시되어 있다. 그 밖에도 부품도에는 부품이나 가공

방법에 관한 주(보충 설명 등), 부품번호, 부품명, 재질, 도면 작성일자, 도면 번호, 설계자 이름 등의 정보가 포함되어 있다.

상세도는 제품의 필요한 부분을 더욱 상세하게 나타내는 도면이다.

설명도

제품을 사용하는 사람에게 그 구조, 성능, 크기, 취급 방법 등을 나타내는 도면으로, 주로 카탈로그에 사용된다.

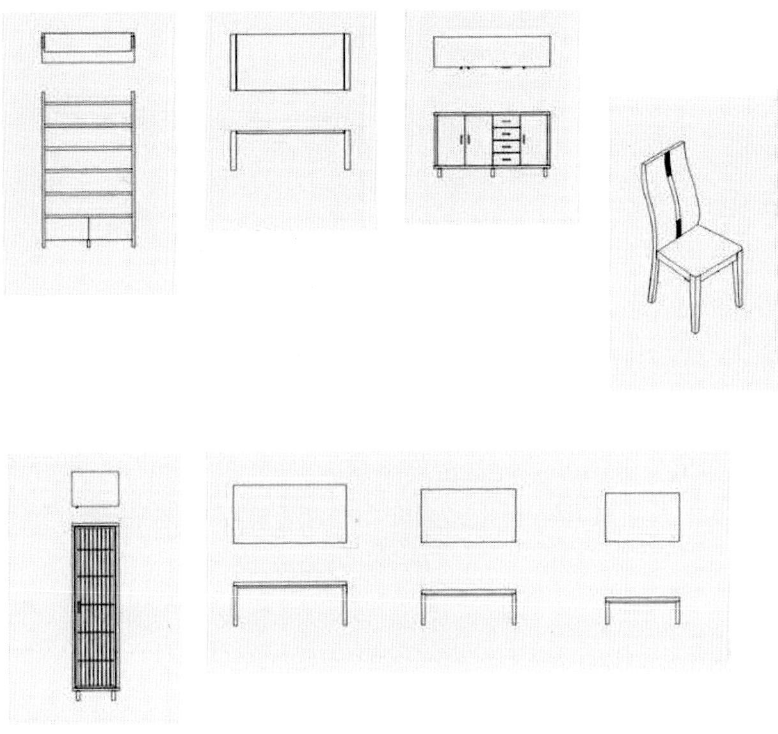

■ 설명도의 여러 가지 예시 ■

2) 도면의 기능

도면은 설계자의 의도를 생산자, 검수자 등에게 전달하고, 제품의 특성을 사용자에게 전달하는 정보 전달 기능(설명도, 조감도)과 설계된 것을 정보로 보존한다.

또한 다시 사용하거나 참고할 수 있도록 하는 정보 보존 기능(제작도, 조립도, 부품도), 그리고 설계자가 구상을 도면으로 나타내면서 다시 생각하고 구상하는 표현 기능(계획도, 제작도)이 있다.

■ 정보전달기능(조감도)

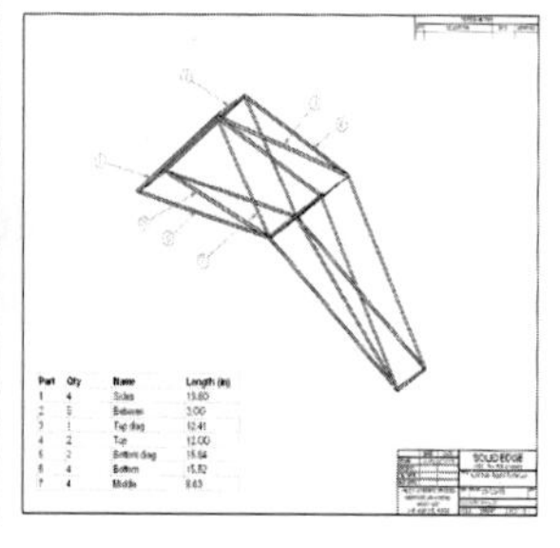

■ 정보보존기능(제작도)

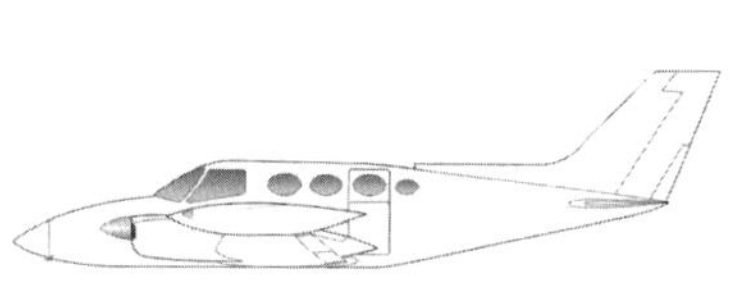

■ 표현기능(계획도)

4. 제도 용구

자신의 아이디어를 도면으로 나타내기 위해서는 도면을 그릴 수 있는 제도 용구가 필요하다. 즉 제도기는 도면이나 도안을 그리는 데에 쓰는 기구로서, 제도판, 컴퍼스, 디바이더 등이 있다.

제도기는 품수에 따라 8품, 12품, 24품 등을 1세트로 한다. 여기에는 도면을 그릴 때 필요한 여러 가지 크기의 컴퍼스, 디바이더, 먹줄펜 등의 기구가 있다.

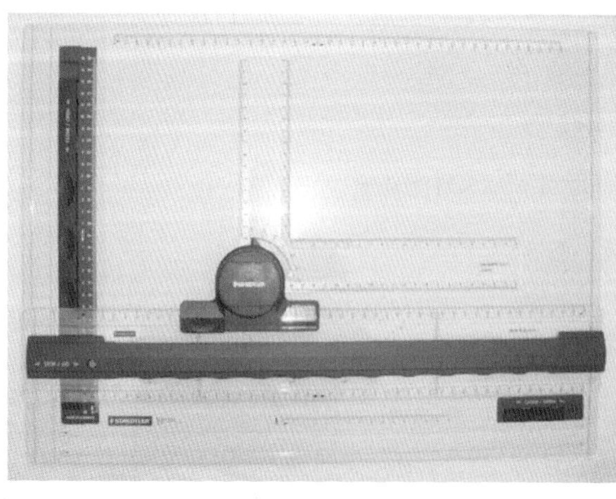

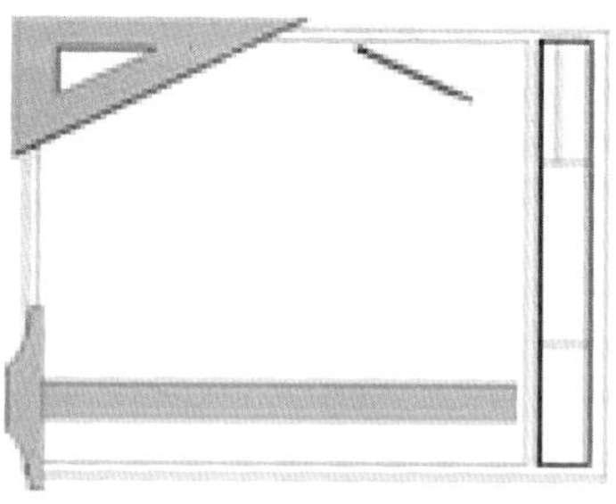

■ 휴대용 제도판

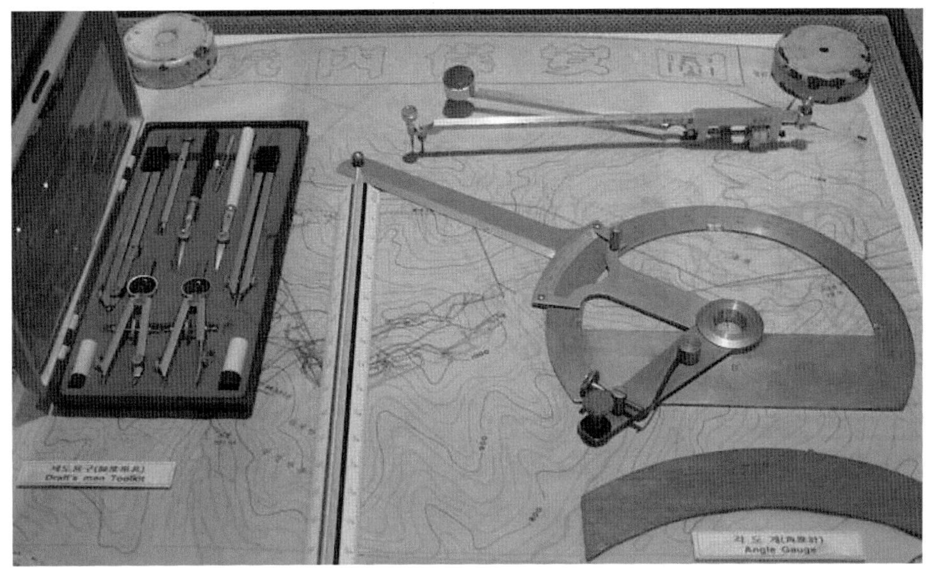

◙ 여러 가지 제도 용구 ◙

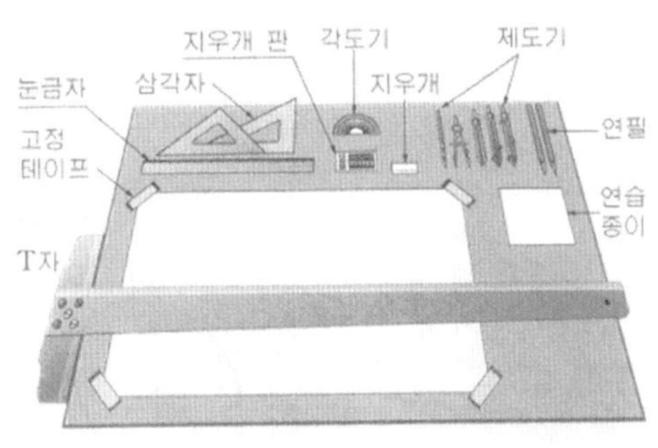

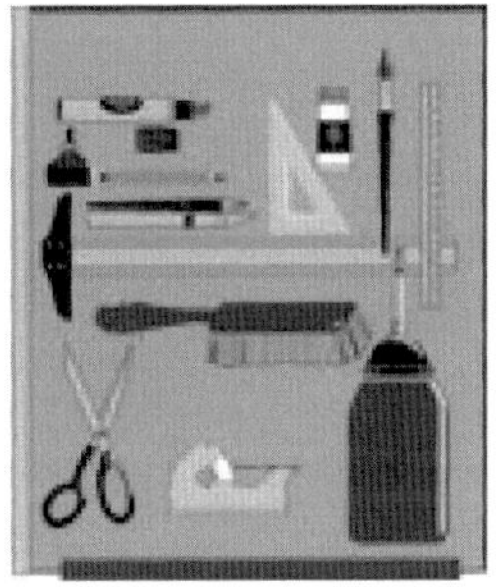

◙ 제도 용구 배치 ◙

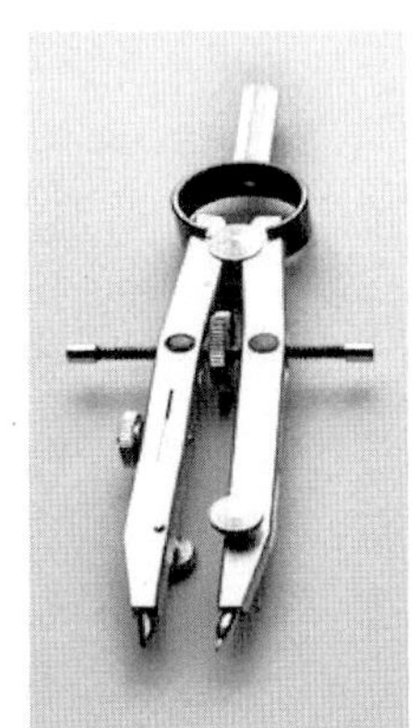

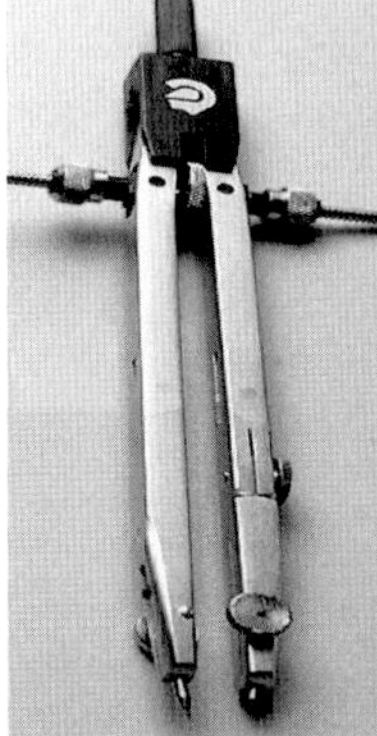

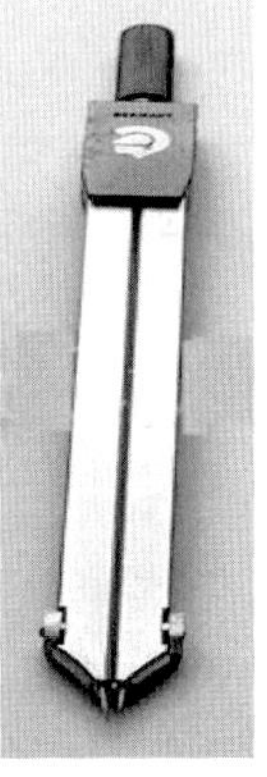

◙ 스프링 컴퍼스   ◙ 디바이더   ◙ 삼각자

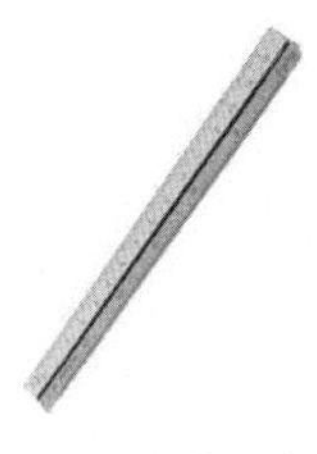

원이나 원호를 그릴 때에는 컴퍼스를 사용하고, 치수를 옮기거나 등분할 때에는 디바이더를 사용한다. 이 밖에도 삼각 축척자는 삼각 스케일이라고도 하며, 큰 물체의 치수를 도면에 축척으로 나타낼 때 사용한다. 삼각형의 한쪽 면에 1m의 1 / 100, 1 / 200, 1 / 300, 1 / 400, 1 / 600 에 해당하는 눈금을 새겨 놓았다.

제2장 제도 요소와 치수 기입

1. 제도 요소

1) 도면의 크기

도면의 크기는 제도 용지의 크기로 나타낸다. 제도 용지의 크기는 A0 > A1 > A2 > A3 > A4 순으로 크기가 정해져 있다.

A0 용지는, 넓이가 약 $1m^2$이고 긴 변의 길이는 짧은 변의 길이의 약 1.4배이다. A1 용지는 A0 용지를 반으로 접은 크기이며, A1 용지를 반으로 접으면 A2 용지가 된다.

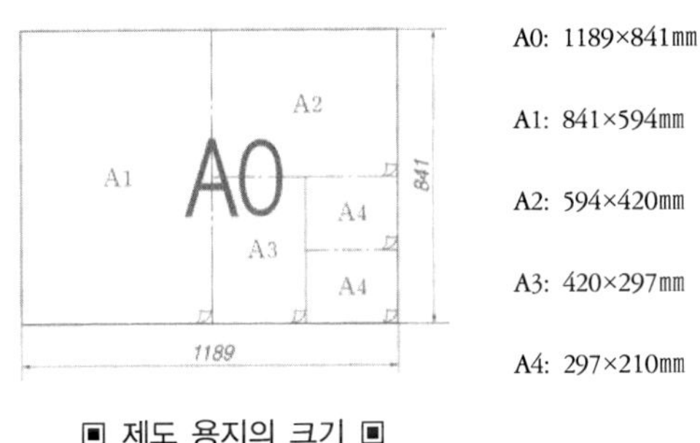

◨ 제도 용지의 크기 ◨

2) 척도

척도는 도면에 나타낸 크기와 실물 크기와의 비율을 말한다. 여기에는 축척, 현척, 배척이 있다.

축척

실제 크기보다 작은 비율로 나타내는 척도이다. 축척의 종류로는 1 : 2, 1 : 5, 1 : 10,

1 : 20, 1 : 50, 1 : 100 등의 비율로 작아진다.

척

실제 크기대로 나타내는 척도이며, 1 : 1이다.

배척

실제 크기보다 큰 비율로 나타내는 척도이며, 2 : 1, 5 : 1, 10 : 1 등이 있다.

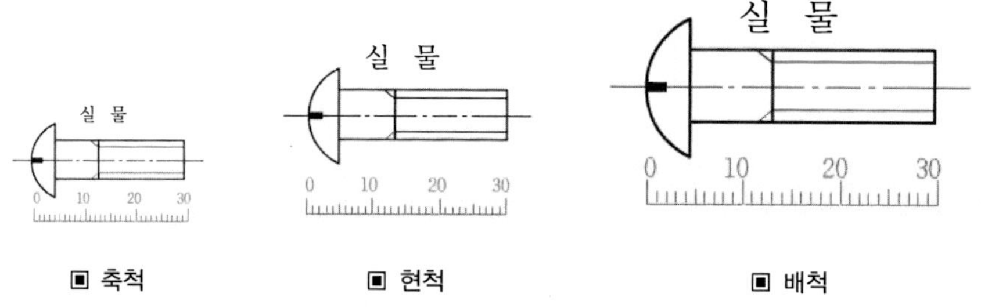

■ 축척   ■ 현척   ■ 배척

3) 선의 종류와 용도

도면은 대부분 선으로 이루어져 있으므로 정확하게 표시하여야 한다. 또한 같은 한 장의 도면에서는 선의 굵기가 용도에 따라 모두 같아야 의사소통을 하는 데 지장이 없다. 선의 종류에는 크게 실선, 파선, 쇄선의 3가지 종류로 다음 표와 같이 구분한다.

◐ 선의 종류와 용도 ◑

명 칭	종 류		용 도
외형선	굵은 선(0.3~0.9㎜)	———	물체의 보이는 외관을 표현하는 선
치수선	가는 실선	———	치수를 기입하기 위한 선
지시선	(0.2㎜ 이하)		기호, 설명 등을 나타내기 위해 끌어내는 선
숨은선 (은선)	가는 파선 / 굵은 파선	·············	물체의 보이지 않는 부분을 표시하는 선
중심선	가는 일점쇄선	—·—·—	물체의 중심을 나타내는 선
가상선	가는 이점쇄선	—··—··	물체의 이동 위치를 나타내는 선 가공 전 후의 모양을 표시하는 선 반복을 표시하는 선
해 칭	규칙적인 가는 실선	/////////	도형의 특정 부분을 구별하기 위하여 사용하는 것으로 절단된 부분을 표시하는 선

중심선
가상선
해칭
외형선
숨은선
파단선
치수
보조선
치수선

외형선
중심선
해칭
치수보조선
숨은선
치수선
가상선
파단선

숨은선
치수보조선
치수선
중심선
외형선

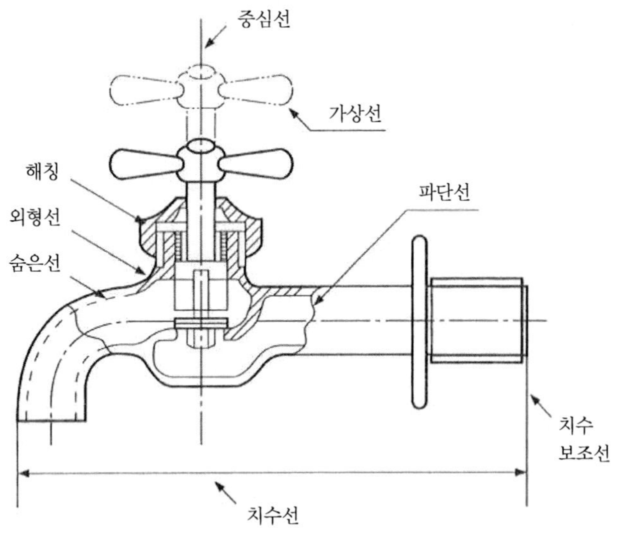

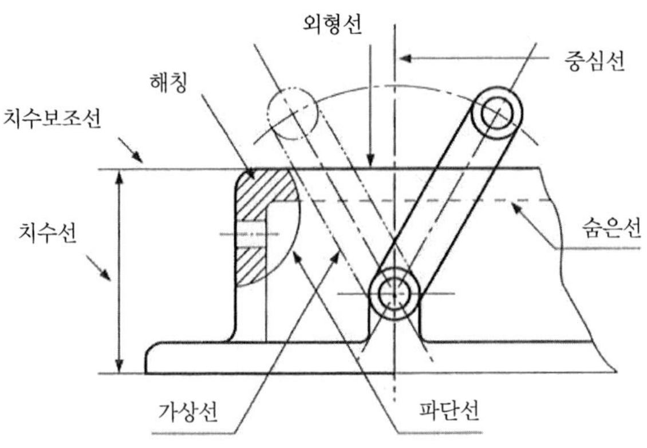

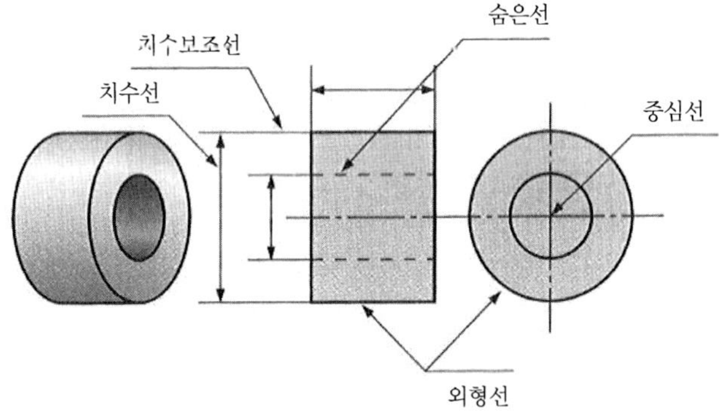

▣ 여러 가지 선의 사용 예 ▣

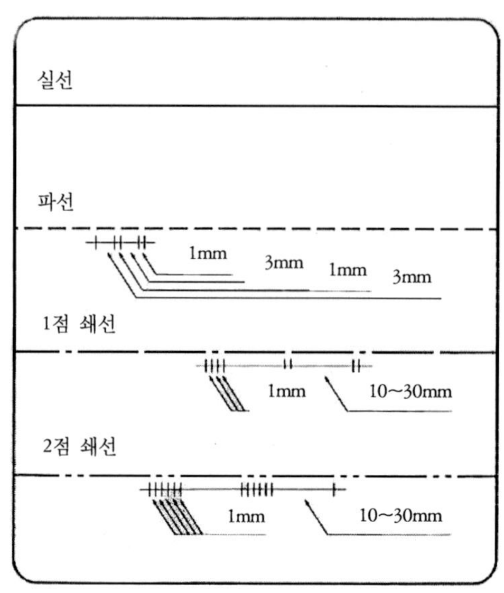

■ 선을 그리는 방법 ■

선의 굵기는 가는 선: 굵은 선: 아주 굵은 선이 1 : 2 : 4의 비율로 그리는 것이 좋다. 한국산업규격(KS)에서는 0.18, 0.25, 0.35, 0.5, 0.7, 1, 1.4, 2㎜의 8가지로 규정하고 있다.

도면을 그릴 때에는 선을 구별하여 사용하여야 그리는 사람의 의사가 정확히 전달된다. 선이 서로 교차하는 부분은 다음과 같은 원칙에 따라 그린다(정이상 외, 2002).

(1) 원호와 직선이 만나는 부분은 서로 층이 생기지 않도록 선의 굵기가 같아야 한다.

(2) 외형선의 모서리 부분은 두 선의 잇는 점이 정확히 이어지도록 한다.

(3) 실선과 파선, 파선과 파선이 만나는 부분에서는 여백이 생기지 않도록 서로 이어지게 그린다.

(4) 외형선과 파선이 만나는 곳에서는 서로 이어지도록 한다.

(5) 파선의 시작과 다른 파선, 외형선과 만나는 부분은 서로 이어지게 그린다.

(6) 1점 쇄선끼리 만나는 부분에서는 서로 이어지게 그린다. 중심선은 외형선 밖으로부터 3㎜ 정도 연장되게 그린다.

(7) 파선과 파선이 교차하는 곳에서는 서로 이어지게 그린다.

(8) 두 파선이 서로 인접될 때에는 두 파선의 점 사이 여백이 서로 일치되도록 그린다.

(9) 두 파선 사이에 실선이 인접해 있을 때에는 파선의 위치가 서로 같게 그린다.

[선긋기 활동 1] 가는 실선, 파선, 1점 쇄선, 2점 쇄선을 이용하여 다음과 같이 그려
보자(신경구, 2006).

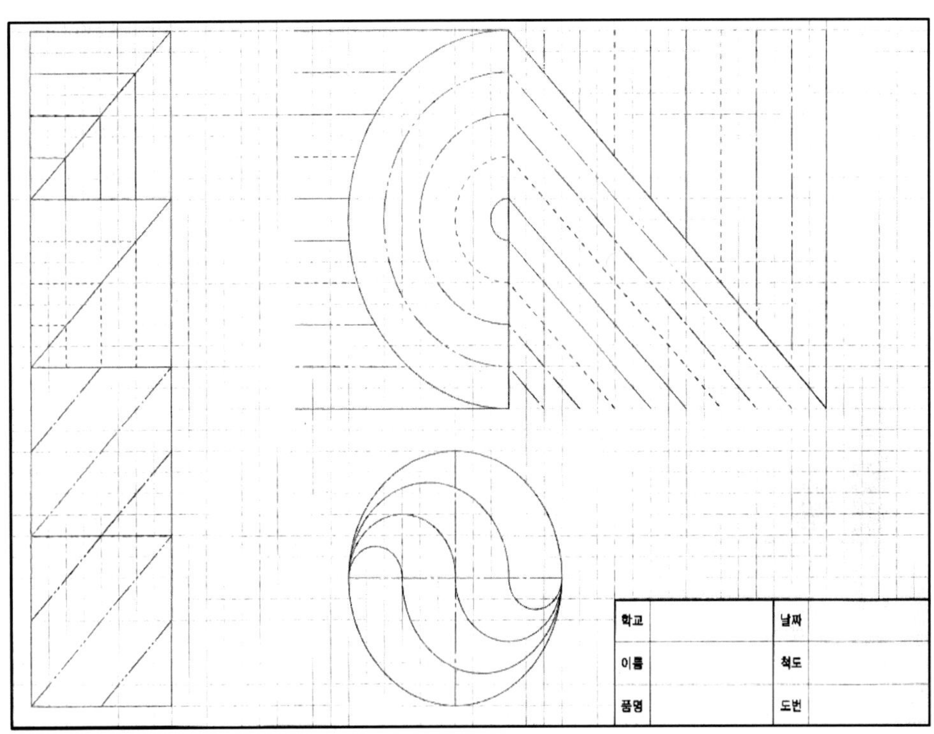

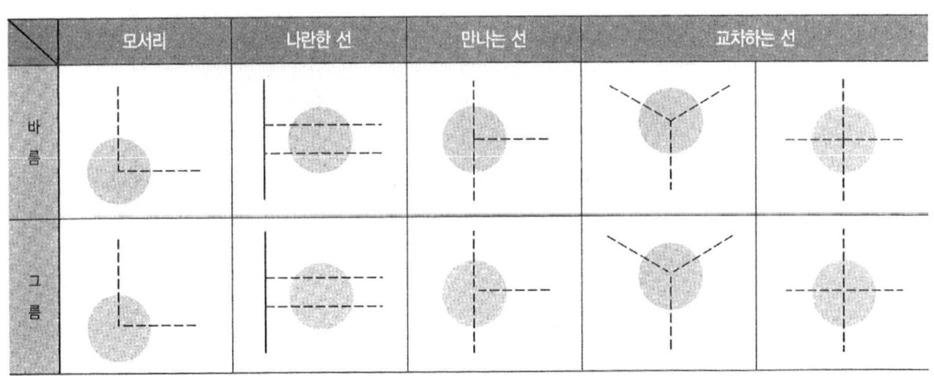

◨ 서로 교차하는 선을 그릴 때 주의할 점 ◨

원과 원호는 컴퍼스를 이용하여 시계 방향으로 그린다.

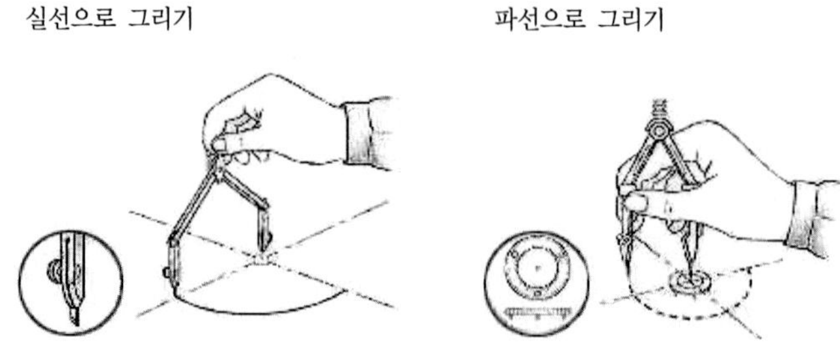

원호와 직선을 이을 때에는 먼저 원호를 그리고, 그다음에 직선을 그린다. 또한 원호가 여러 개일 때에는 작은 것부터 그린다.

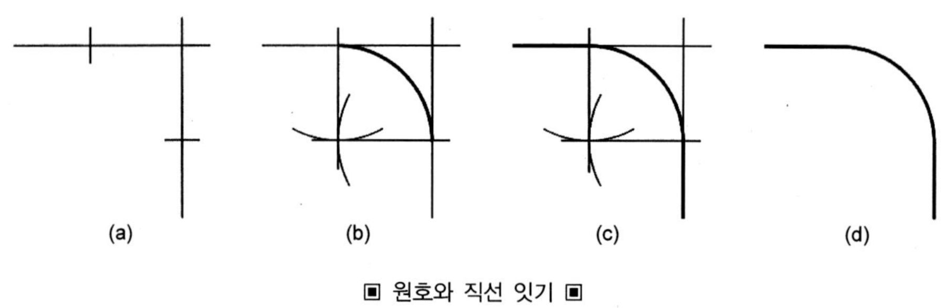

◼ 원호와 직선 잇기 ◼

[선긋기 활동 2] 삼각자를 이용하여 여러 가지 선과 호를 그려보자.

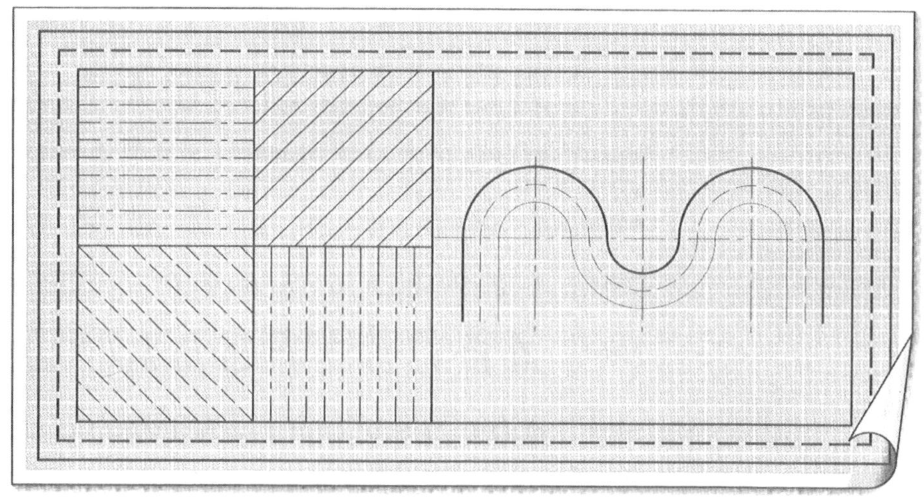

[선긋기 활동 3] 삼각자를 이용하여 여러 가지 선과 호를 그려보자.

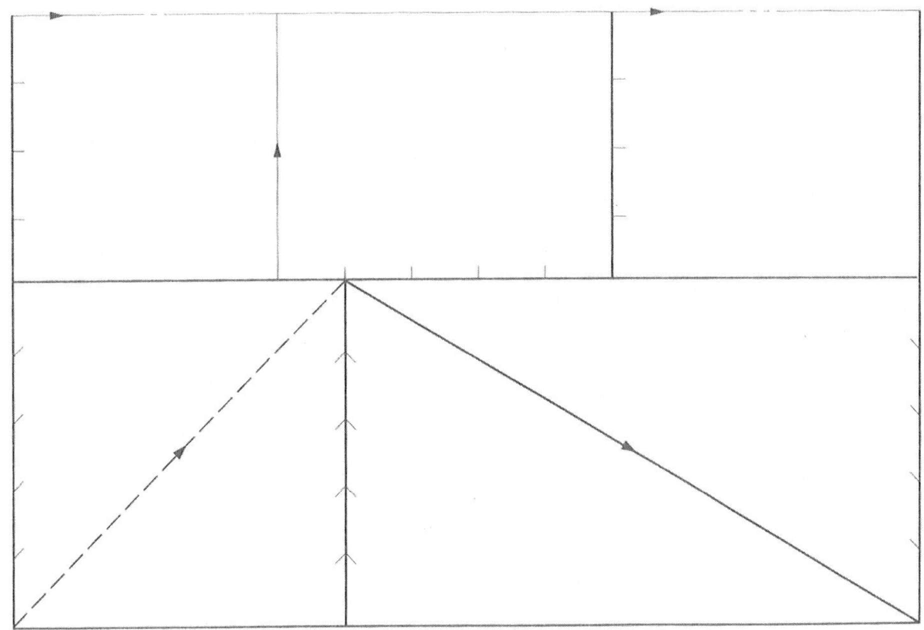

※ 화살표의 방향에 따라 직선과 빗금을 긋는다.

2. 치수 기입 방법

치수선은 0.2mm 이하의 가는 실선을 사용하여 외형선과는 구별이 되도록 한다. 외형선이 다른 치수선과 너무 가까우면 치수를 읽기가 곤란하기 때문에 이형선으로부터 10~15mm 정도 떨어진 자리에 긋는다.

제도에서 단위는 mm를 사용하며 일반적으로 기입하지 않는다. 각도의 단위는 45°(도), 30′(분), 10″(초)와 같이 숫자 오른쪽에 기입한다.

지시선은 수평선에 60° 경사지게 빗금을 긋는다.

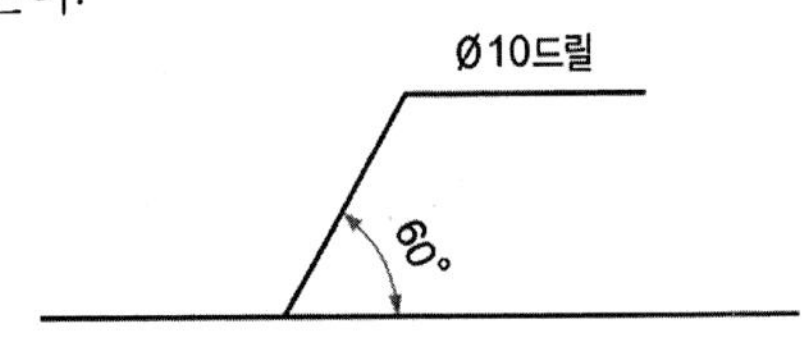

화살표는 양 끝에 붙여 그 범위를 표시하고, 지시선의 끝에 붙여 지시되는 부분을 가리킨다. 치수선은 양쪽 끝을 화살표로 하는 방법 이외에도 다양한 방법을 시용하고 있다. 다만 하나의 도면에서는 한 가지 방법으로 통일을 하여야 한다.

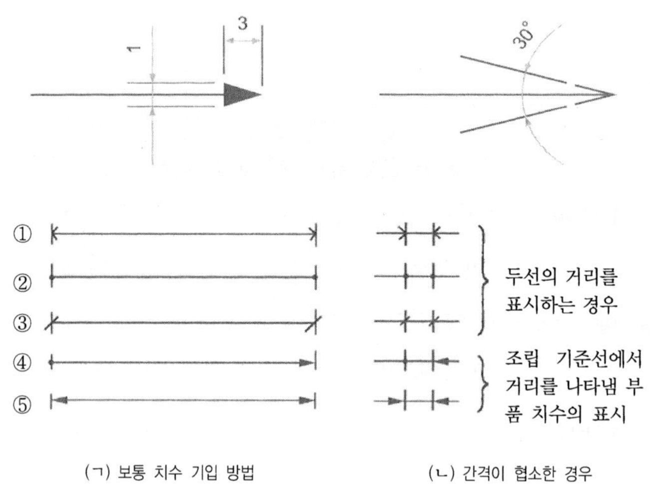

◉ 치수선 끝의 표기 ◉

치수선은 외형선과 나란히 긋고, 양 끝에 화살표를 붙이며, 가는 실선을 사용한다. 치수 보조선은 외형선과 수직으로 긋고, 역시 가는 실선을 사용한다.

치수 숫자는 치수선의 중앙에 기입하고 수평의 치수는 치수선 위에 기입한다. 수직의 치수는 치수선 왼쪽에 치수선과 평행하게 기입한다. 컴퓨터를 이용하여 도면을 그리는 CAD의 경우에는 수직의 치수를 치수선과 직각으로 읽기 쉽게 기입하기도 한다.

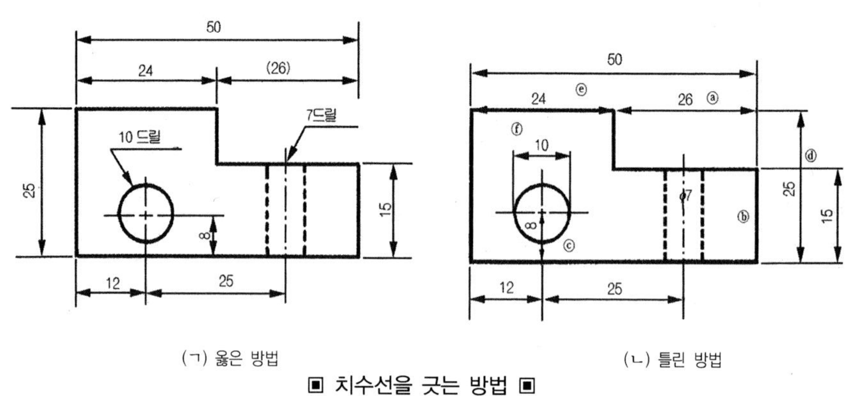

◉ 치수선을 긋는 방법 ◉

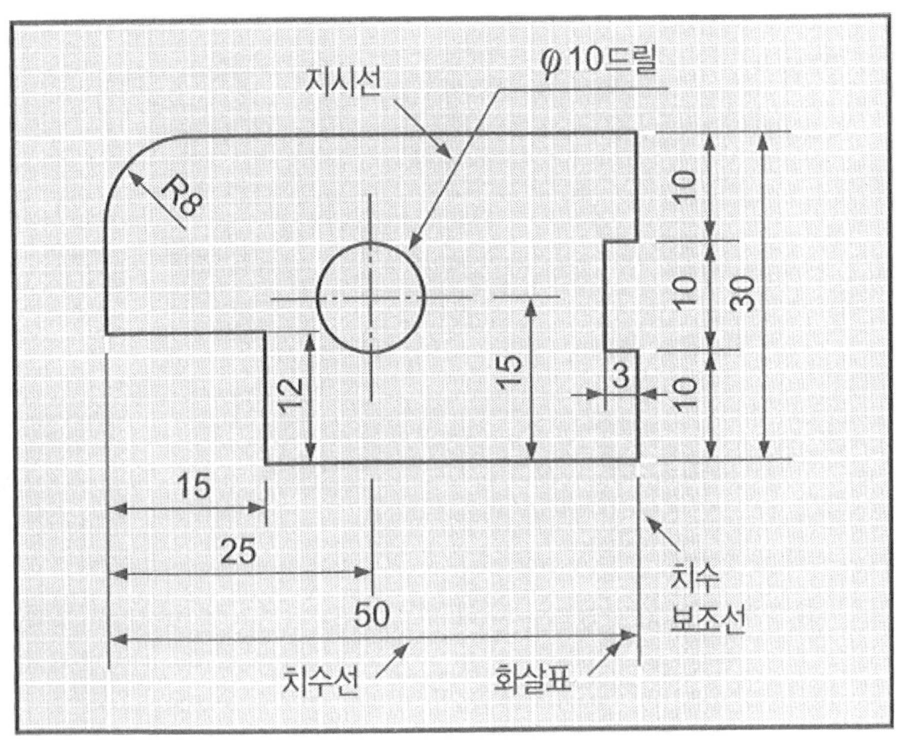

■ 치수 기입 방법(예시) ■

또한 치수를 기입할 때, 주로 정면도에 기입한다. 기준선을 중심으로 기입을 하며, 중복 기입은 피한다. 계산이 필요 없도록 다음 그림과 같이 치수를 기입하는 것이 좋다. 각도를 기입하는 방법은 다음 그림과 같이 사용한다.

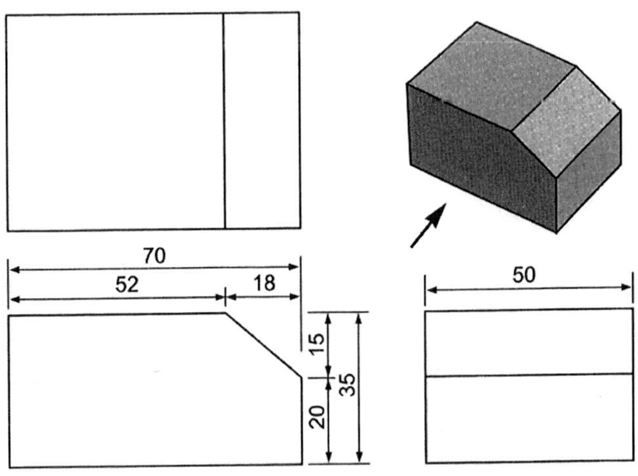

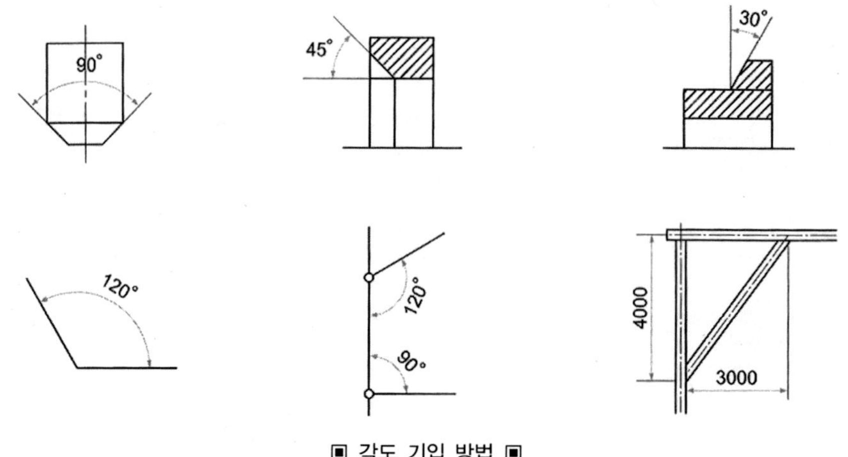

◉ 각도 기입 방법 ◉

[치수기입 활동] 다음 그림에 치수선, 치수 보조선을 그리고 치수를 기입해 보자.
(눈금 하나는 5㎜로 간주한다.)

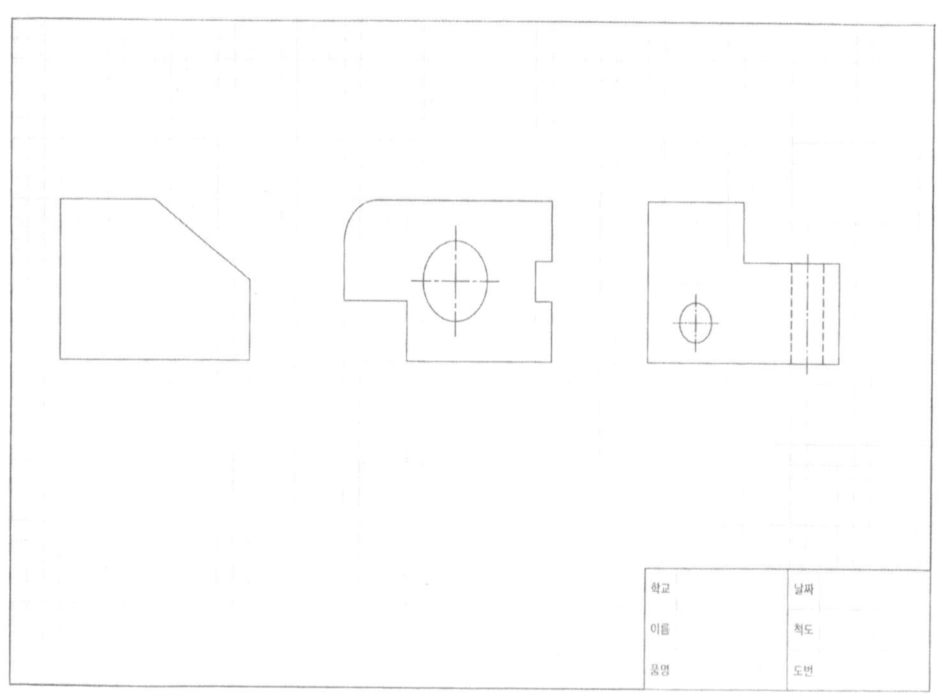

3. 문자 쓰기

도면에 쓰이는 문자는 가로 쓰기를 원칙으로 하며, 한글은 고딕체로, 숫자와 영문자는 수직을 기준으로 오른쪽으로 약 15° 정도 기울여 쓰는 것이 통례이다. 여기에서 같은 도면에서는 문자의 높이를 똑같이 하고, 문자의 폭은 기입할 곳에 알맞게 맞추어 쓴다.

[문자 쓰기 활동] 다음과 같이 한글은 고딕체로, 숫자와 영문자는 15° 기울여 쓰는 것에 유의하면서 빈칸에 문자를 써보자.

4. 기타 도면의 기호

1) 기계 도면의 표시 기호

기계 도면을 그릴 때 많이 사용하는 지름, 정사각형의 변, 반지름, 판의 두께는 다음과 같이 사용한다.

기 호	용 도
Ø	지름
□	정사각형의 변
R	반지름
t	판의 두께

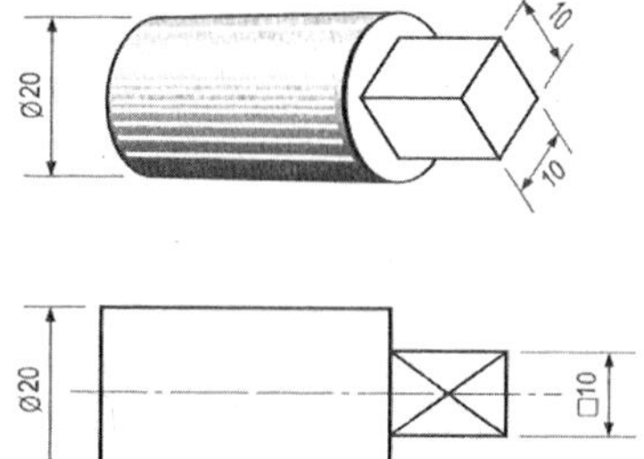

■ 기계 도면 기호 사용 보기 ■

2) 재질 기호 표시

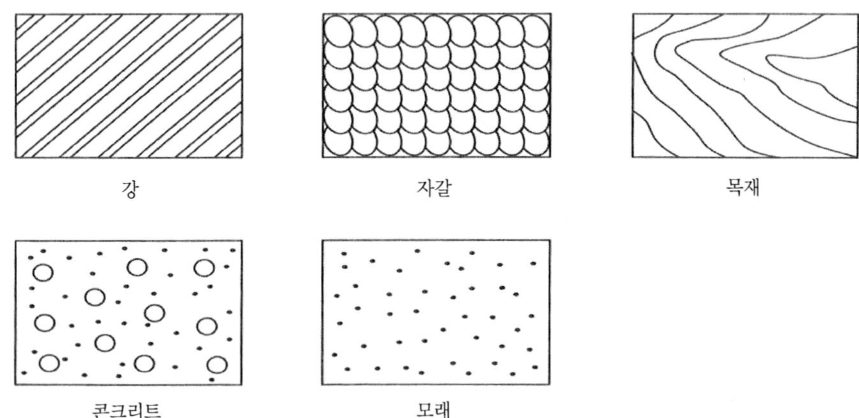

강   자갈   목재

콘크리트   모래

3) 건축 도면에서 창의 표시 기호

구 분	기 호	비 고
창 일반		
여닫이 창		외여닫이창 쌍여닫이창
미닫이 창		외미닫이창 쌍미닫이창
미서기 창		두짝미서기창 네짝미서기창
회전창		
붙박이 창		
망사창		
계단표시		내림(DN) 오름(UP)

4) 문의 평면 표시 기호

구분	기호	비고
출입구		일반 바닥에 차이가 있을 때 문턱이 있을 때
여닫이문		외여닫이문 쌍여닫이문 자재 여닫이문
미닫이문		외미닫이문 쌍미닫이문
미서기문		두짝미서기문 네짝미서기문
회전문		
붙박이문		
주름문		

5) 가구 및 설비의 표시

개수대	가열대	욕조	책상	소파	의자	세면기	양변기

6) 전기 배선 도면 기호

기호	명칭	기호	명칭
(H)	전열기	(:·)	콘센트
(∞)	환기팬 (선풍기 포함)	⊙⊙	비상 콘센트
RC	룸 에어콘	●	점멸기
(T)	소형 변압기	S	개폐기
○	백열등 HID등	B	배선용 차단기
●	비상용 백열등	E	누전 차단기
▭○▭	형광등	Wh	전력량계
◼○▭	비상용 형광등	⊘	누전 경보기
◉	유도등 겸용	T	텔레비젼 안테나
◉B	전자개폐기용 누름버튼	(B)	경보 벨

7) 재료 구조의 평면 표시 기호

축척 정도별 구분 표시 사항	축척 1/100 또는 1/200일때	축척 1/20 또는 1/50일때
벽일반		
철골 철근 콘크리트 기둥 및 콘크리트벽		
철근 콘크리트 기둥 및 장막벽	재료표시	재료표시
철골 기둥 및 장막벽		
블록벽		축척 1/20 축척 1/50
벽돌벽		

제3장 정투상법

1. 정투상법이란

물체의 각 면을 투상면에 나란하게 놓고, 직각 방향에서 본 물체의 모양과 크기를 나타내는 방법이 정투상법(orthographic projection)이다. 정투상에서 물체의 정면을 투상하여 그린 그림을 정면도(front view), 물체를 위에서 투상하여 그린 그림을 평면도(top view), 물체를 측면에서 투상하여 그린 그림을 측면도(side view)라고 한다.

물체를 투상하여 그리는 방법에는 제3각법과 제1각법이 있다. 제3각법은 입화면, 평화면, 측화면 사이에 물체를 놓고 세 방향에서 투상면에 직각이고 평행한 광선을 투사하여 물체를 나타내는 방법을 말한다. 한국산업규격에서는 물체를 제3법으로 그리는 것을 원칙으로 한다.

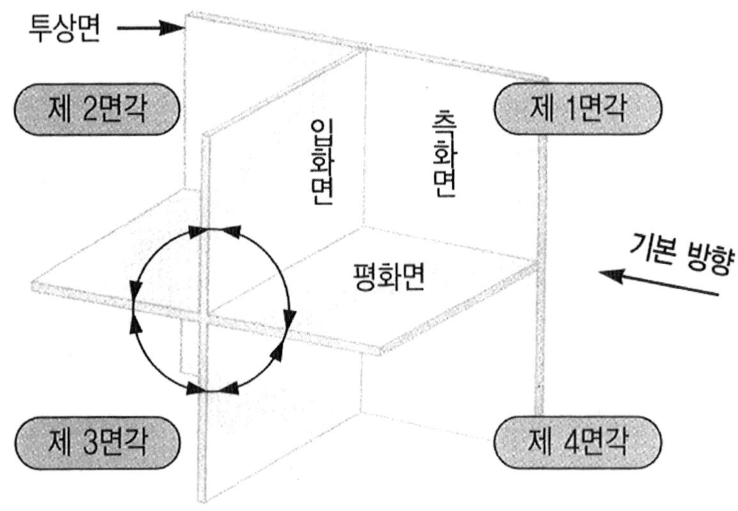

◨ 물체를 투상하는 방법 ◧

투상법에서 물체의 전후면, 상하면, 좌우 측면에 나란한 면을 생각하여 물체를 나타낸 화면을 투상면이라 한다. 여기에서 투상이란, 눈과 물체의 각 부분을 맺는 시선이 화면 위에 물체의 허상을 나타내는 것을 의미한다. 이때의 허상을 투상도라 한다. 그리고 물체를 바라보는 시선을 투상선, 투상도를 나타내는 화면을 투상면이라 한다.

2. 제3각법으로 물체 나타내기

제3각법(third angle projection)에서는 제3면각의 공간에, 제1각법(first angle projection)은 제1면각의 공간에 물체를 놓고 투상하는 방법이다.

입화면
물체의 전후면에 나란한 화면(정면도)

평화면
물체의 상하면에 나란한 화면(평면도)

측화면
물체의 좌우측면에 나란한 화면(측면도)

제3각법에서 정면도는 물체의 모양이나 기능을 가장 잘 나타낼 수 있는 부분을 선택하여야 한다. 정면도의 위에는 평면도를, 오른쪽에는 우측면도를 나타낸다.

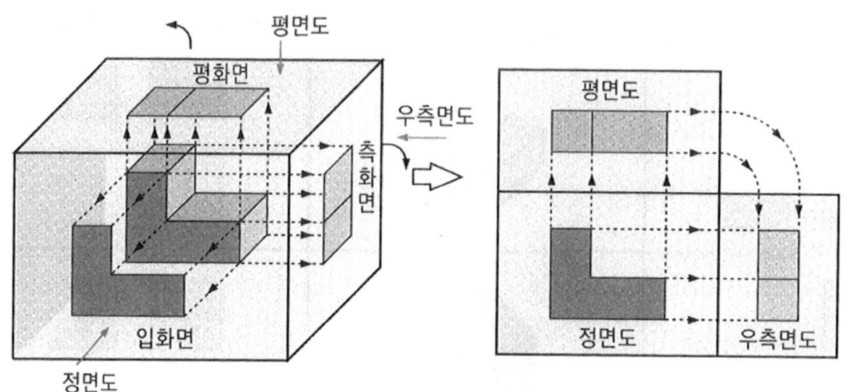

아래 물체를 제3각법으로 나타내면 다음과 같다.

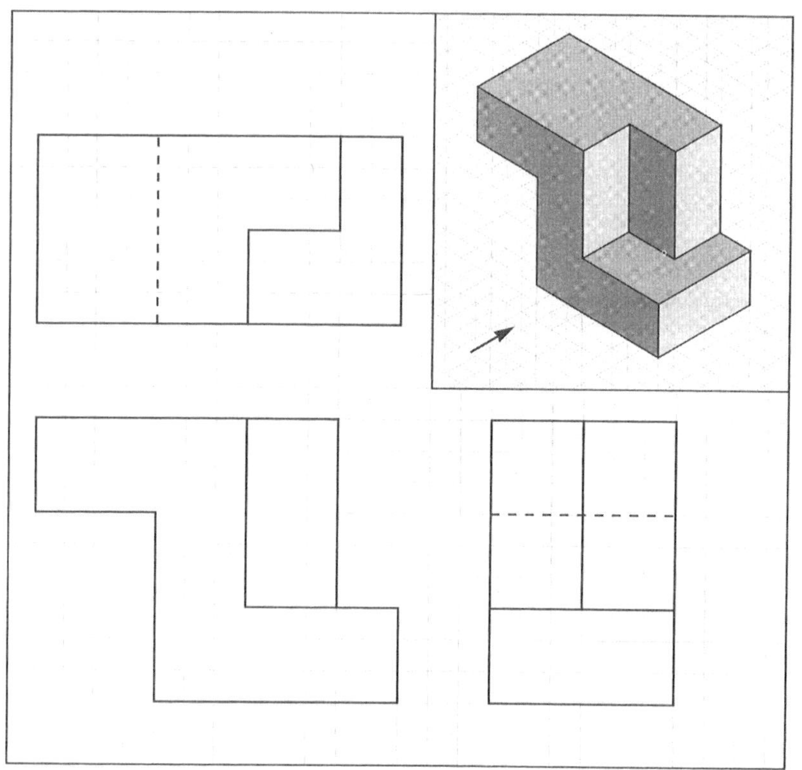

[3각법으로 나타내기 활동 1] 아래 물체를 3각법으로 나타내보자.

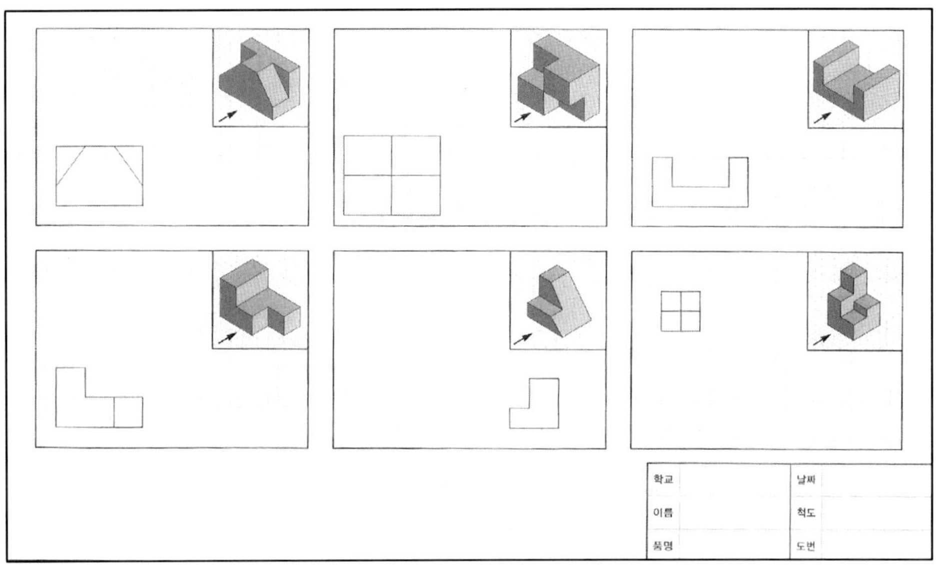

[3각법으로 나타내기 활동 2] 아래 물체를 3각법으로 나타내보자.

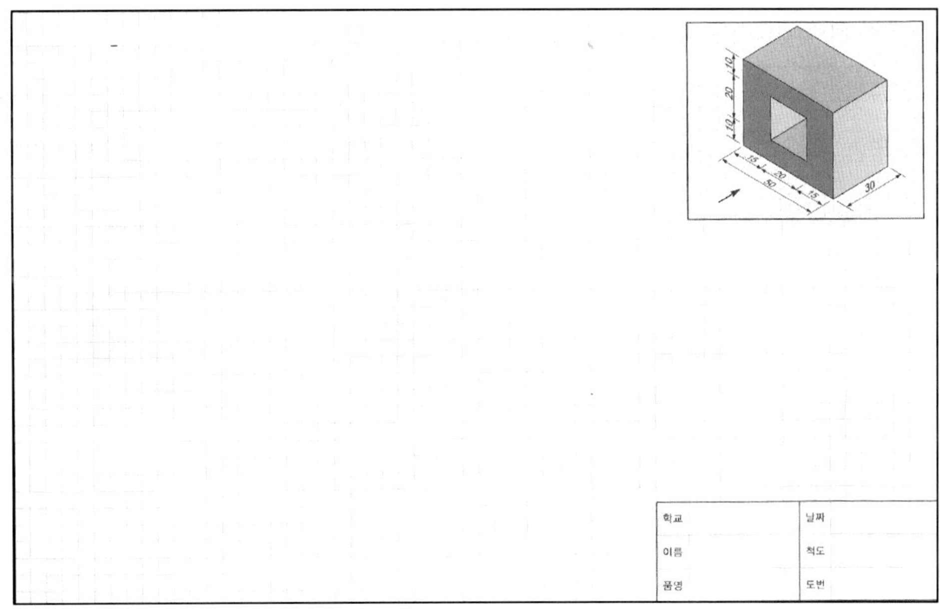

[3각법으로 나타내기 활동 3] 아래 물체를 3각법으로 나타내보자.

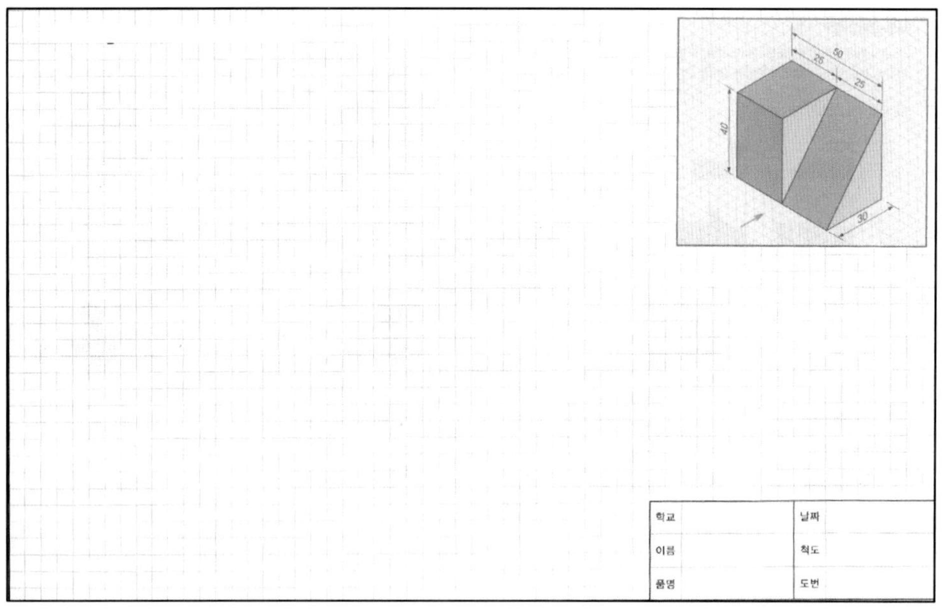

[3각법으로 나타내기 활동 4] 아래 물체를 3각법으로 나타내보자.

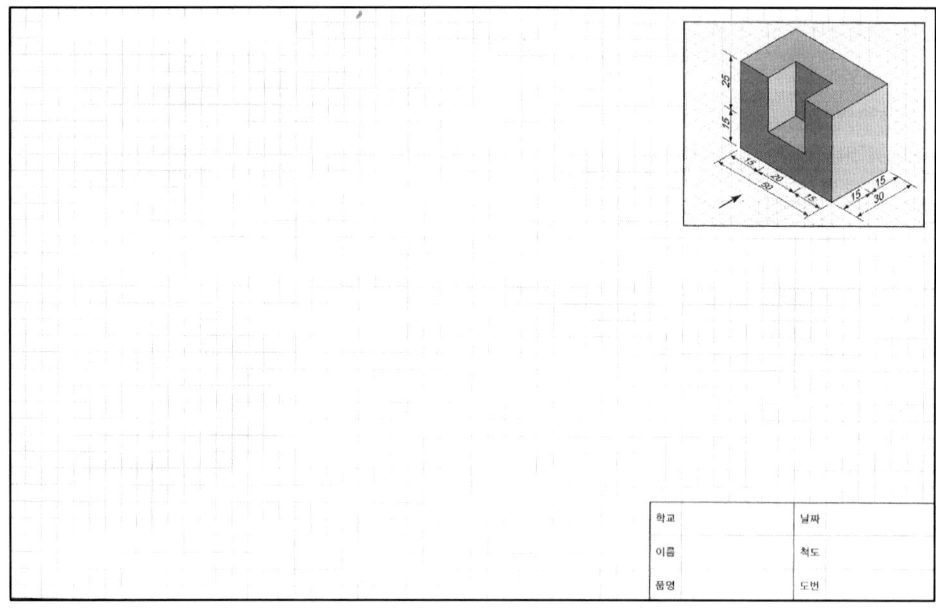

제4장 그 밖의 투상법

1. 등각 투상법

등각투상도(isometric projection)는 육면체의 경우 세 축이 투상면에 모두 같은 각도 (120°)를 가지는 경우를 말한다. 따라서 물체의 정면, 평면, 측면을 하나의 투상도에 볼 수 있도록 하기 위하여 2개의 옆면 모서리가 수평선과 30°가 되도록 도형을 잡는다. 결국 3개의 축에 평행한 모서리 선들은 공통의 축척을 갖는다. 아래 그림과 같이 120°를 이루는 3개의 축을 기본으로 하여 이들 축에 물체의 높이, 나비, 안쪽 길이를 옮겨서 나타낸다.

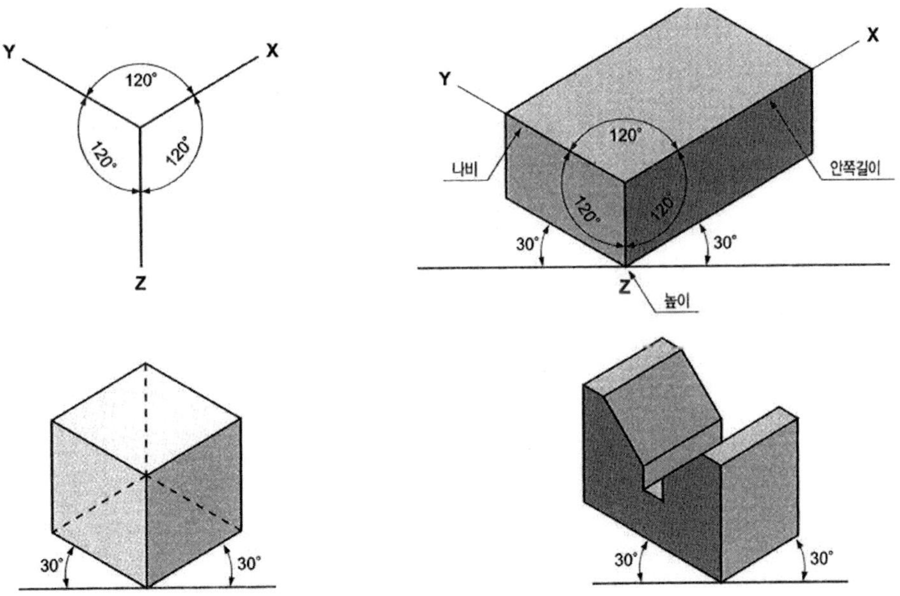

◨ 등각 투상도의 기본 ◨

등각 투상도를 그리는 방법은 다음과 같은 순서로 이루어진다.

(1) 먼저 기본선을 긋고 주요 치수를 옮긴다.
(2) 겉모양을 나타낸다.
(3) 물체의 모양을 나타낸다.
(4) 필요한 선만 굵게 긋는다.

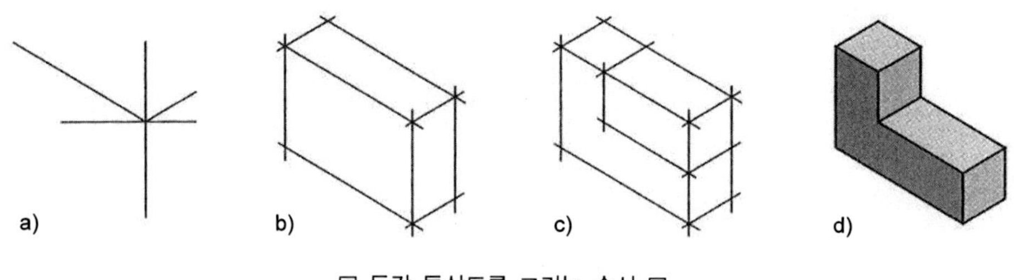

■ 등각 투상도를 그리는 순서 ■

등각 투상도는 기본축을 어떻게 잡느냐에 따라 여러 가지로 달리 나타낼 수 있으며, 다음과 같다.

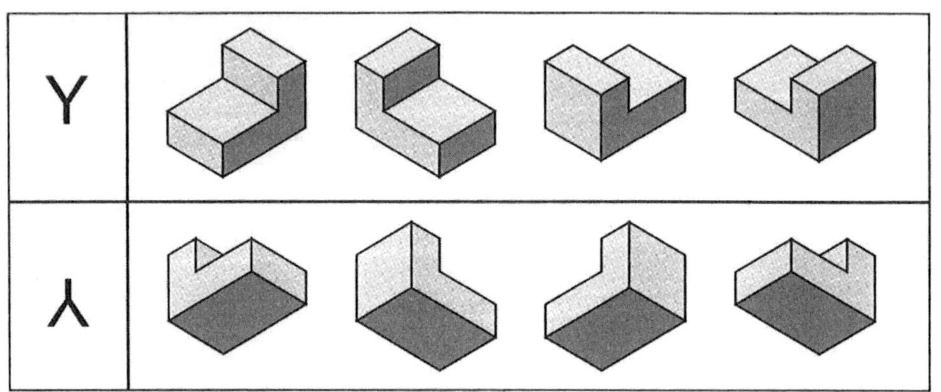

■ 기본축의 방향을 달리하는 등각 투상도 ■

등각 투상도의 용지를 이용하면 투상도를 쉽게 그릴 수 있다. 등각 투상용지는 120°를 각각 이루고 있으므로 유용하게 사용된다.

[등각 투상 활동 1] 아래 그림을 X, Y, Z 축에 등각 투상도로 그려보자.

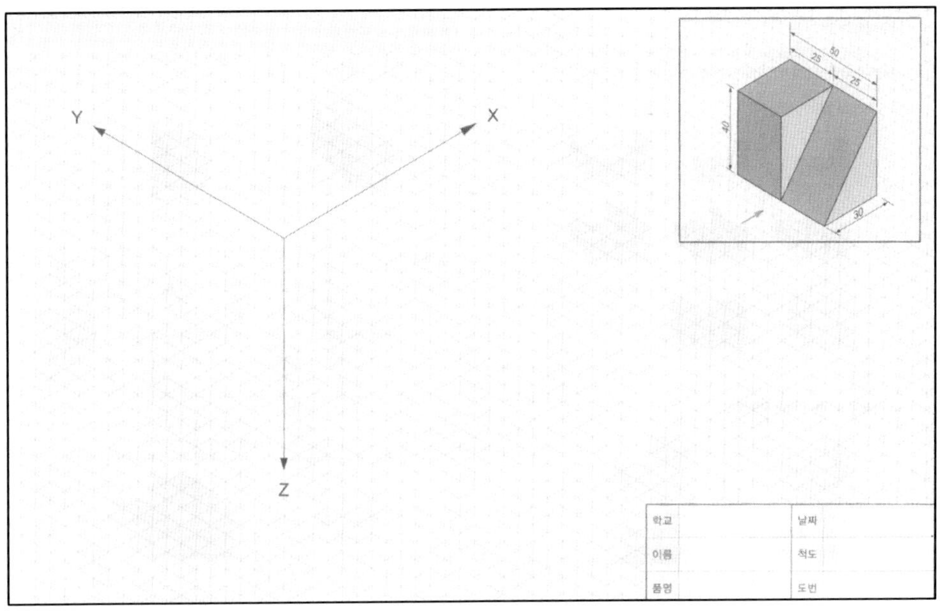

[등각 투상 활동 2] 아래 정투상도를 등각 투상도로 그려보자.

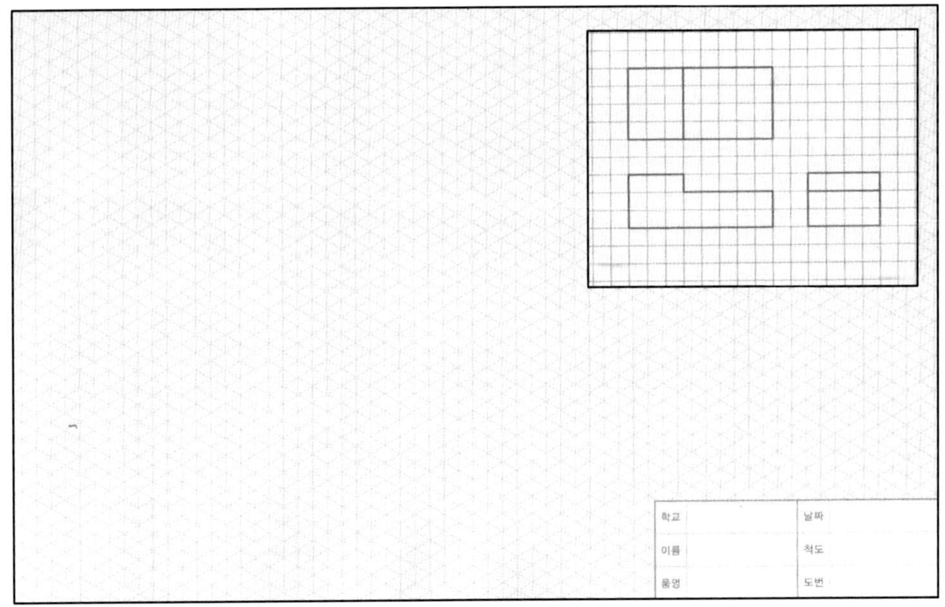

2. 경사 투상법

　경사 투상도는 사투상도(oblique projection drawing)라고도 하며, 투상면에 대하여 기울어진 평행 빛에 의해 투상하여 사투상법으로 물체를 그리는 도면을 말한다. 즉 기준선 위에 물체의 정면도를 나타낸 다음, 각 꼭짓점에서 기준선과 45°를 이루는 사선을 나란히 긋고, 이 선 위에 물체의 안쪽 길이를 그대로 옮겨서 나타내는 방법이다. 사투상도를 그리는 순서는 다음과 같다.

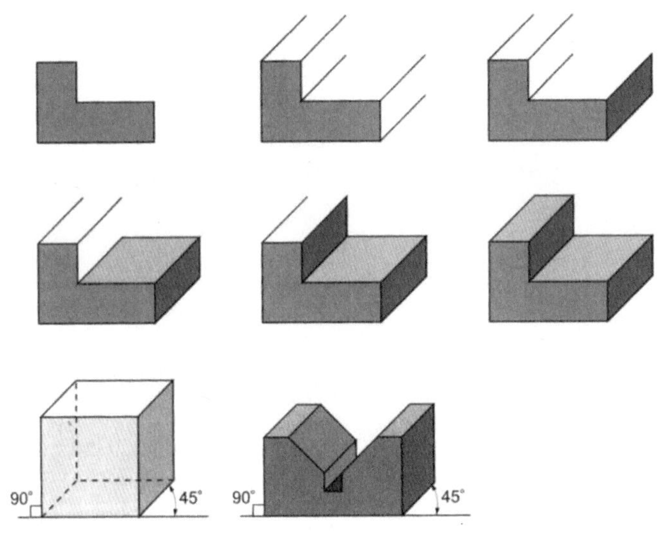

　경사 투상도를 그릴 때 사선의 방향을 달리하면 다음과 같다.

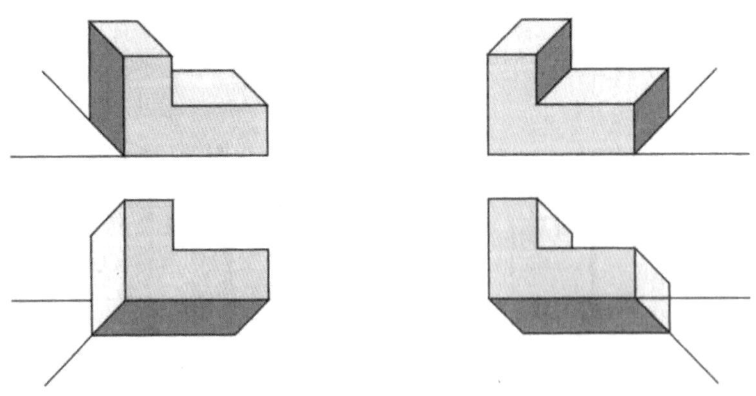

특수 투상도의 경우는 경사각을 30°, 60°로 달리하거나, 안쪽 길이를 3/4, 2/3, 1/2 척도로 나타내어 시각적 효과를 주기도 한다.

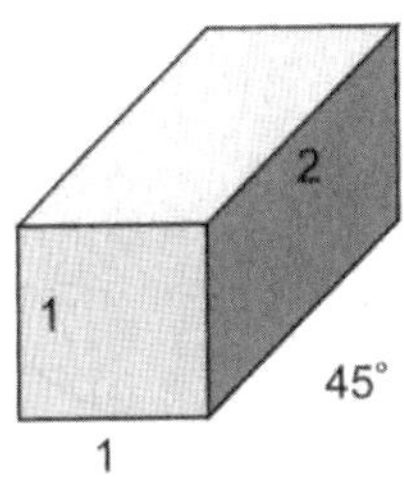

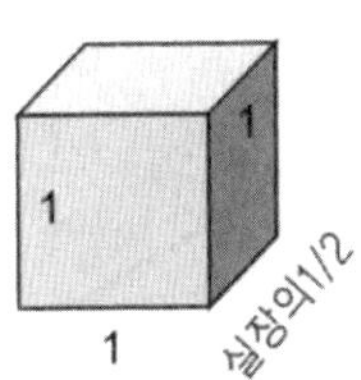

사투상도를 그리는 순서는 대략 다음과 같은 순서로 그린다.

(1) 기준선을 긋는다.

(2) 물체의 치수를 디바이더로 옮긴다.

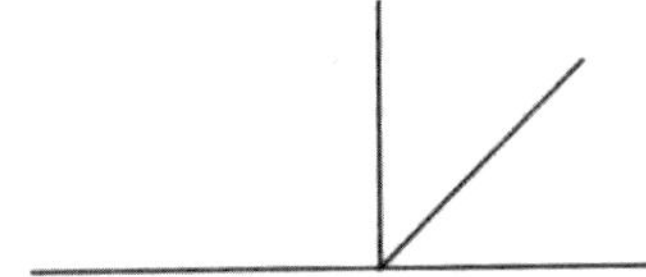

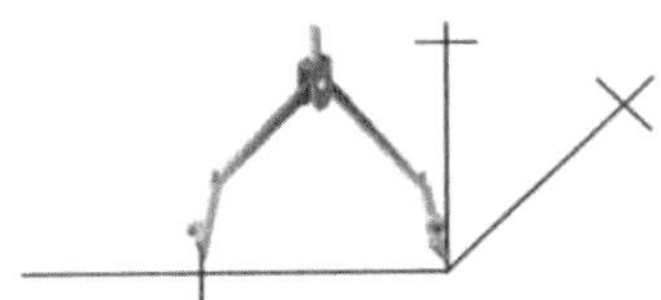

(3) 물체의 겉모양을 그린다.

(4) 물체의 모양을 그린다.

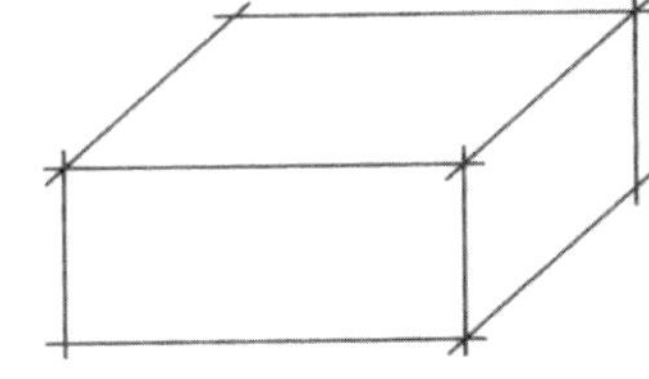

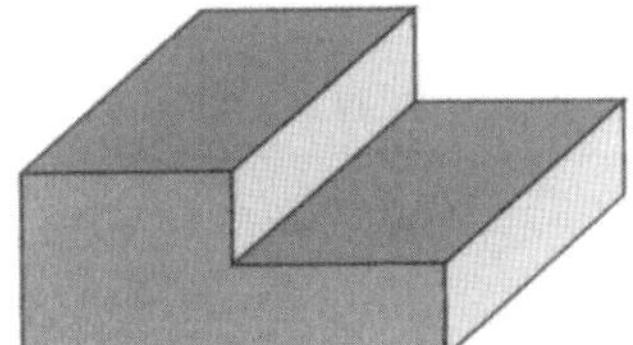

(5) 필요한 선만 굵게 그린다

(6) 불필요한 선은 지우고 완성한다.

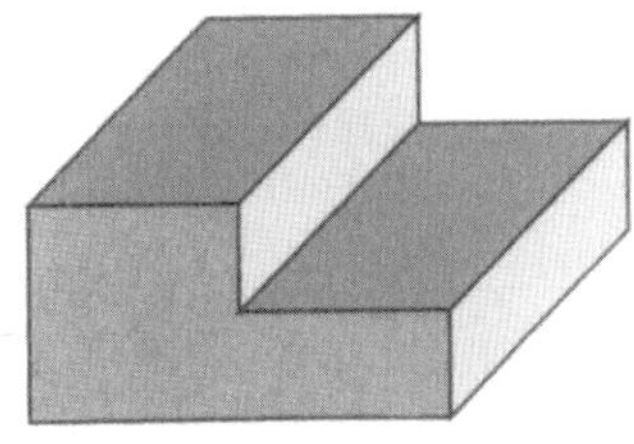

[사투상도 활동 1] 아래의 오른쪽 그림과 같은 물체를 사투상도로 그려보자.

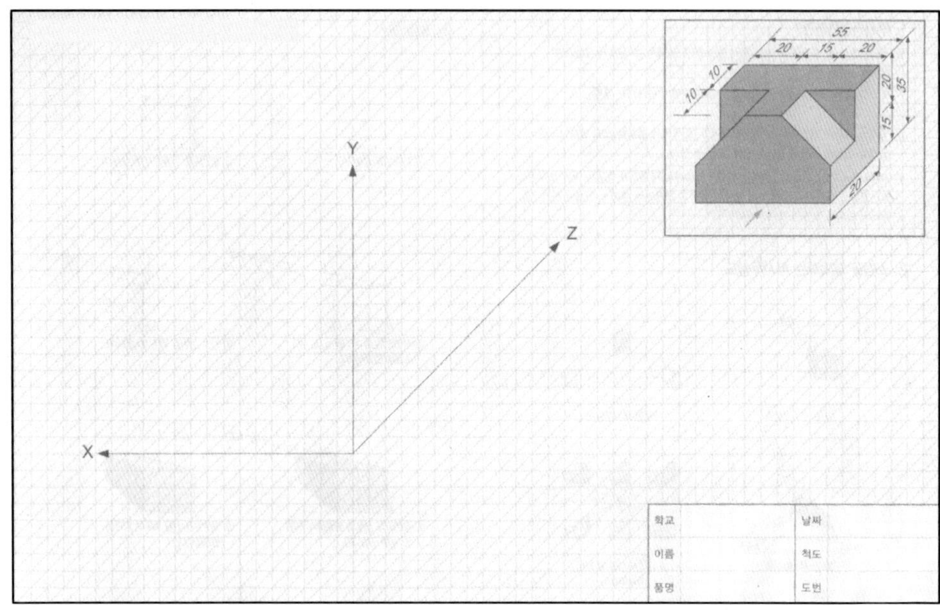

[사투상도 활동 2] 아래의 그림과 같은 등각투상도로 그려진 물체를 사투상도로 그려보자.

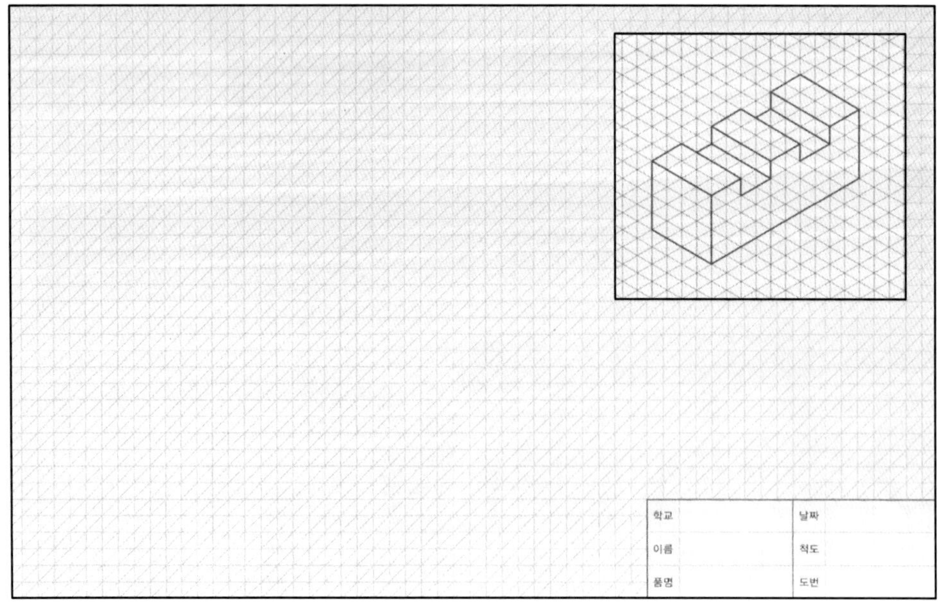

[사투상도 활동 3] 아래의 그림과 같은 정투상도로 나타낸 물체를 사투상도로 그려보자.

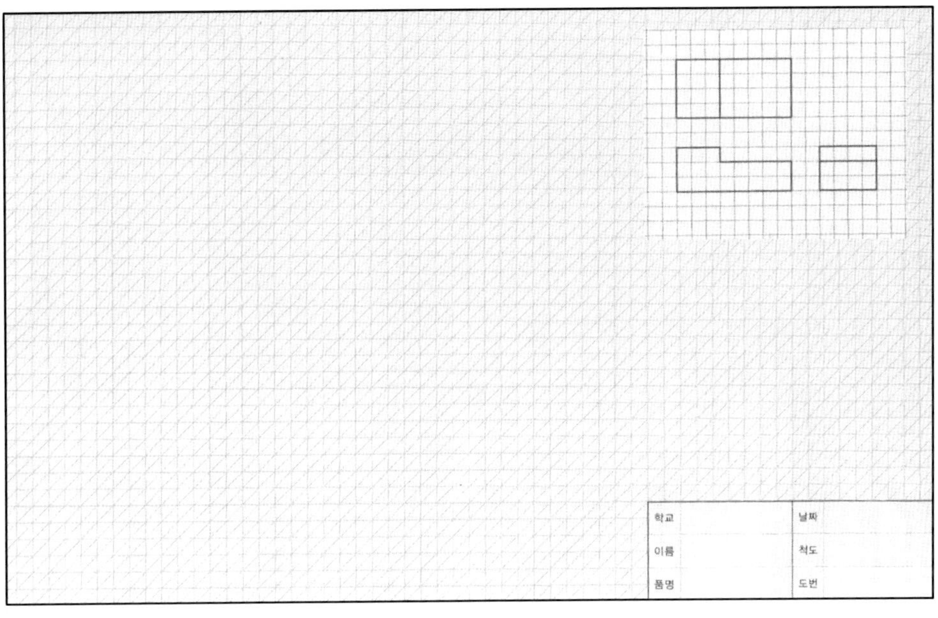

[사투상도 활동 4] 아래의 그림과 같은 정투상도로 나타낸 물체를 사투상도로 그려보자.

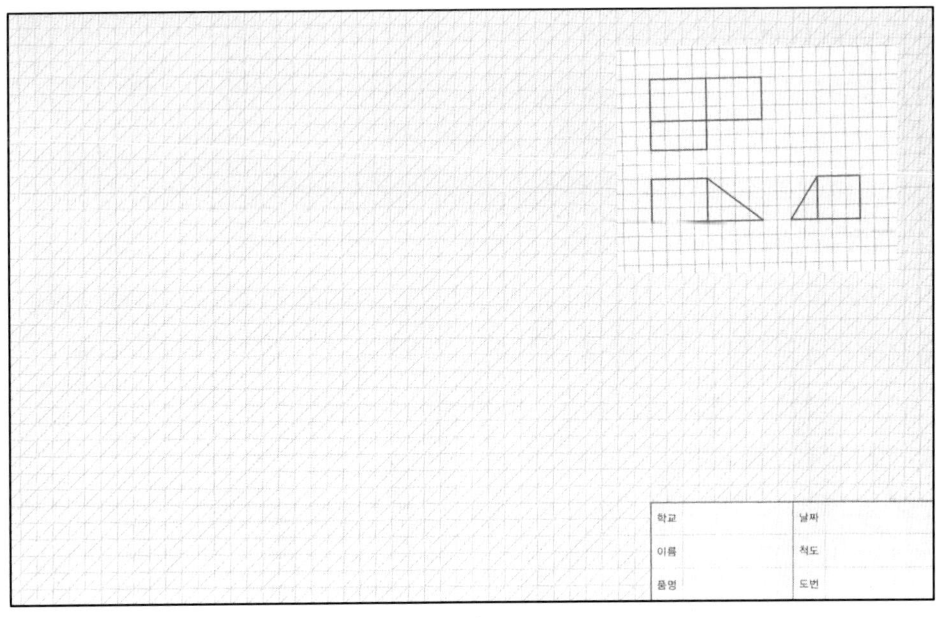

[사투상도 활동 5] 아래의 그림과 같은 정투상도로 나타낸 물체를 사투상도로 그려보자.

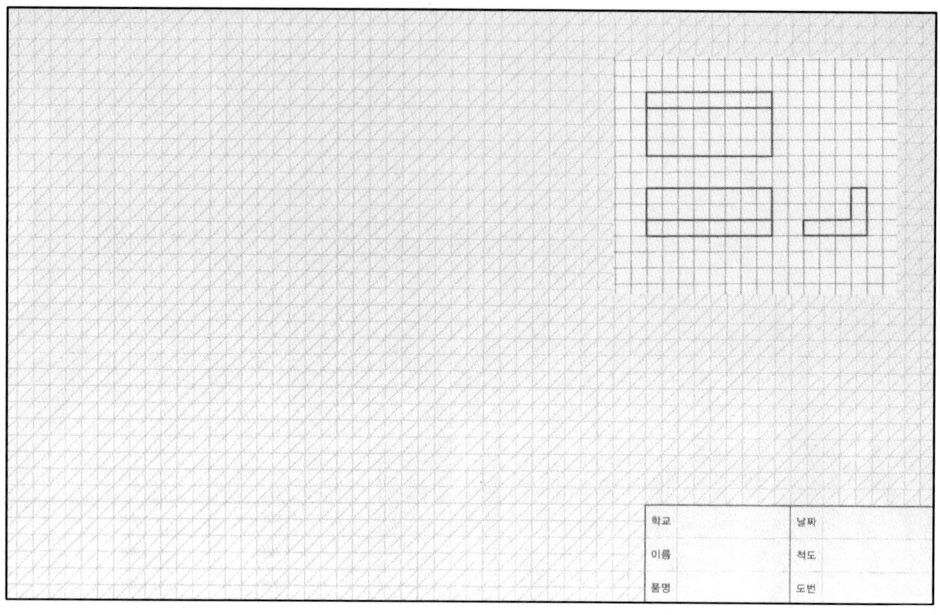

3. 투시 투상법

투시 투상법은 투시도법(perspective projection)이라고도 하며, 원근감을 느낄 수 있도록 하나의 소점과 물체의 각 점을 방사선으로 이어서 그리는 방법이다. 즉 물체와 보는 사람과의 광학적이고 기하학적인 고찰로 대상물을 2차원의 화면에 나타내는 방식으로, 시각으로 느끼는 물체의 형상을 그대로 도면에 나타내는 방식이다.

투시도는 물체가 소점에 가까울수록 작게 나타나고, 소점에서 멀어질수록 크게 나타나므로 물체를 눈으로 보는 형상과 가깝게 그릴 수 있다. 여기서 소점(view point)은 물체가 화면으로부터 멀어질수록 물체가 작게 보이는 원근법의 형태로 나타낸 점이다. 다시 말해서 물체를 무한히 멀리 떨어져 있다고 가정하면 수평선 위에서 한 점으로 보이는데 이를 소점이라 한다.

투시도에서 소점을 달리하는 방법으로는 1소점 투시도, 2소점 투시도, 3소점 투시도가 있다.

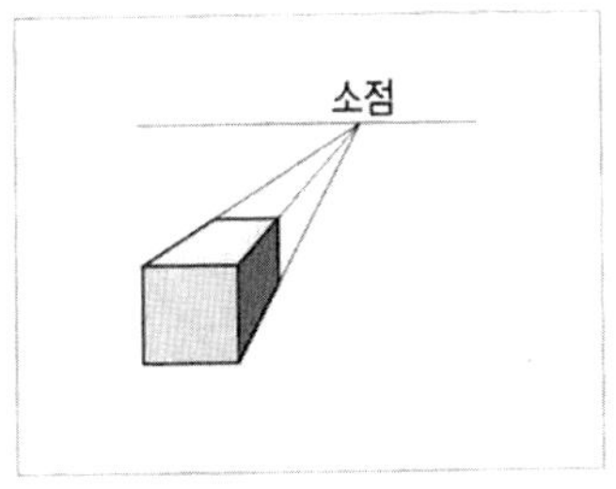

1소점 투시투상도

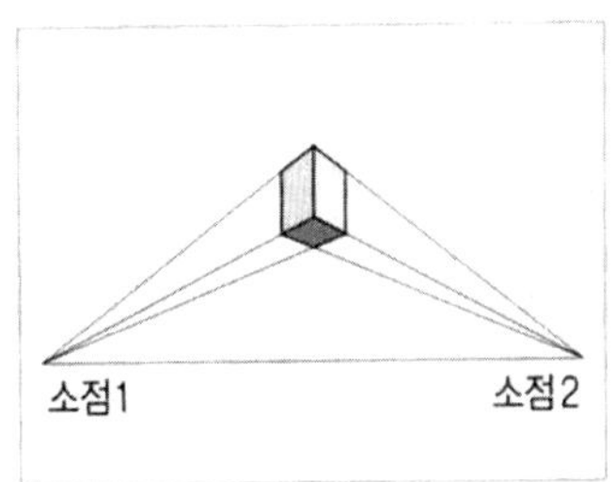

2소점 투시투상도

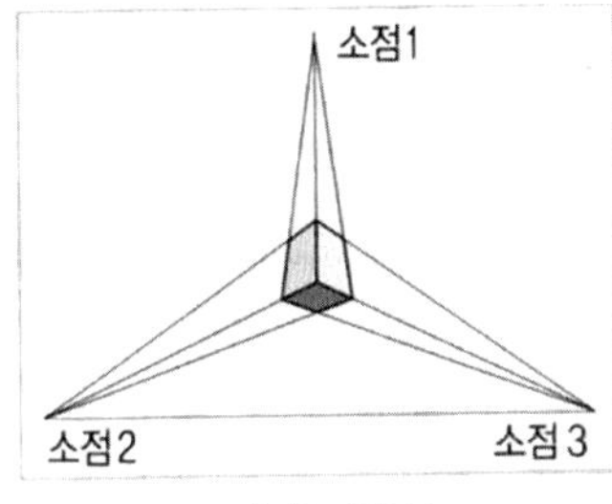

3소점 투시투상도

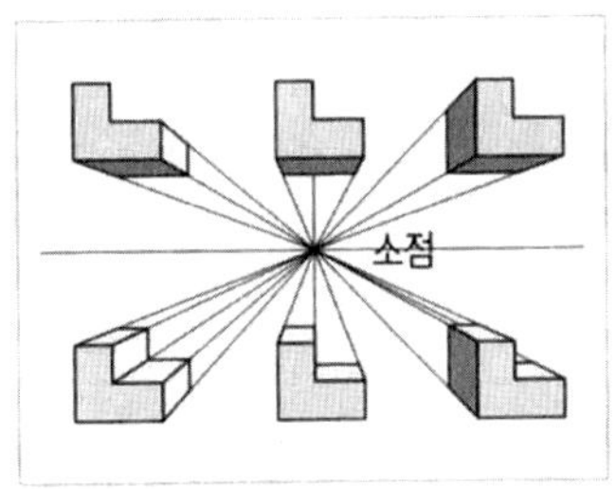

소점의 위치를 달리한
투시투상도

▣ 여러 가지 투시 투상도 ▣

투시 투상도를 그리는 순서는 대략 다음과 같이 이루어진다.

(1) 기준선을 잡는다.

(2) 정면도를 기준선 위에 잡는다.

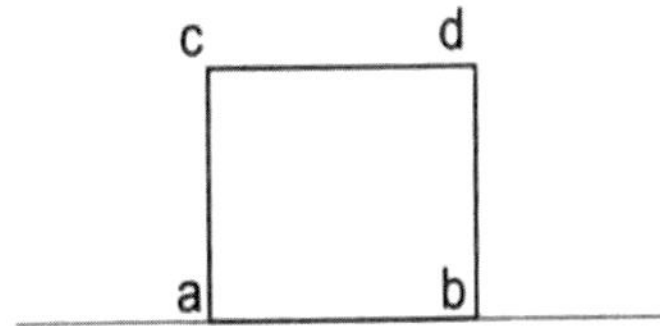

(3) 정면도의 각 꼭짓점 b, c, d와
   소점을 연결한다.

(4) 안쪽 길이를 재어 표시한다.

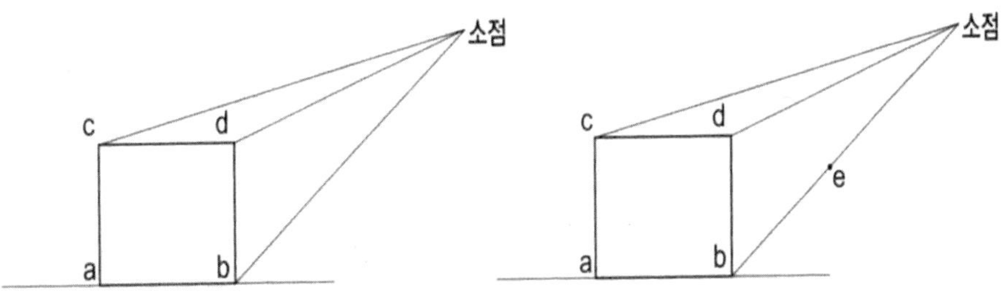

(5) 정면도의 선들과 평행하게
선분 ef, gf를 긋는다.

(6) 필요 없는 선을 지우고 도면을
완성한다.

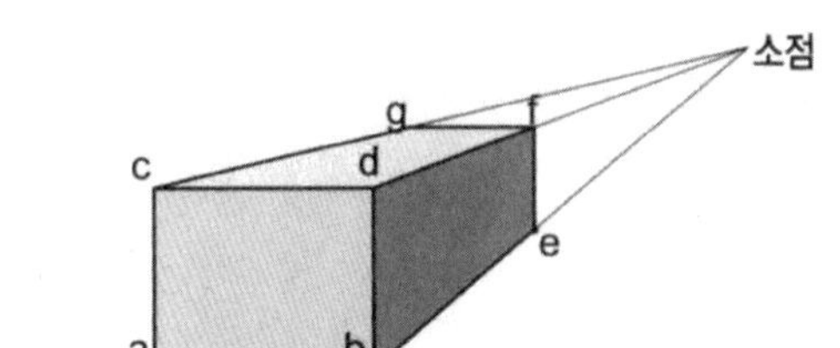

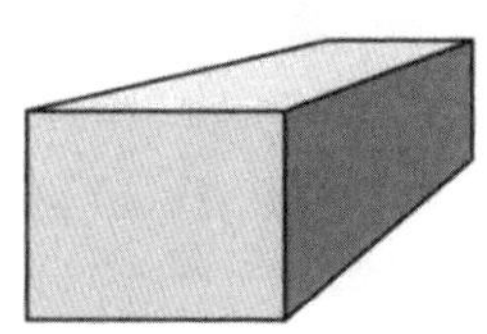

[투시도 활동] 아래의 오른쪽 그림을 각 위치에서 보았을 때의 모양을 그려 보자.
(척도는 1 : 2로 한다.)

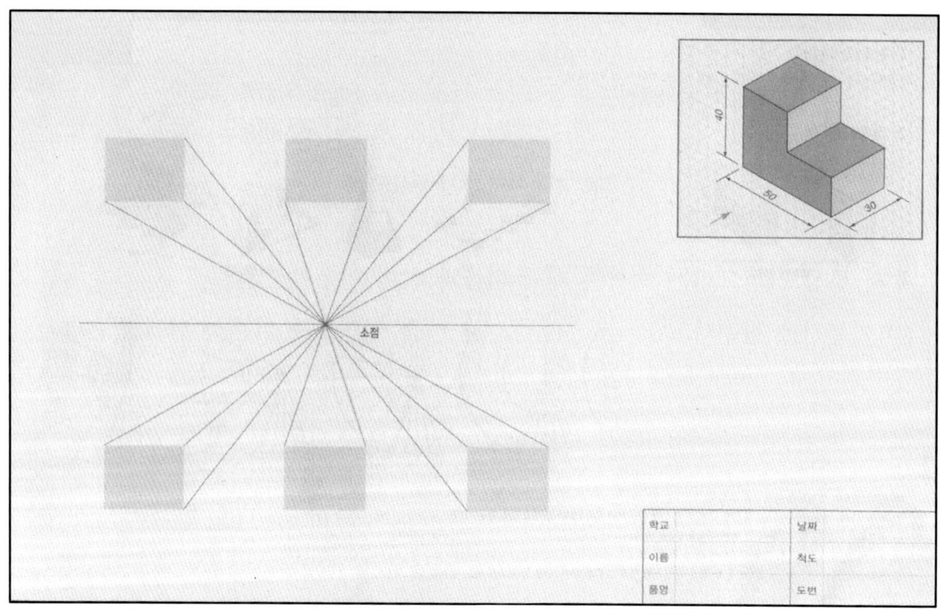

[보충학습] 도면 그리는 순서

도면을 그리는 순서는 일반적으로 다음과 같은 6가지 단계를 거치며, 이 단계를 따라가면 복잡한 도면도 쉽게 그릴 수 있다. 예컨대 오른쪽의 받침대를 도면으로 그린다고 할 때의 과정을 따라가 보자.

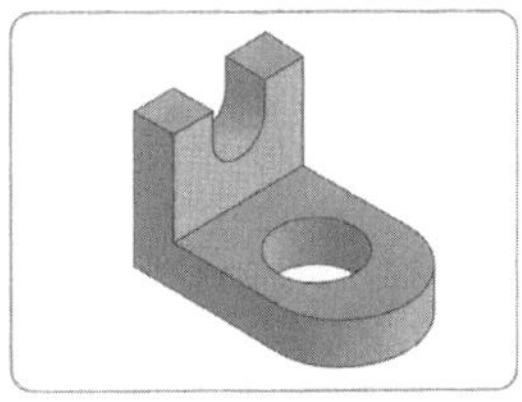

(1) 테두리선과 표제란을 그린다. 테두리선은 도면의 가장자리가 훼손되더라도 도면의 중요한 정보를 보호하기 위한 장치이다. 또한 표제란에는 도면에 관한 세세한 정보를 기록하여 보는 이로 하여금 정보를 주기 위함이다.

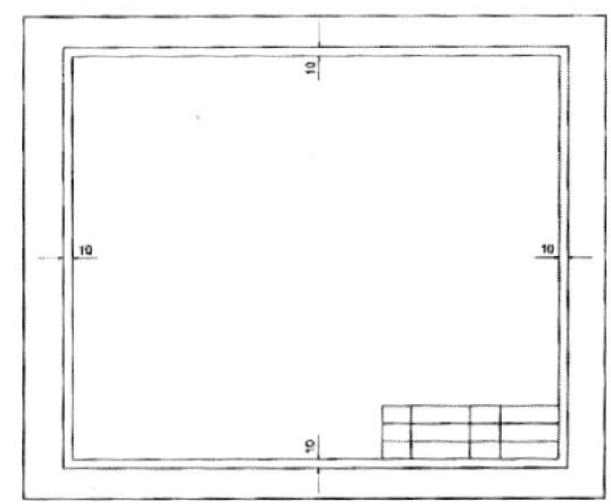

(2) 기준선을 잡는다. 정면도, 평면도, 우측면도를 균형 있게 배치하기 위해서는 각 도면의 간격을 일정하게 유지하는 것이 필요하다.

(3) 가는 선으로 윤곽을 나타내어 도면을 조금 더 명확히 한다.

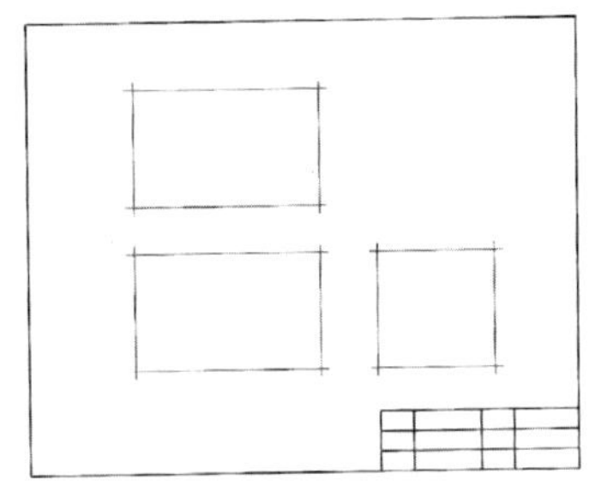

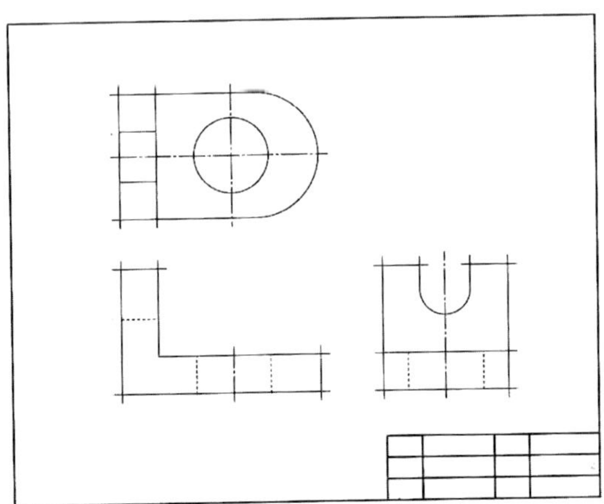

(4) 선의 종류를 구분하여 물체를 나타낸다.

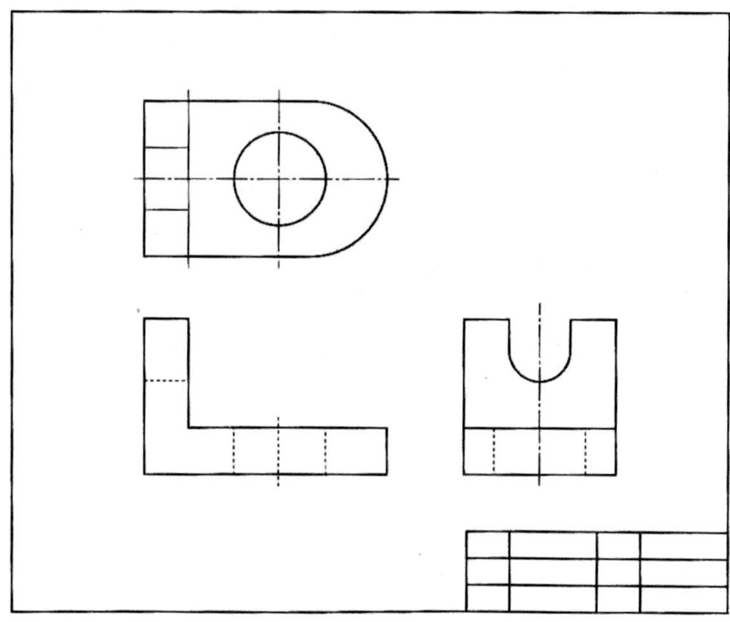

(5) 도면에 치수와 표제란을 적어 넣어 제작도면을 완성한다.

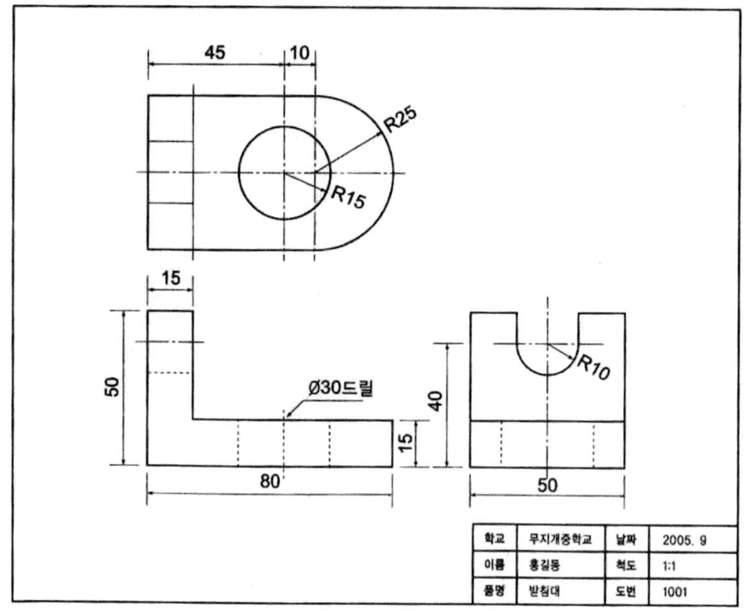

제 3부

설계기술의 실제

제1장 스케치의 기초

스케치를 잘하기 위해서는 선을 자유자재로 그릴 수 있어야 한다. 스케치를 한 다음 물체의 명암과 그림자를 표현해야 하지만, 실용적인 차원에서 그리는 설계기술에서는 기본적인 스케치에 대해서만 다루기로 한다.

1. 연필 제대로 잡아보자

스케치를 하기 위하여 연필을 잡는 방법은 조금씩 달라진다. 그림의 크기나 종이의 각도, 또한 스트로크의 형태에 따라 달라지기도 한다. 그러나 여기에서는 일정하고 부드러운 선을 긋는 데 도움을 주는 연필 잡는 법에 대하여 알아본다(김충원, 2007).

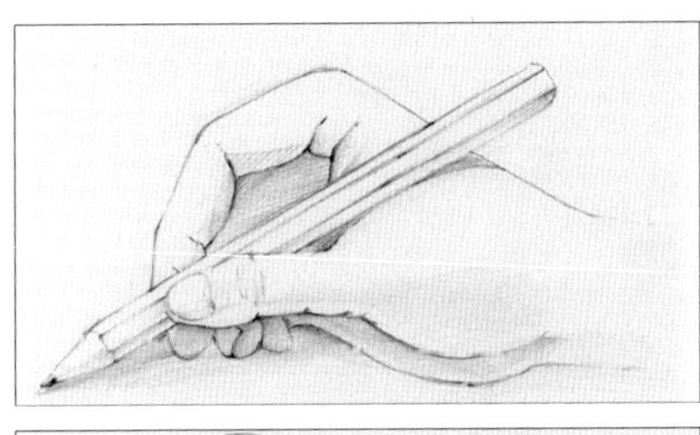

☞ 일반적인 글씨를 쓰기 위해 연필을 잡는 방법이다.

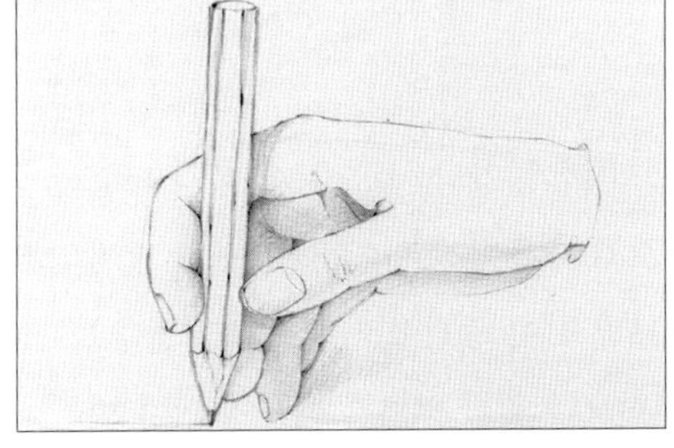

☞ 연필을 직각으로 세우고 직선을 그을 때 잡는 방법이다.

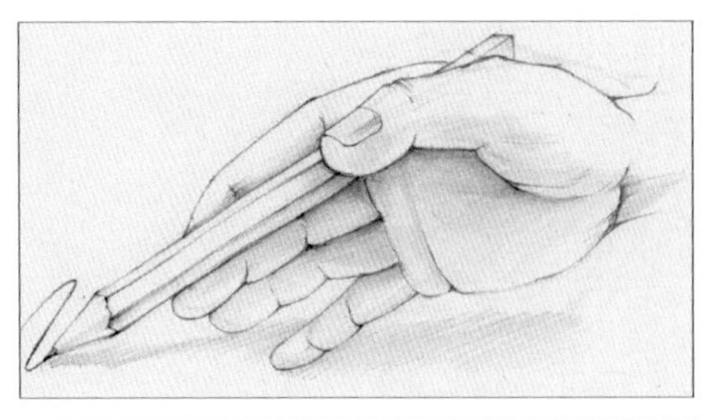

☞ 큰 화면을 스케치하기 위해 연필 앞쪽을 길게 뽑아 쥐는 방법이다.

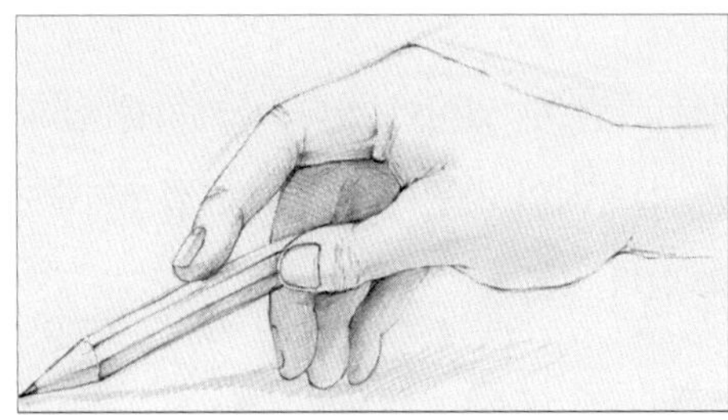

☞ 크고 부드러운 선을 스케치하기 위하여 연필의 뒤쪽 부분을 손바닥에 닿게 잡는 방법이다.

☞ 부드럽고 굵은 선을 긋기 위하여 연필을 종이 면에 바짝 눕혀서 잡는 방법이다.

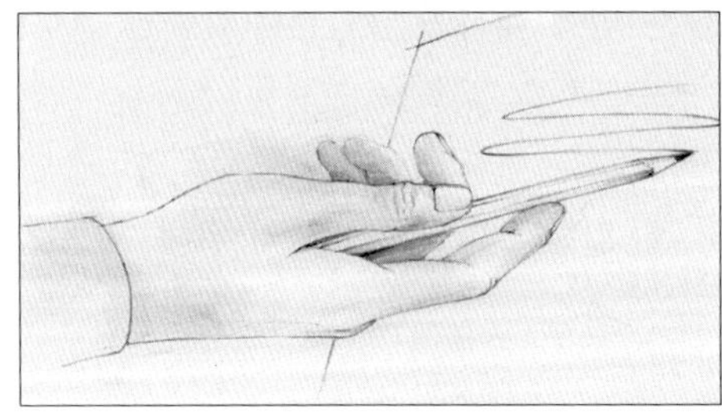

☞ 화면에 세워져 있는(이젤 사용 시) 경우에 연필을 쥐는 방법이다.

2. 선을 그려보자

스케치의 기본은 선에서부터 시작한다. 선의 굵기, 강약, 속도 등에 따라 다양한 선이 그려진다. 주변의 대부분의 물체가 직선으로 이루어진 것이 많고 또한 많이 그리게 된다. 그러나 스케치할 때 직을 그리다 보면 선이 중간에서 끊기고 구불구불하게 되어 많은 연습이 필요하다. 특히 사선은 직선보다 훨씬 어렵기 때문에 여러 번 연습할 필요가 있다.

[선긋기 활동 1] 손가락과 손목을 고정하고 아래에 점과 점 사이에 가로선을 그어보자.

[선긋기 활동 2] 손가락과 손목을 고정하고 아래에 점과 점 사이에 세로선을 그
어보자.

[선긋기 활동 3] 오른쪽 그림과 같은 사선을 아래 빈칸의 점과 점 사이에 그어보자.

[선긋기 활동 4] 오른쪽 그림과 같은 사선을 아래 빈칸의 점과 점 사이에 그어보자.

3. 곡선을 그려보자

　일상생활에서 많이 사용하는 자동차, 핸드폰 등을 잘 그리려면 곡선이 잘 나타나야 한다. 곡선을 그리기 위해서는 먼저 손쉬운 원호를 연습하고 원과 타원을 그려본다.

☞ 선이 중첩되어 있어서 좋지 못한 선긋기이다.

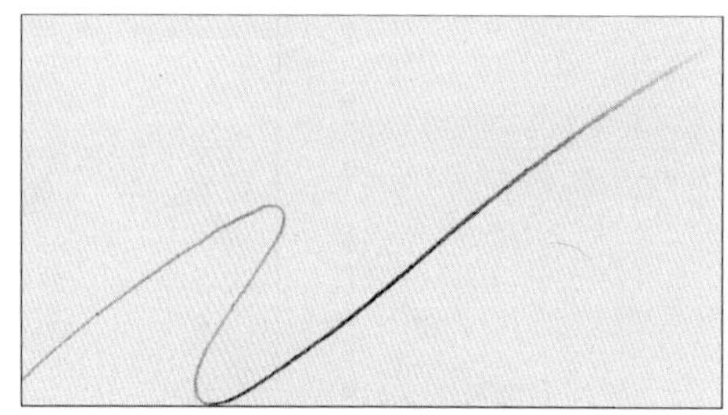

☞ 선이 매끄럽고 중첩된 선이 없어서 좋은 선긋기이다.

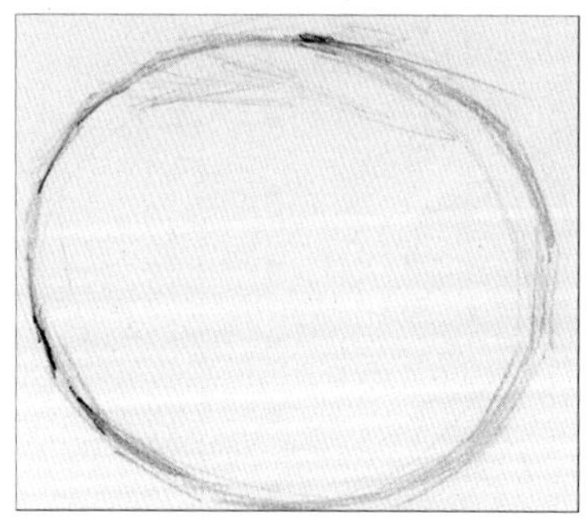

☞ 많은 선들이 중첩되어 있고 원이 명확하지 않다. 원을 그리는 연습이 더 필요한 상태이다.

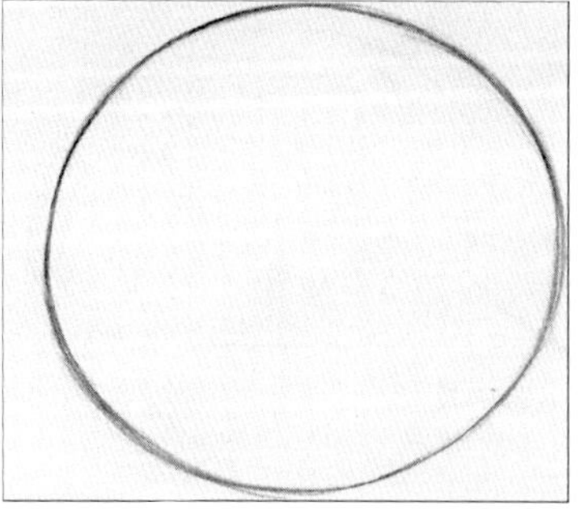

☞ 원을 그릴 때 사용한 선들이 가지런하고 정돈되어 있다.

[원 그리기 활동 1] 아래 그림과 같은 원들을 빈 용지에 각각 그려보자.

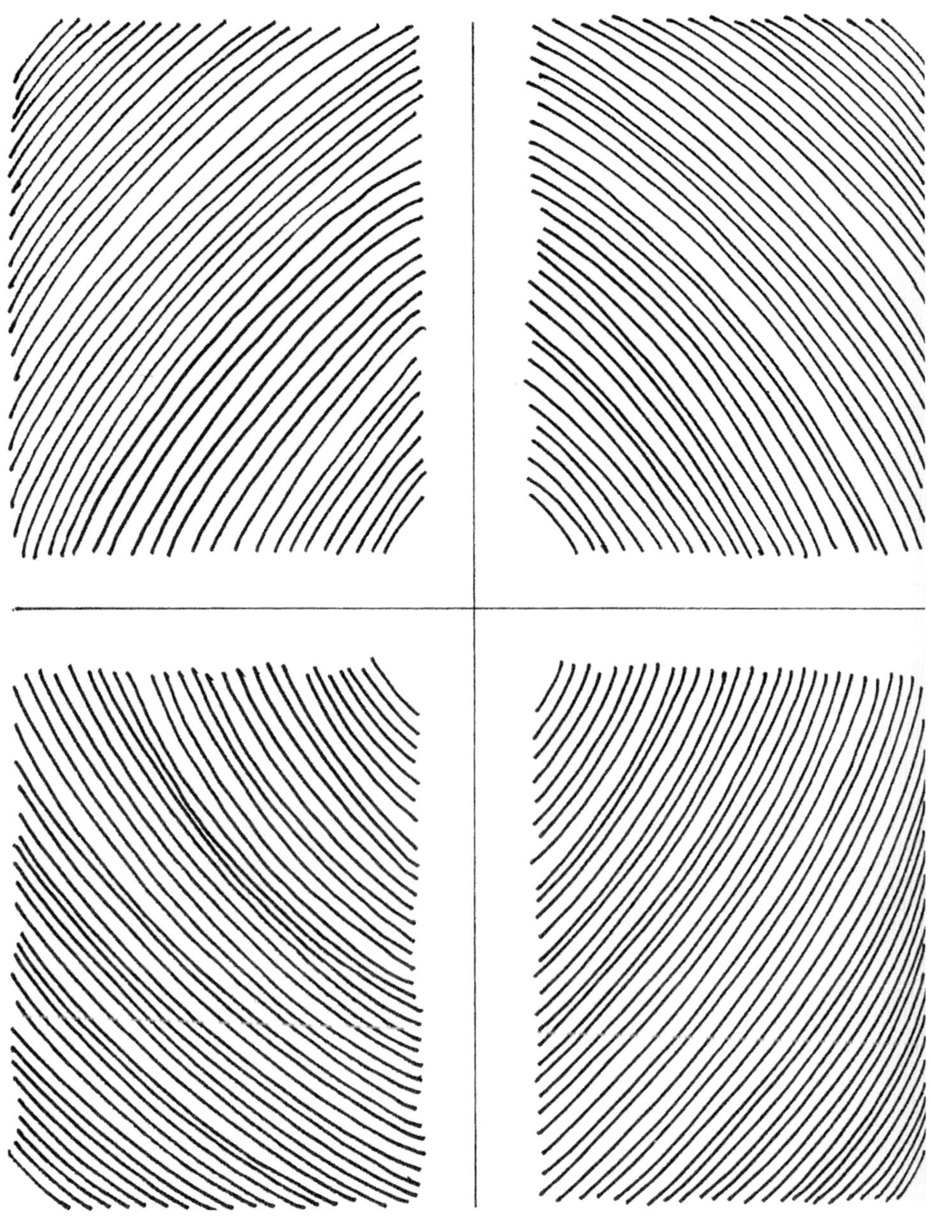

[원 그리기 활동 2] 아래 그림과 같은 타원들을 빈 용지에 각각 그려보자.

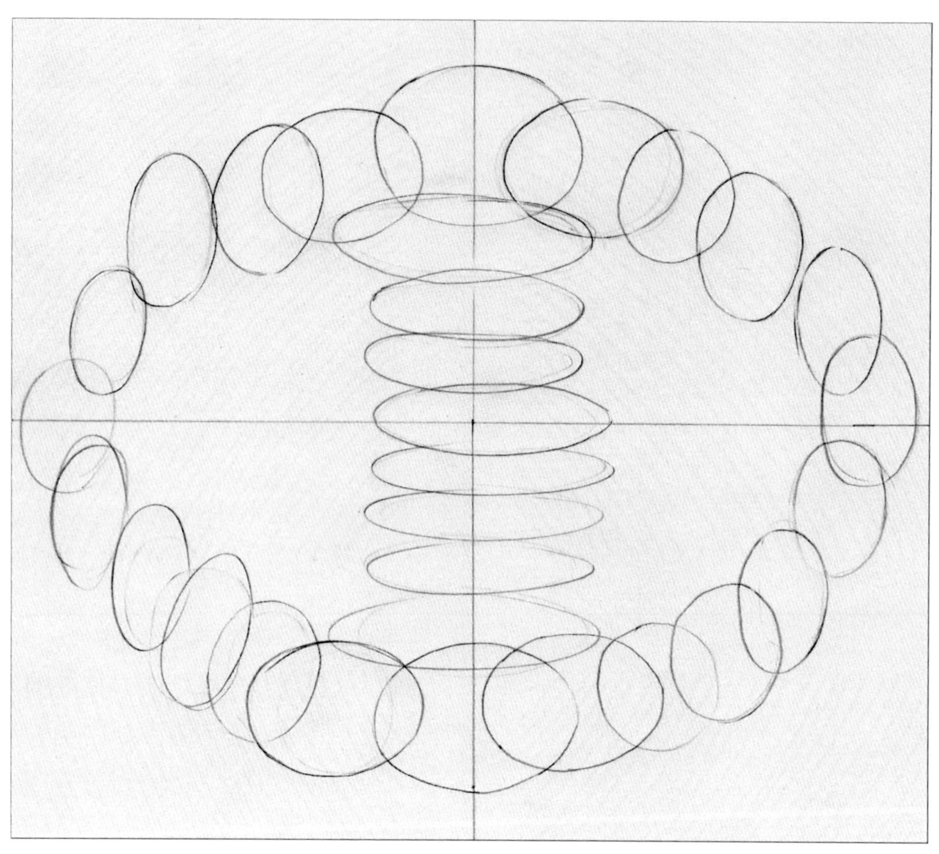

[원 그리기 활동 3] 아래 그림과 같은 곡선들을 빈 용지에 각각 그려보자.

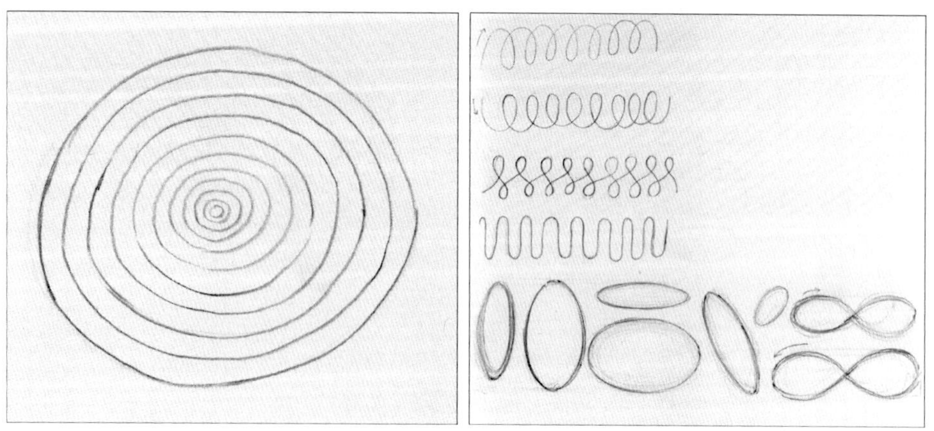

4. 패턴을 그려보자

  앞에서 연습한 직선과 원호를 연습한 후에 다양한 형태의 패턴을 그려보면 한결 지루하지 않게 연습할 수 있다. 다양한 무늬들이 있기 때문에 여기에 제시하지 않은 창의적인 형태도 얼마든지 가능하다.

  [패턴 그리기 활동] 다음 그림과 같은 패턴을 빈 종이에 그려보자.

제2장 아이디어 스케치하기

스케치(sketch)는 설계하는 사람의 머릿속에서 순간순간 떠오르는 이미지를 시각적으로 나타내는 기초 단계이다. 설계자의 가장 중요한 시각 언어라고 할 수 있다. 아무리 훌륭한 제품이라 하더라도 스케치에서부터 시작하기 때문에 많은 연습이 필요하다. 여기에서는 스케치의 개론적인 설명을 하기로 한다.

1. 스케치란

설계자는 자신이 구상하고 있는 아이디어를 시각적 표현으로 간단명료하게 전달해야 한다. 갖가지 떠오르는 아이디어를 흘러버리지 않고 잘 표현하는 방법이 필요하다. 따라서 스케치는 떠오르는 아이디어를 간단하고도 명확하게 프리핸드로 그리는 활동을 말한다.

제품을 설계할 때 그리는 스케치를 크게 2가지로 나눌 수 있다. 즉 스크래치 스케치(scratch sketch)와 프레젠테이션 스케치(presentation sketch)가 바로 그것이다. 스크래치 스케치는 아이디어를 단련시키는 방법으로 원칙적으로는 제3자에게 전달할 필요가 없는 방법이다. 따라서 특별한 표현기법이 있는 것은 아니다. 이에 반해 프레젠테이션 스케치는 아이디어를 이미지와 같은 시각적인 방법으로 제3자에게 전달하고 이해를 구하는 방법이다. 잘 전달하기 위해서는 보통 투시도(perspective)로 표현하고 물건의 완성된 형태, 색, 재질 등을 표현해야 하기 때문에 상당한 기법

■ 이노 디자인의 핸드폰 스케치(김영세 作) ■

이 필요하다. 여기에는 러프 스케치(rough sketch),[19] 스타일 스케치(style sketch)[20]가 있다.

생활용품을 만들기 위해서는 프리핸드로 스케치하는 스크래치 스케치가 더 많이 사용된다. 스크래치 스케치는 빠른 속도로 휘갈겨서 그린 듯한 스케치를 말한다. 주로 프리핸드로 그리며 스케치 도구로는 일반적으로 볼펜, 사인펜, 연필 등을 주로 사용한다.

---

19) 스크래치 스케치보다는 좀 더 구체적이고 이해하기 쉬운 스케치이다. 물건의 비례, 크기, 색채, 그림자, 재질 등을 표현해야 한다.

20) 스케치 중에서 가장 정밀한 것으로 스케치의 최종 단계에 해당한다. 이 방법은 물건을 만들 때의 정밀하게 표현해야 하기 때문에 많은 연습이 필요하다.

2. 스케치의 과정

스케치를 하는 과정은 특별한 방법이 있다기보다는 물체의 이미지를 명확하게 표현하면 된다. 스케치하는 과정은 대략 다음과 같은 세 가지 단계를 거친다.

(1) 물체의 외관을 대략 그린다.

(2) 불필요한 선을 지우면서 물체를 약간 구체화한다.

(3) 명암을 넣어서 물체를 매끄럽게 표현한다. 그러나 이 단계는 생략하기도 한다.

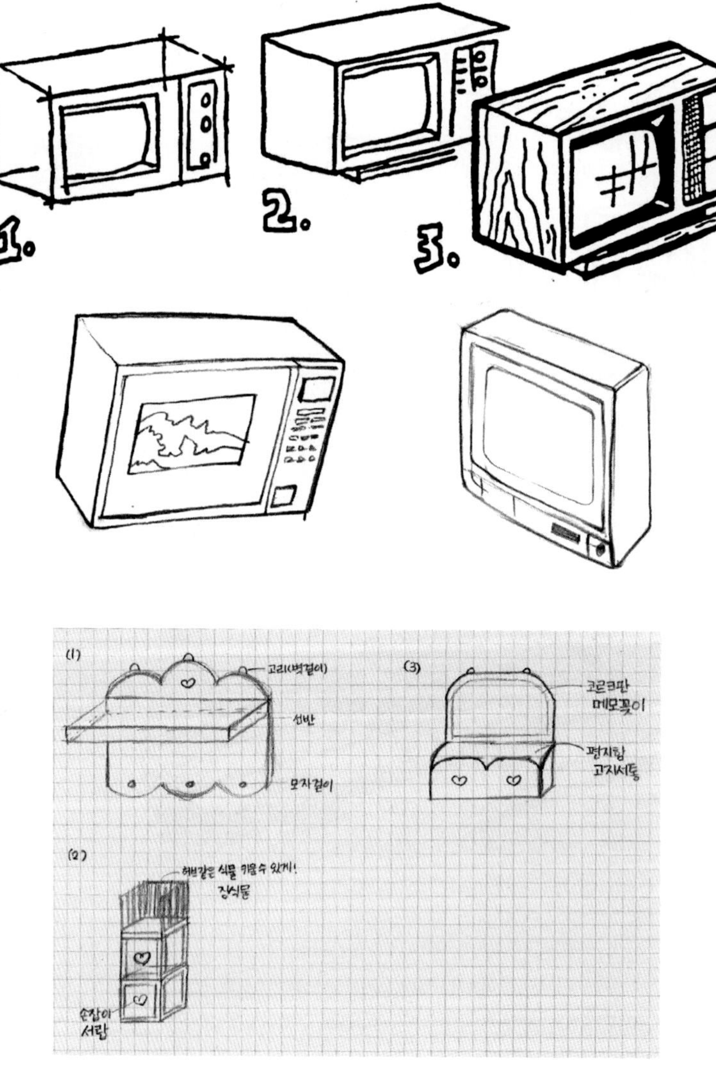

스케치를 잘하기 위해서는 다양한 물건을 그려본다. 특히, 원형의 물건의 경우에는 중심선을 그리고 시작하면 쉽게 그릴 수 있다.

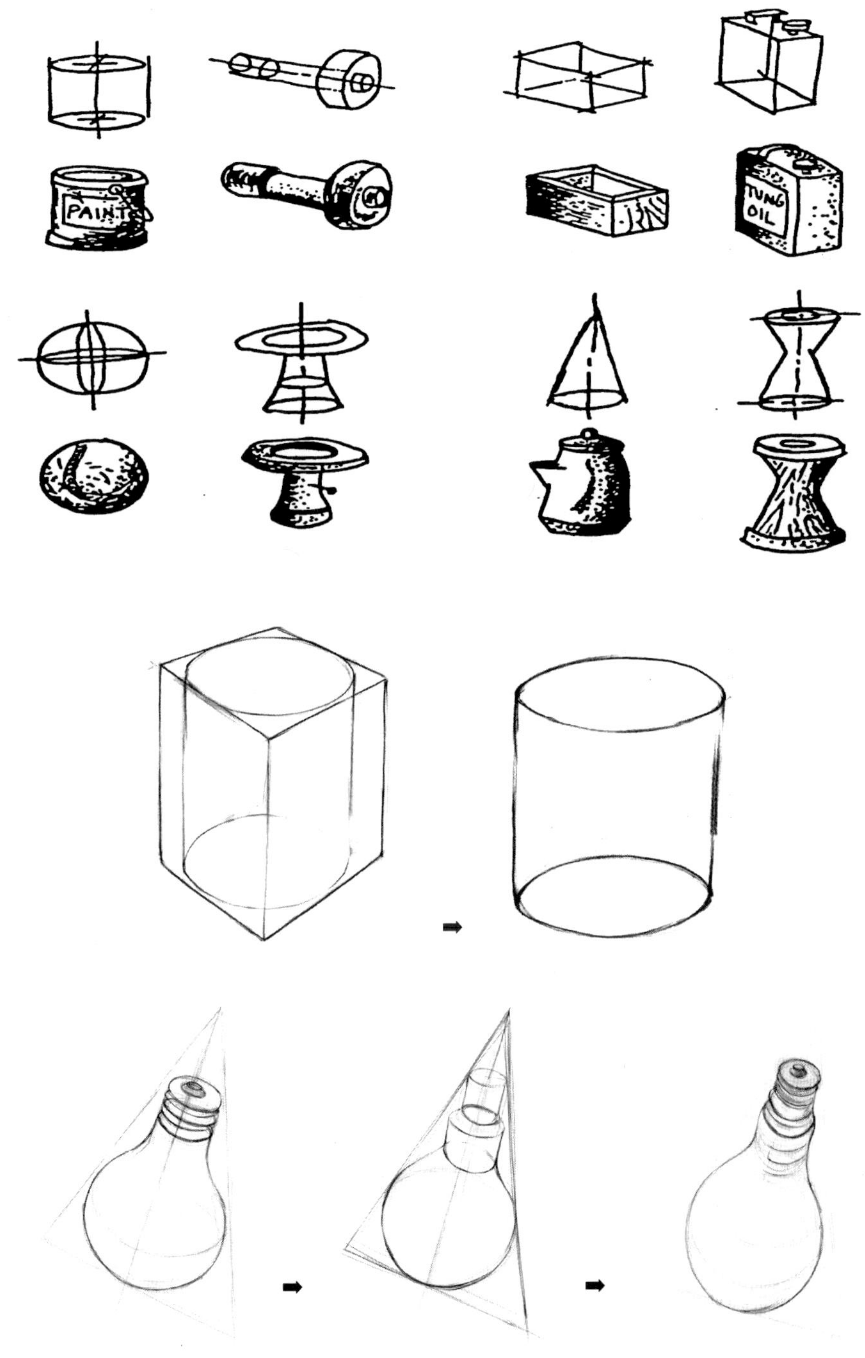

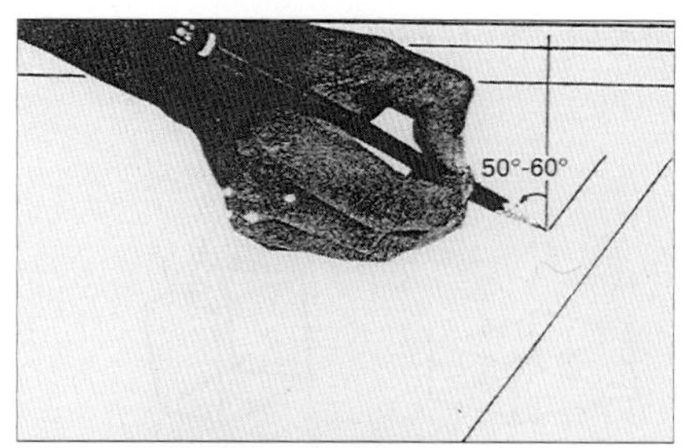

직선을 스케치할 때에는 연필을 50°~60°
정도 기울여서 그린다.

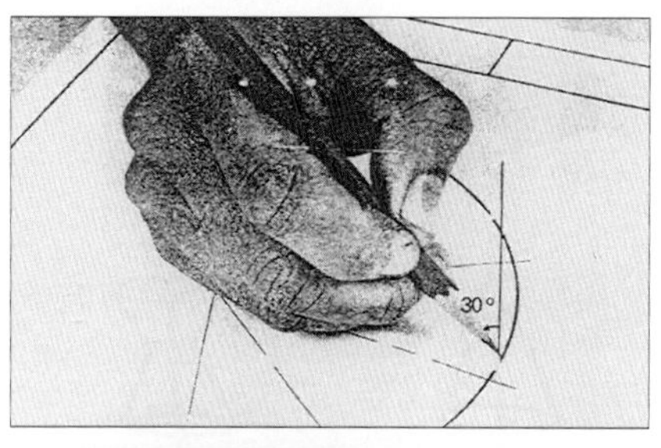

원이나 원호를 스케치할 때에는 연필을 30°
정도 기울여서 그린다.

수평선을 그을 때에는 연필을 가볍게 쥐고
손목보다는 팔을 움직여서 그린다.

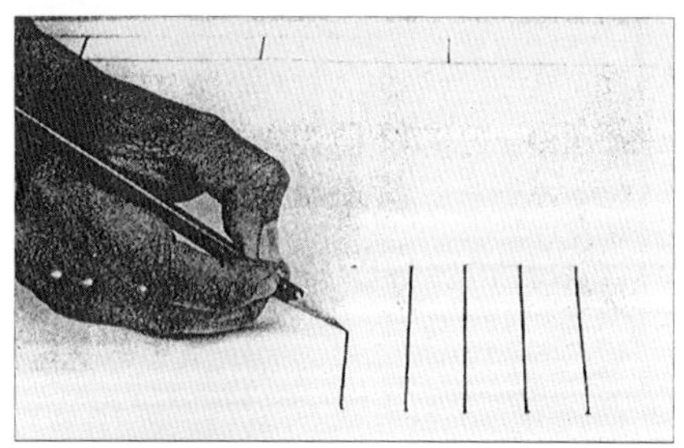

수직선을 그을 때에는 수평선을 그을 때와
같은 방법으로 그린다.

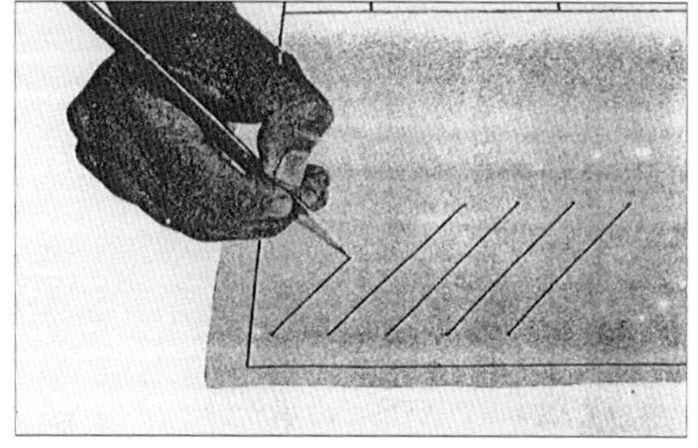

사선을 그을 때에는 수직선과 마찬가지로
팔을 이용하여 그린다.

또한 스케치를 처음 할 때에는 GPO법을 사용하면 쉽게 연습할 수 있다(Hoe et al, 1995).

G: 안내 기준선을 긋는다. 그리려고 하는 물체의 길이, 폭을 대략적으로 그리는 단
  계이다.
P: 물체의 서로 다른 각 부분을 사각형을 사용하여 적절한 비율로 나타낸다.
O: 물체의 전체 윤곽 개요를 그려서 나타내준다.

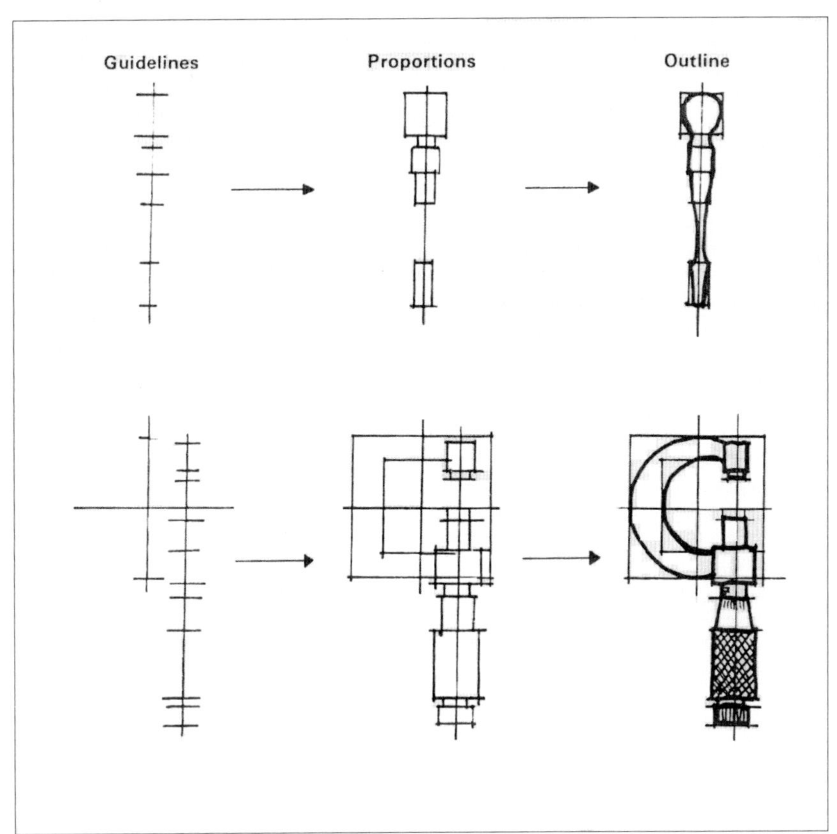

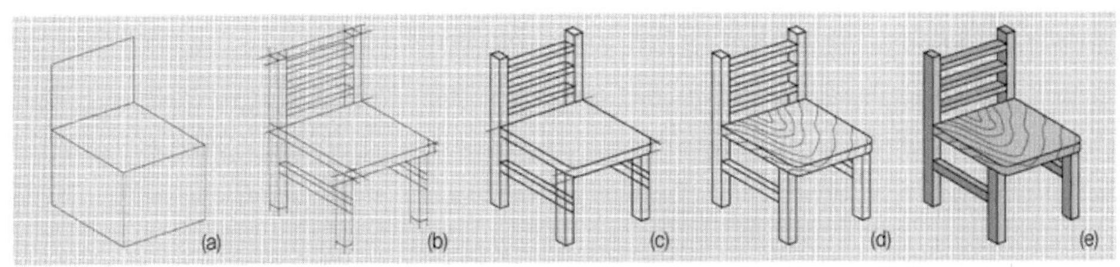

■ 의자의 스케치 과정 ■

3. 스케치의 사례

　물체의 형태를 스케치하기 위해서는 기본적인 **뼈**대를 먼저 파악하고 점차 완성해 가야 한다. 아무리 복잡한 형태의 물체라 하더라도 물건의 기본 형태는 원기둥, 육면체, 공, 원뿔 모양으로 구성되어 있다.

1) 자전거의 스케치

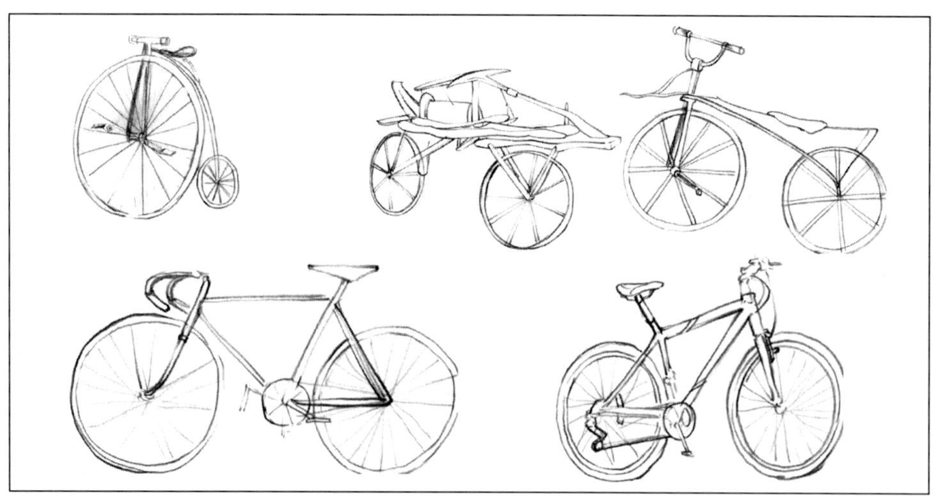

2) 자동차의 스케치

3) 생활용품의 스케치

[스케치 활동 1] 아래 그림과 같이 집을 스케치하여 보자.

[스케치 활동 2] 아래 그림과 같이 단계에 따라 스프레이를 스케치하여 보자.

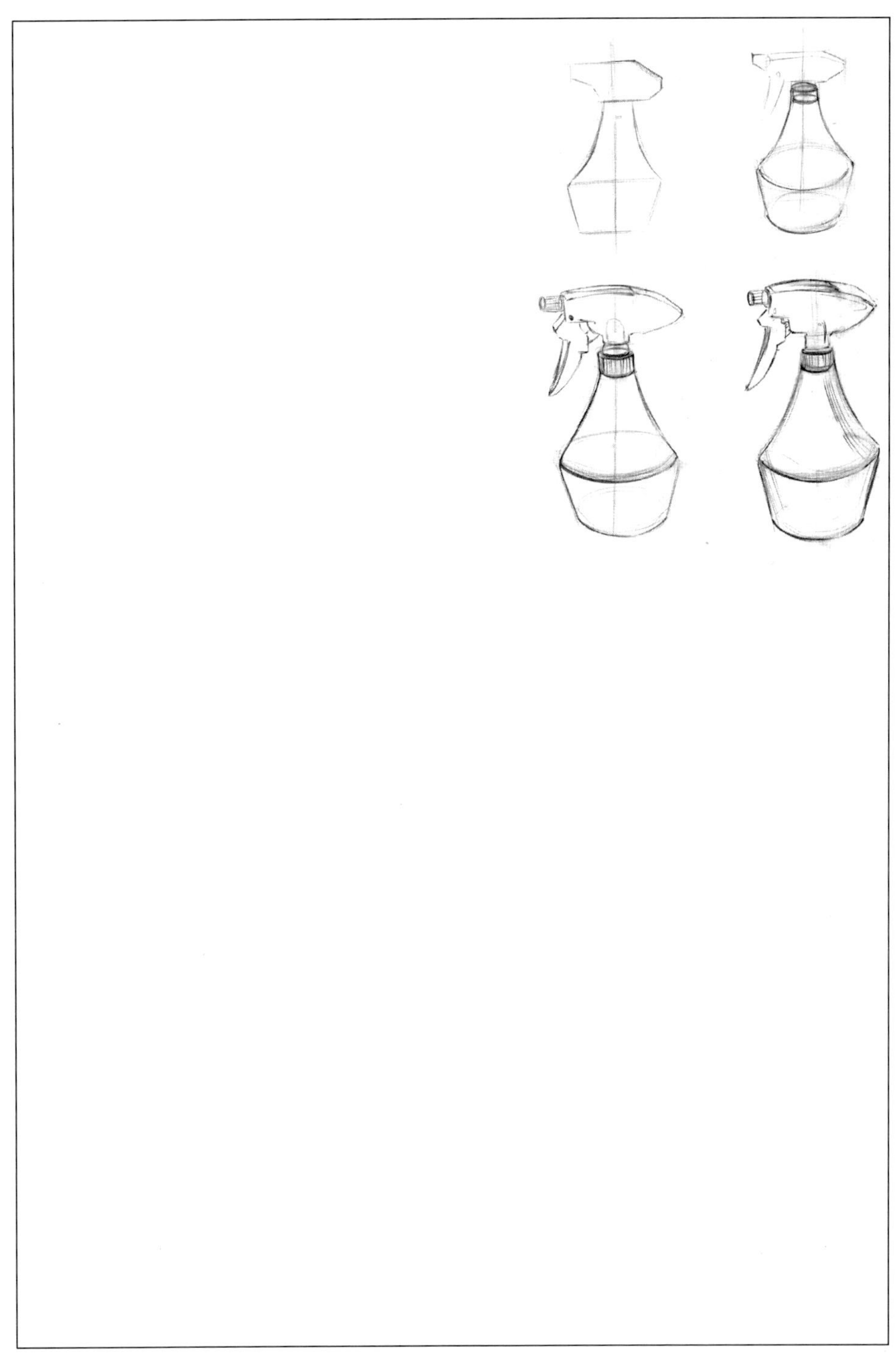

[스케치 활동 3] 아래 그림과 같이 의자를 스케치하여 보자.

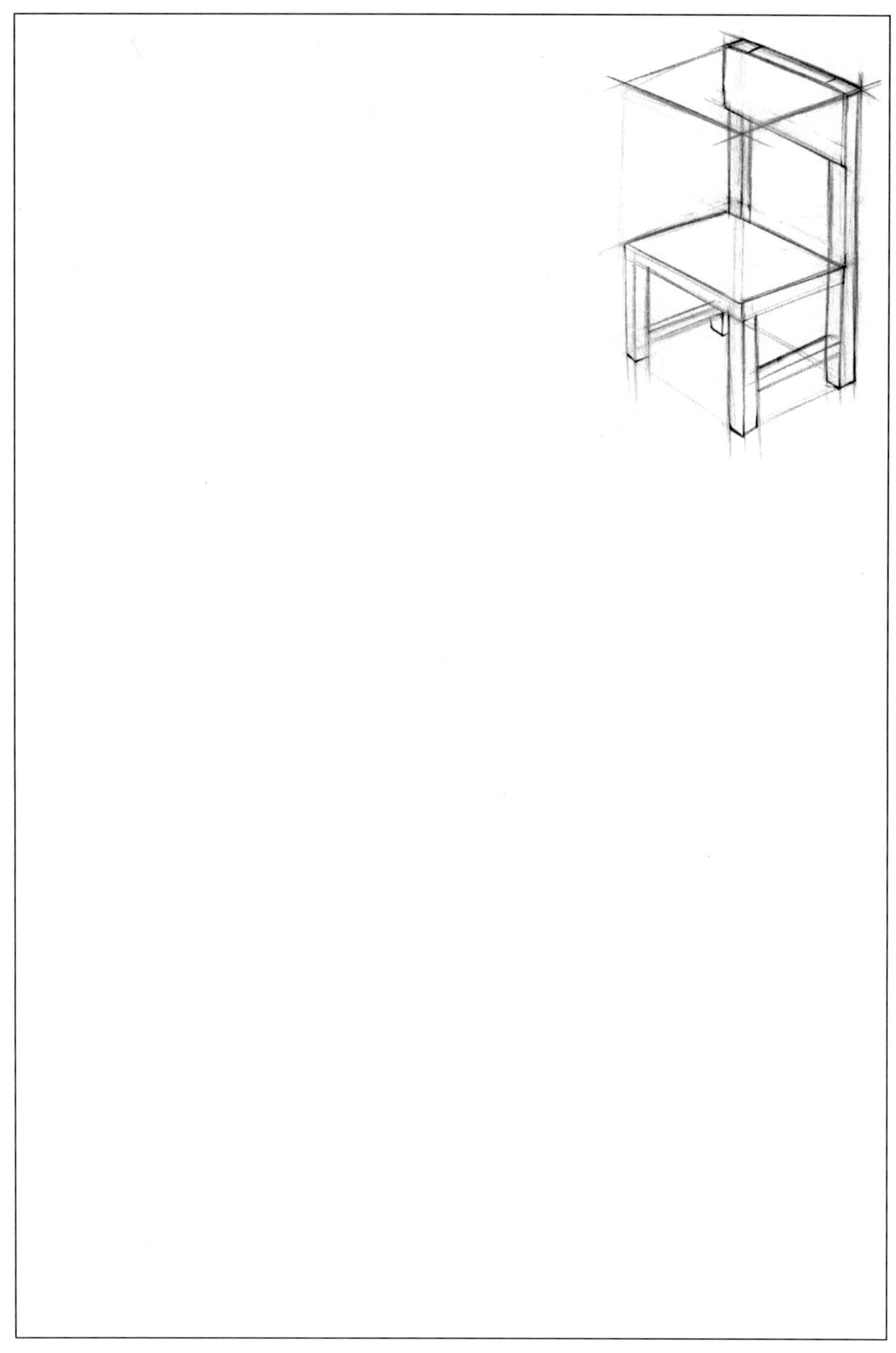

[스케치 활동 4] 아래 그림과 같이 주전자를 스케치하여 보자.

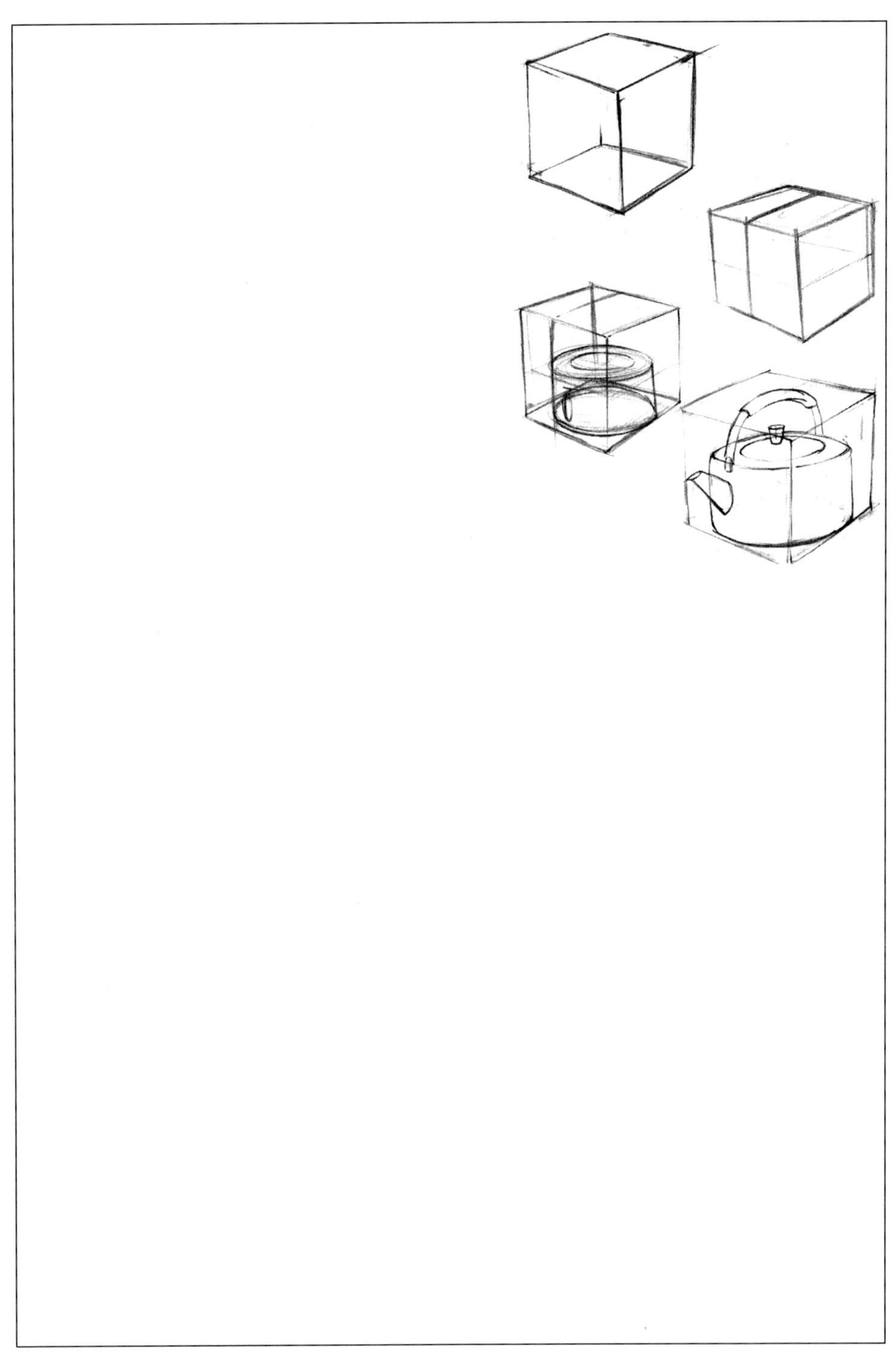

[스케치 활동 5] 아래 그림과 같은 긴 의자를 스케치하여 보자.

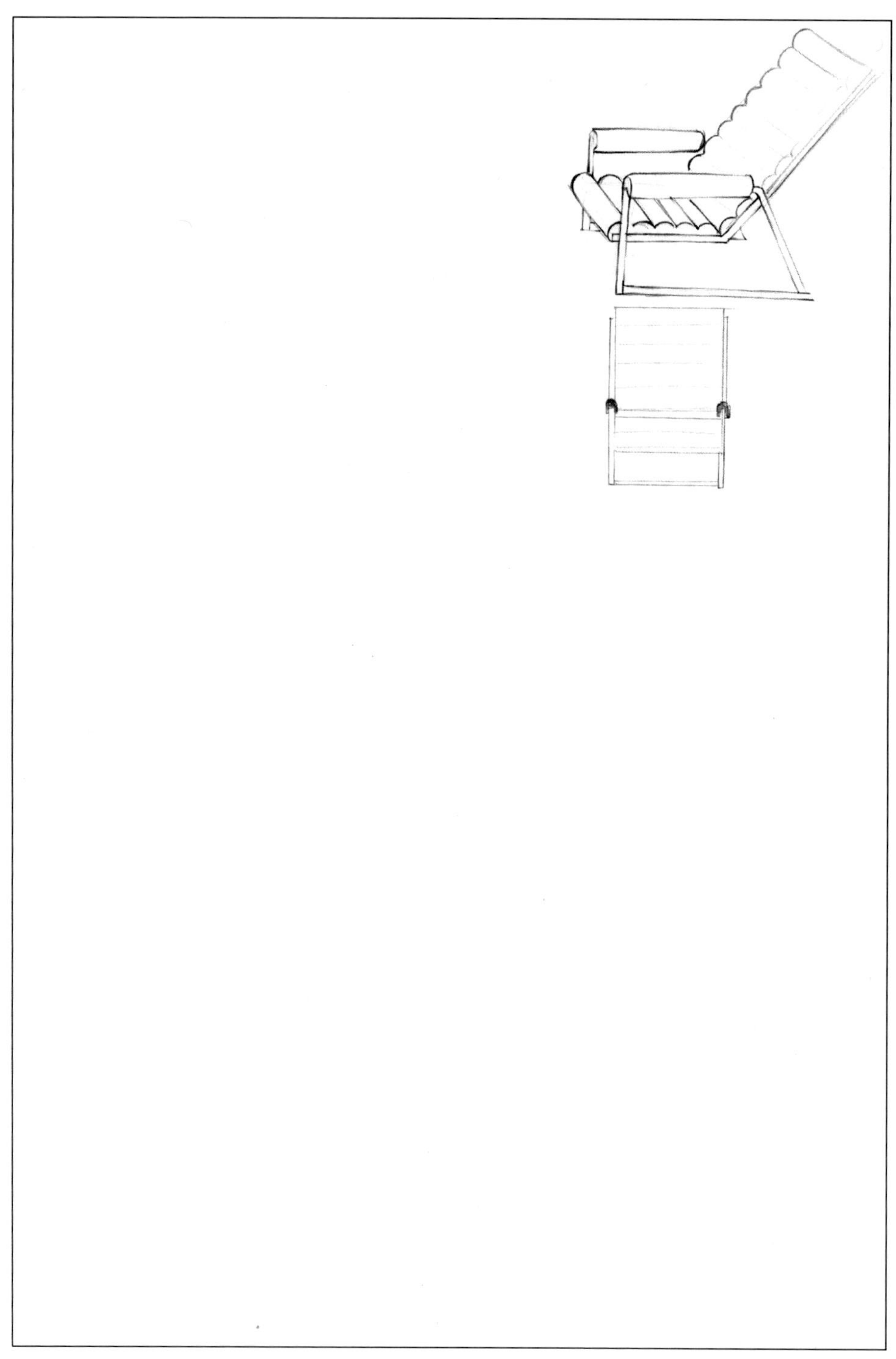

제3장 구상도 그리기

초등학생들이 만드는 대부분의 생활용품은 간단한 것들이기 때문에 스케치와 구상도를 그리기만 해도 물건을 충분히 만들 수 있다. 제작 도면을 그리기 위해 정투상법이나 등각 투상법, 경사 투상법을 그리는 것이 원칙이나 초등학생들에게는 쉽지 않다. 따라서 스케치와 구상도만 가지고도 물건을 만들 수 있음을 알려줄 필요가 있다. 여기에서는 앞에서 배운 스케치를 바탕으로 보다 정교하게 그린 도면 위에 만들 치수를 기입한 구상도에 대하여 알아보기로 한다.

일반적으로 생활용품을 만들기 위해서는 무슨 물건을 만들 것인지의 문제를 가지고 출발한다.

그러한 문제를 가지고 각종 생활용품을 구상도로 그린 사례를 들면 다음과 같다.

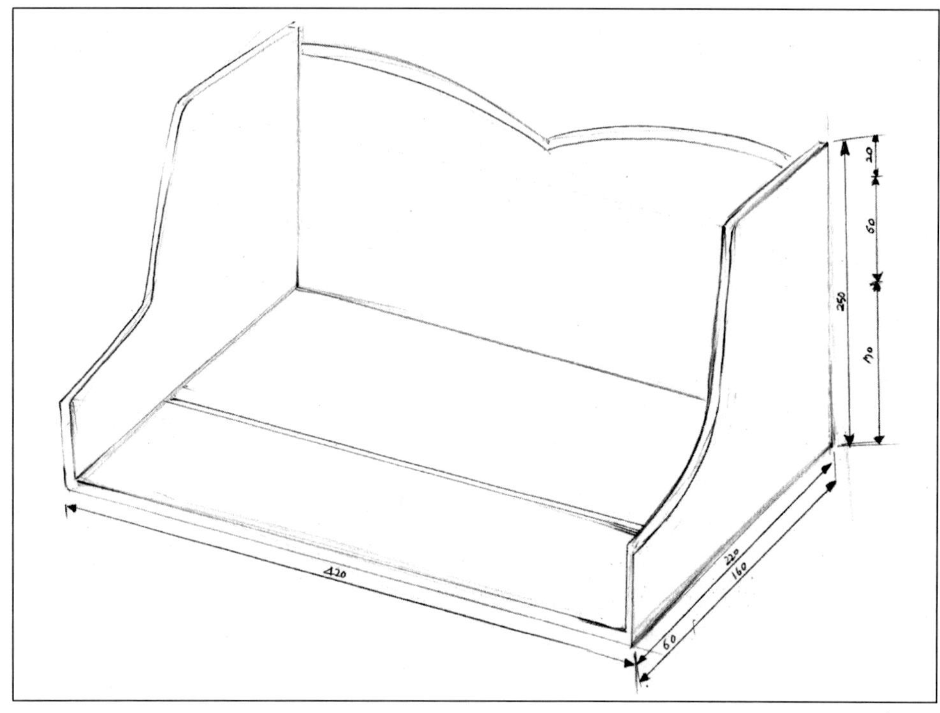

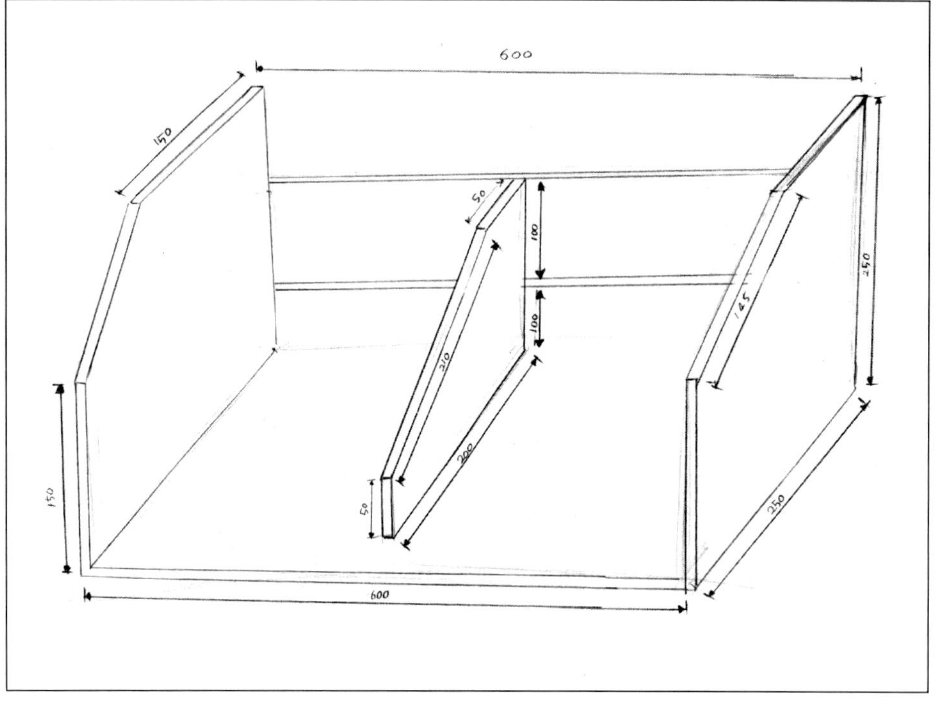

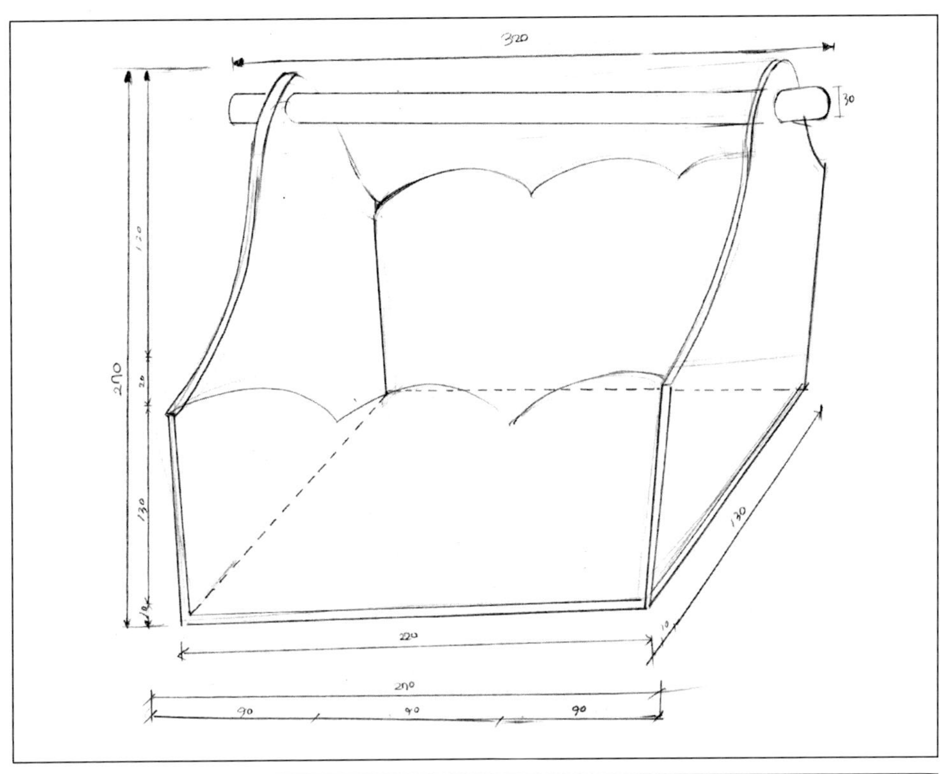

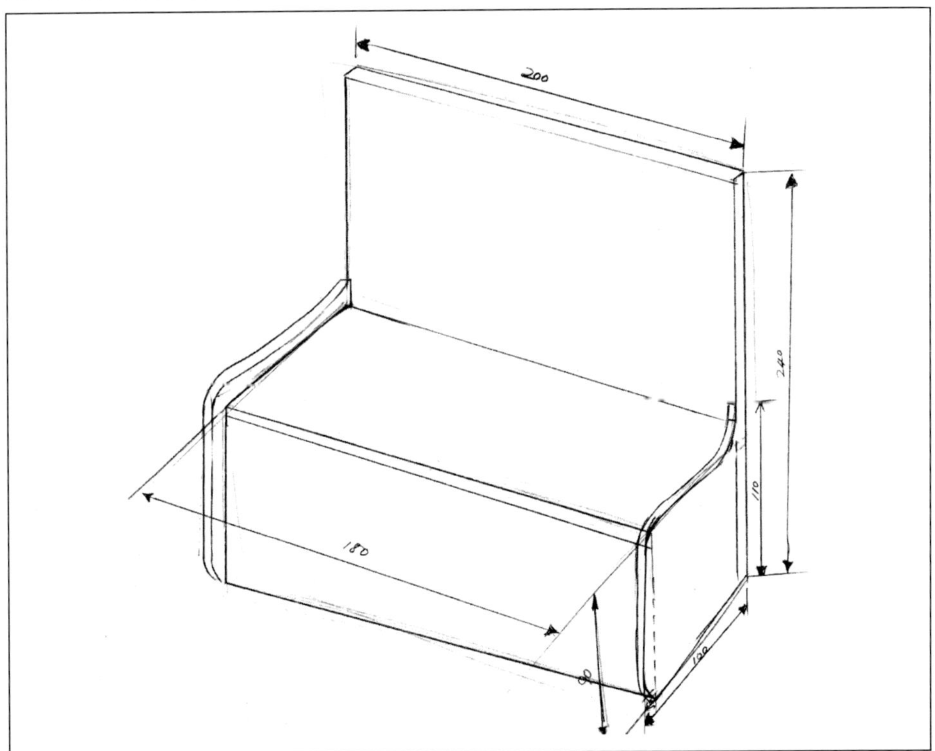

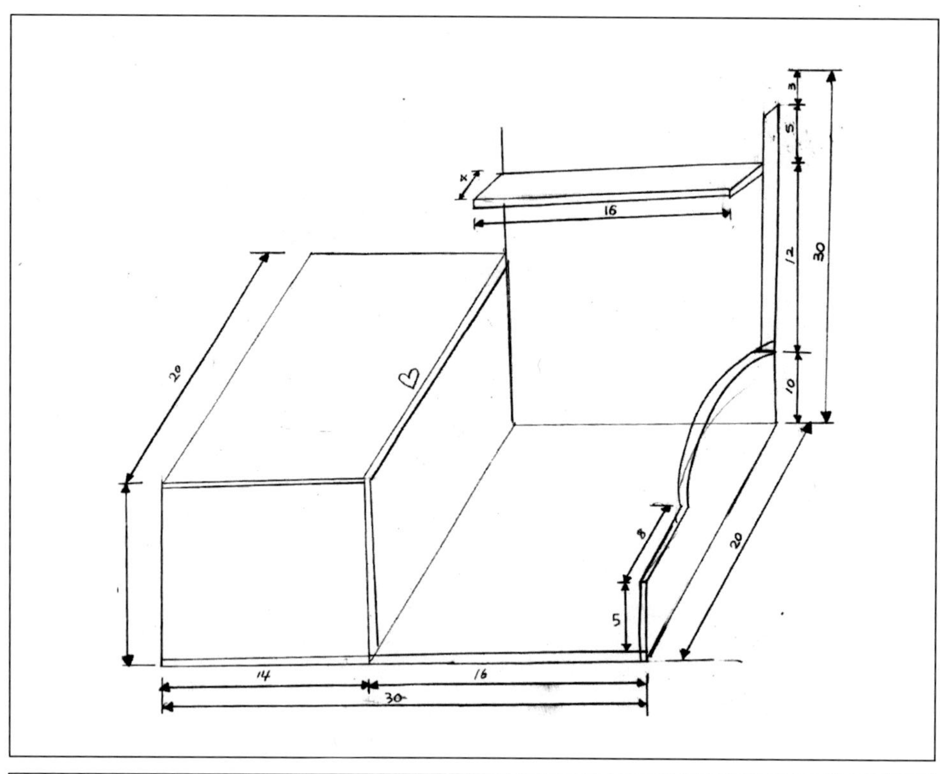

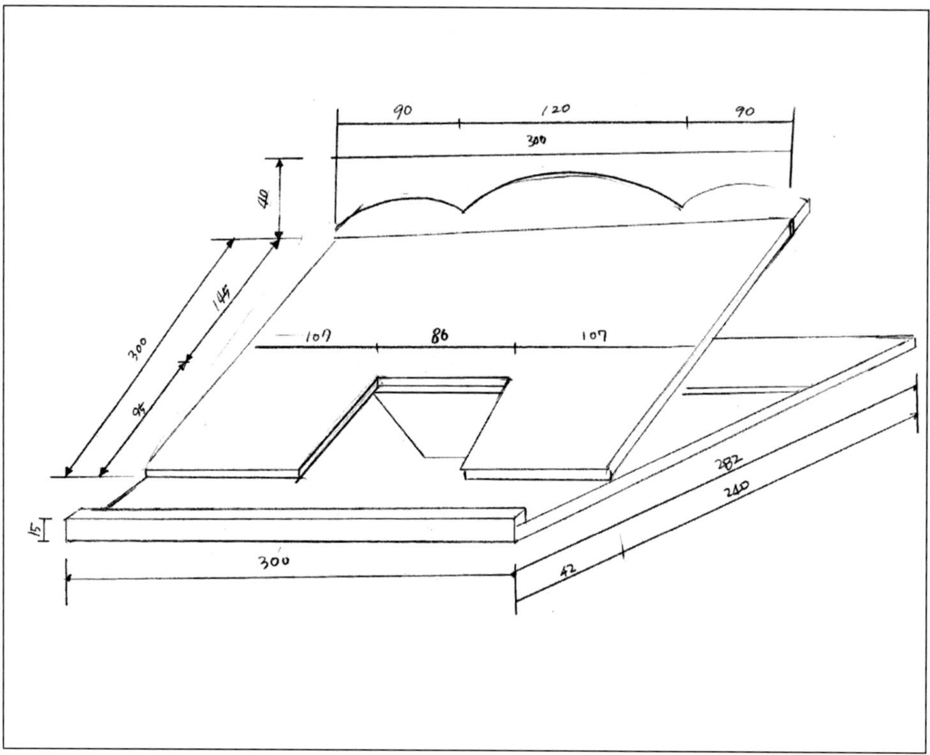

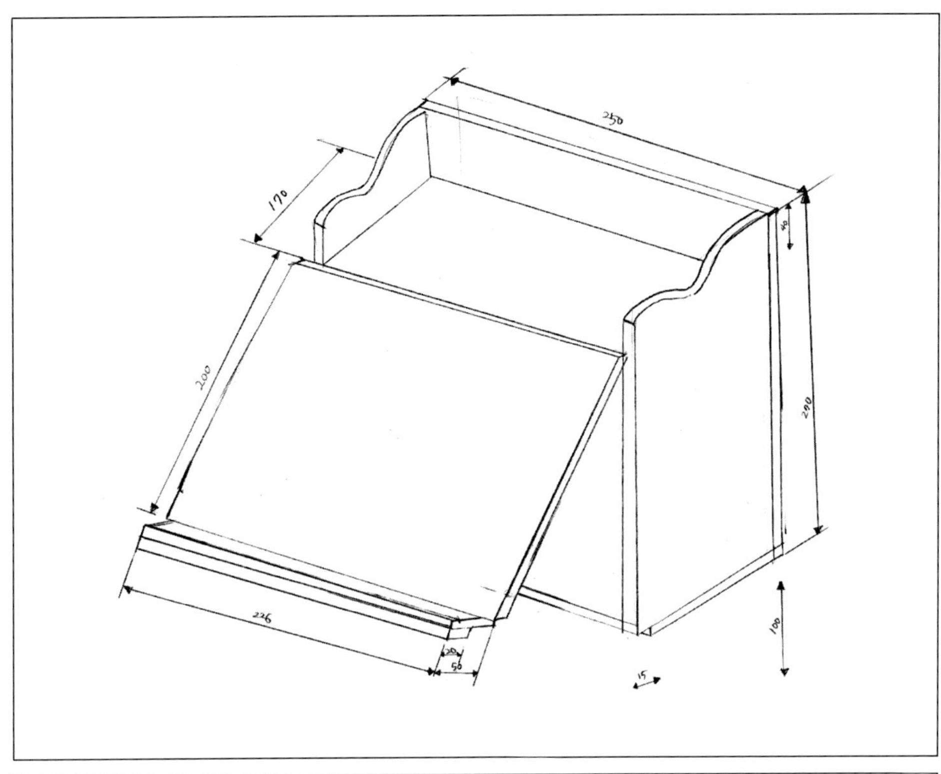

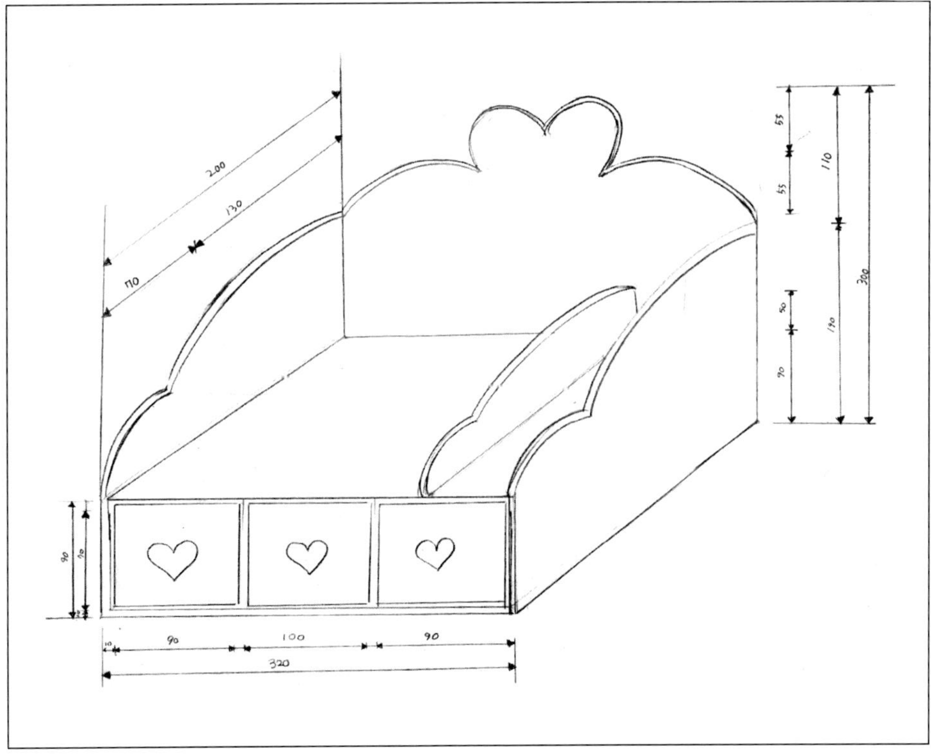

[구상도 그리기 활동] 아래 투상 용지에 자신이 만들고 싶은 생활용품의 구상도를
그려 보자.

제4장 생활용품 만들기

생활용품을 만들기 위하여 먼저 아이디어를 스케치하고, 구상도를 그린다. 그러고 나서 제작 도면을 정면도, 평면도, 측면도를 제3각법으로 그린다. 여기에서는 우드락으로 모형을 만드는 것으로 하였다.

1. 제작 도면

제작 도면의 예는 다음과 같으며, 학생들이 실제로 만들 때에는 1 : 1 축척으로 하여 큰 모눈종이에 그리는 것이 좋다.

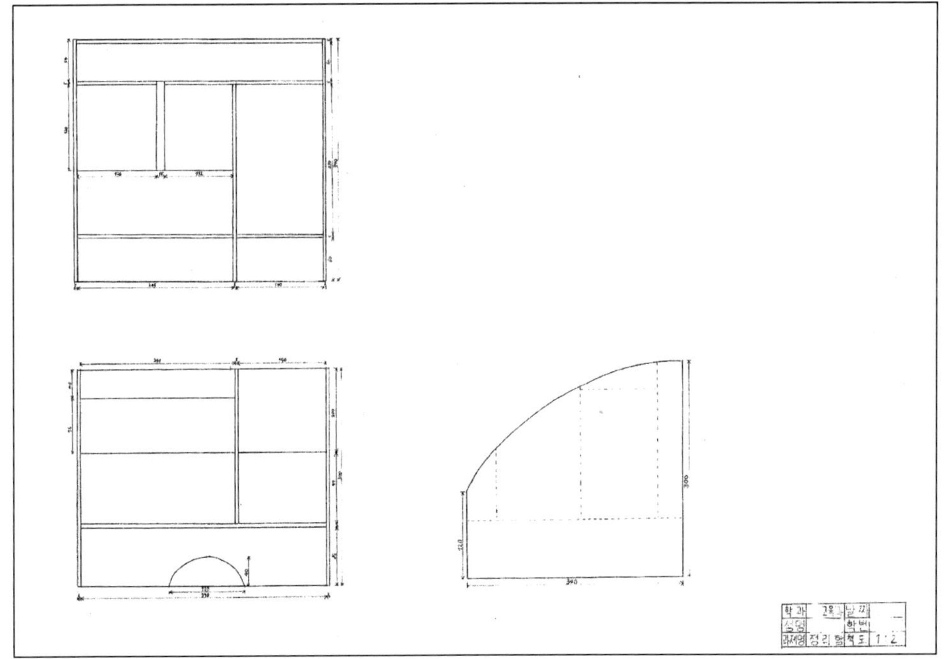

■ 정리함의 도면 예 ■

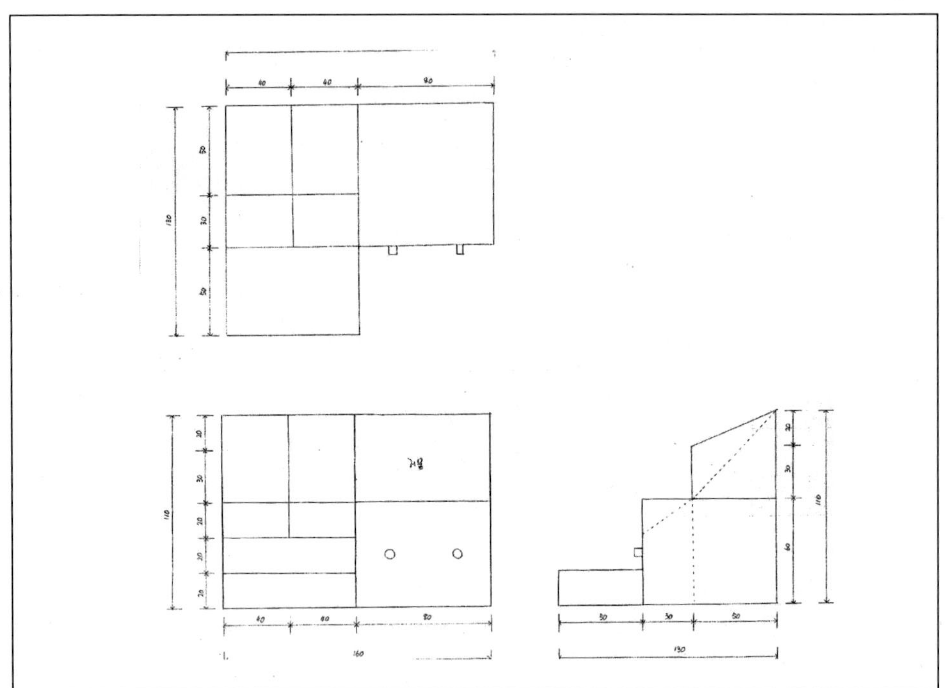

◙ 수납장의 도면 예 ◙

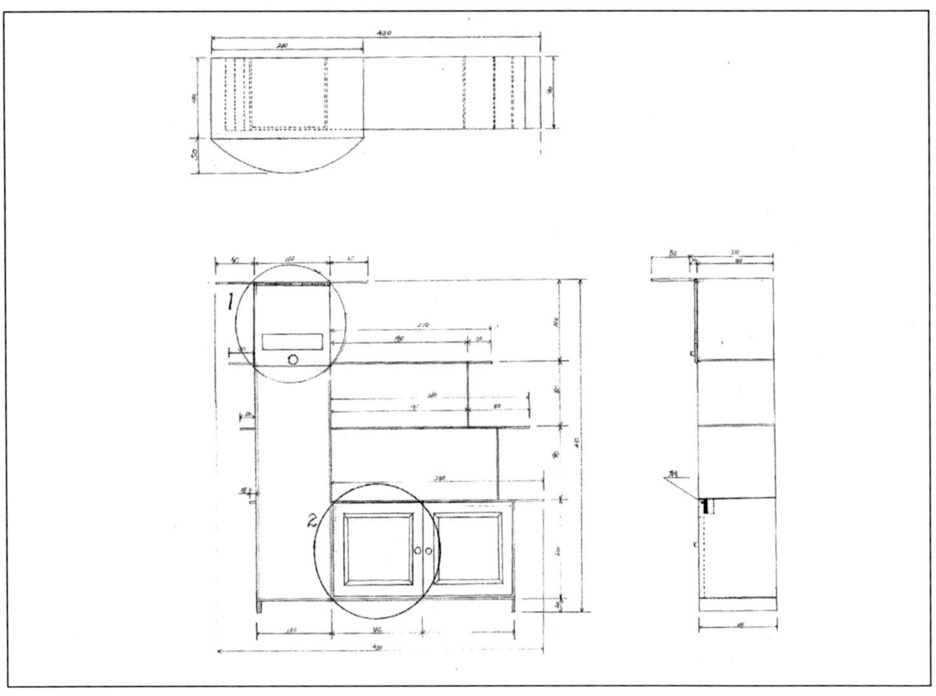

◙ 장식장의 도면 예 ◙

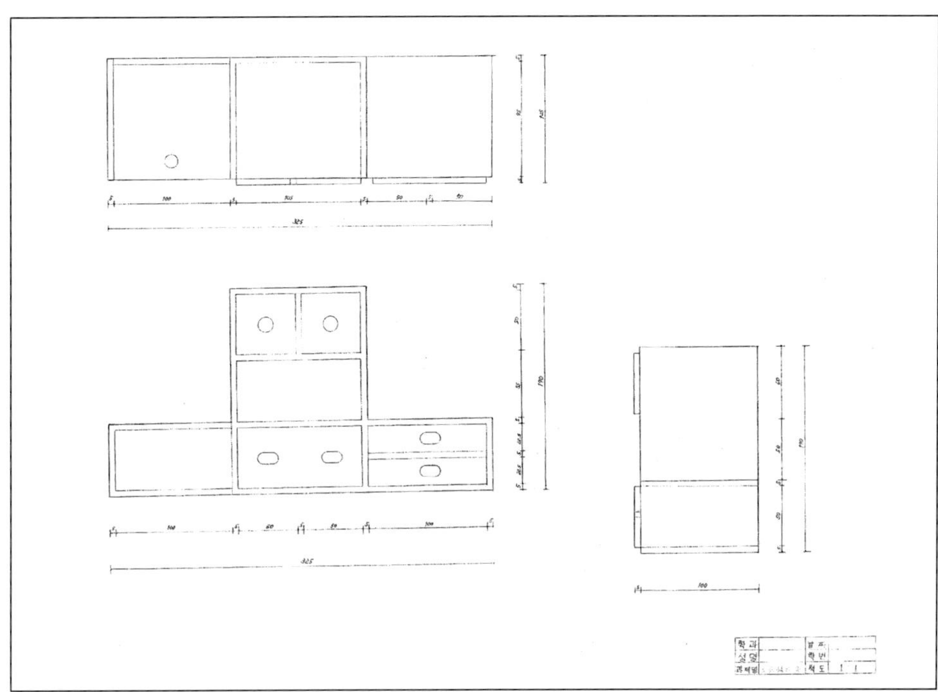

◙ 소품 정리함의 도면 예 ◙

2. 재료 / 공구표

생활용품 모형을 만드는 데 필요한 재료와 공구는 다음과 같다.

구 분	규 격	수 량	비 고
우드락	600×900×6	2장	색깔 고려
접착제	우드락용(소)	1개	
커 터	작업용(대)	1개	날은 새것으로
자	철자(30cm)	1개	
사 포	500번	1장	마무리용

3. 완성 작품(예)

다양한 작품이 나올 수 있도록 창의력을 발휘할 기회를 주는 것이 좋다.

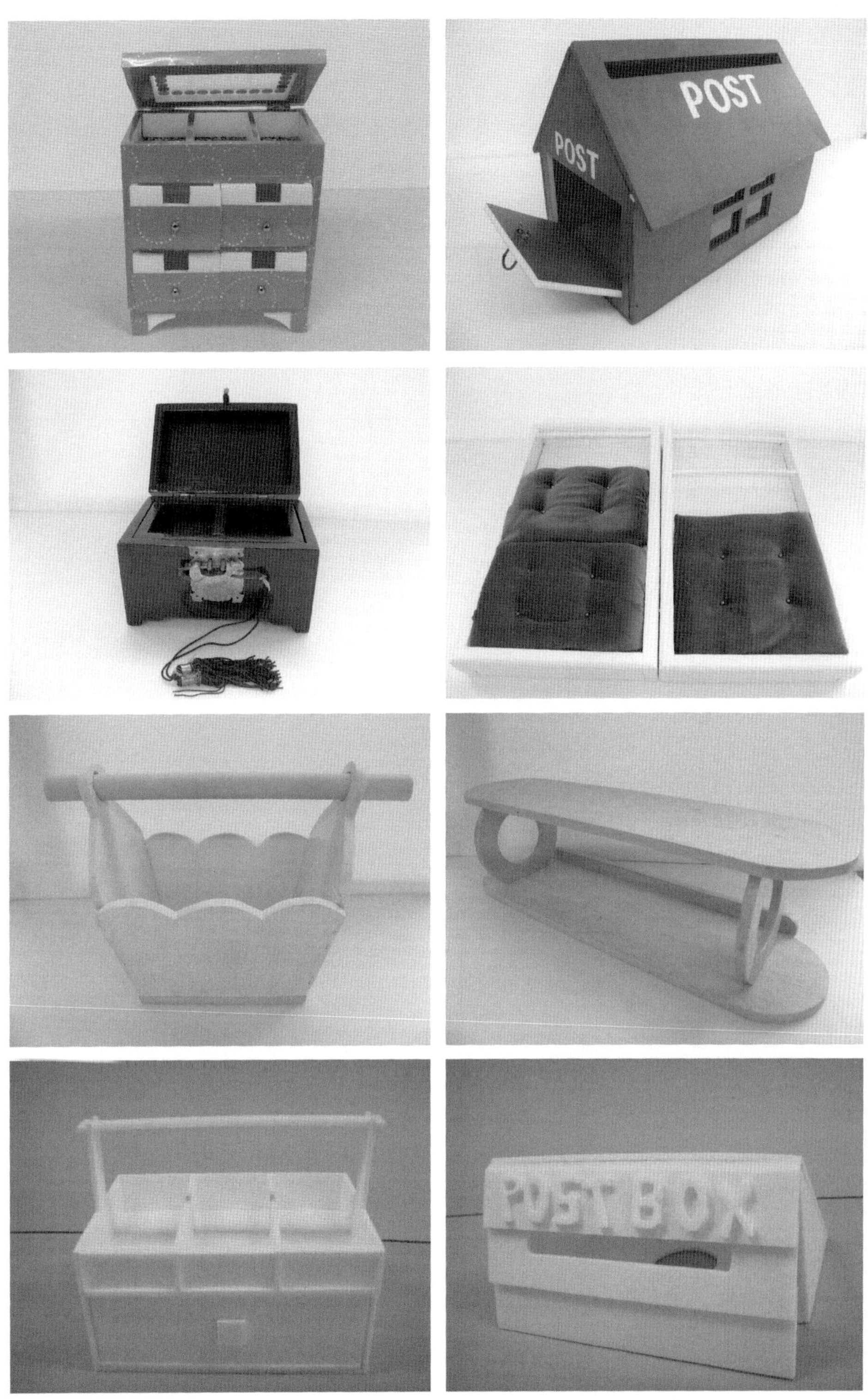

POST
POST
POST BOX

4. 평가

작품의 평가는 다양하게 할 수 있으나 다음과 같은 척도를 사용할 수 있다.

200 년   월   일

프로젝트명				
이 름		학과(학번)		
사용한 재료				
작품의 특징과 소감	○ 특징: ○ 소감:			

	자기평가		교수평가	
평 가	① 아이디어가 참신한가?	ABCD	① 아이디어가 참신한가?	ABCD
	② 제품이 실용적인가?	ABCD	② 제품이 실용적인가?	ABCD
	③ 모형이 견고한가?	ABCD	③ 모형이 견고한가?	ABCD
	④ 정교하게 가공하였는가?	ABCD	④ 정교하게 가공하였는가?	ABCD
	⑤ 도면이 규격에 맞는가?	ABCD	⑤ 도면이 규격에 맞는가?	ABCD
비 고	A: 평가 요소에 부족함이 없다. B: 평가 요소에 조금 미흡하다. C: 평가 요소에 미흡하다. D: 평가 요소에 매우 미흡하다.			

부 록

[부록 1] 구글 스케치업

[부록 2] 2009 개정 교육과정에 따른 실과

        교육과정

[부록 1] 구글 스케치업

1. 구글 스케치업(Google SketchUp)이란?

스케치업(SketchUp)은 @라스트 소프트웨어 (@Last Software)에서 개발한 3D 모델링 프로그램이다. 간편한 인터페이스로 쉽게 모델링할 수 있는 것이 특징이다. 2001년 첫 번째 버전이 발표되었고, 2006년 3월 @라스트 소프트웨어가 구글에 인수되었다. 구글 어스와 연동하여 사용할 수 있다.

Google SketchUp은 3D 모델링 소프트웨어로, 웹상에서 쉽고 간단하게 3D 조형물을 만들고 수정할 수 있게 해 주는 프로그램이다. Google은 @Last 회사를 인수하고, @Last사의 SketchUp 개인 버전을 전면 무료화하였다.

SketchUp은 두 가지의 버전을 제공한다. 프리미엄 서비스인 SketchUp Pro 5는 유료 서비스로, 건축가나 건축 디자이너 또는 게임 개발자 등이 상업적 목적으로 사용할 수 있는 서비스이다. Google SketchUp은 누구나 취미 또는 연습용으로 Google Earth와 함께 이용하여 자신이 구상하는 3D 조형물들을 쉽게 만들 수 있도록 돕기 위해 만들어진 서비스이다.

자신의 조형물들을 만든 후에는 또한 3D 창고(3D Warehouse)를 이용하여 다른 유저들과 여러분들의 조형물을 함께 공유할 수도 있다. 3D 창고에서는 여러 가지 조형물을 검색하고 다른 SketchUp 모델들을 다운로드 받을 수 있는 기능도 제공된다. 여러분이 원하는 모델을 다운로드하여 여러분의 3D 조형물에 사용할 수도 있다.

2. 설치하기

1) Google SketchUp 홈페이지에 접속한다(sketchup.google.com).

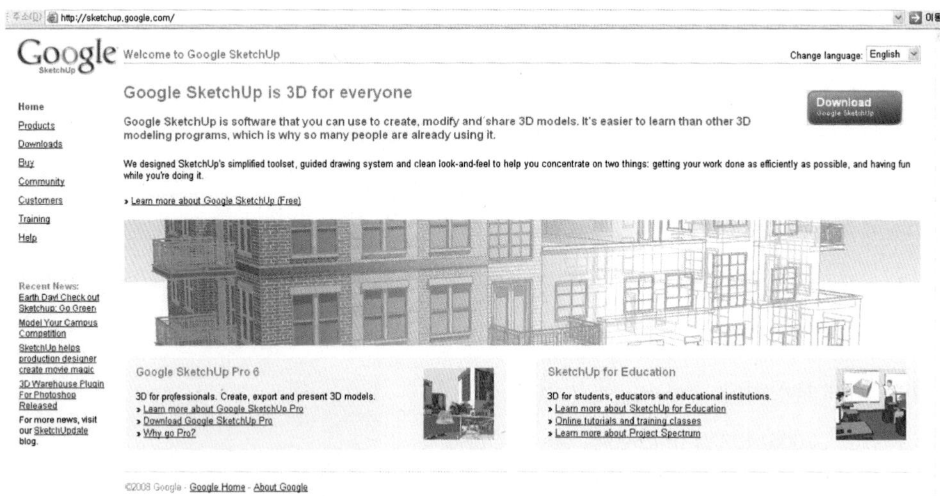

2) [Download]를 선택한 다음 무료판인 Google SketchUp 6를 선택한다.

3) 프로그램을 실행시켜 설치한다.

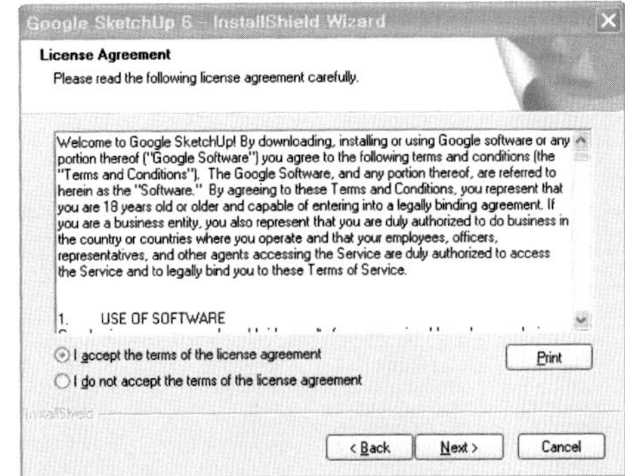

GoogleSketchUpWEN.exe

4) Bonus Pack을 설치하면 다양한 컴포넌트와 재질을 얻을 수 있다.

SketchUp Bonus Packs

Create, export and present 3D models

Components

The components in these Bonus Packs are pre-drawn SketchUp models of useful objects like furniture, cars and trees. You can use them in your own models to add detail much more quickly than if you had to build them yourself. You'll find a small, sampler set of components built into the Components dialog box of SketchUp, but these free Bonus Packs include a much larger selection. We've packaged them together for easy downloading. Still can't find what you need? Try searching the 3D Warehouse.

Related Sections:
SketchUp for Professional
SketchUp for Education

Component Library	# of items	file size	Windows	Mac OSX
Architecture	723	12.7 MB	Download	Download
Construction	797	6 MB	Download	Download
Film & Stage	107	3.4 MB	Download	Download
Landscape Architecture	583	14.3 MB	Download	Download
People	166	5.7 MB	Download	Download
Symbols	26	1.9 MB	Download	Download
Transportation	48	3 MB	Download	Download

Materials

Looking for a specific material for your SketchUp model? Our SketchUp Bonus Pack contains hundreds of great-looking materials that you can use to really make your SketchUp models shine.

Materials Library	# of items	file size	Windows	Mac OSX
Materials Bonus Pack	626	14.4 MB	Download	Download

3. SketchUp 화면 구성

스케치업을 실행하면 아래와 같은 화면이 뜨고 작업할 준비가 된다. Choose Default Settings와 Instructor, 그리고 미리 Template에 설정되어 있는 스케치업 파일이 열려 있다.

기본적인 툴바를 보이도록 배치한다.

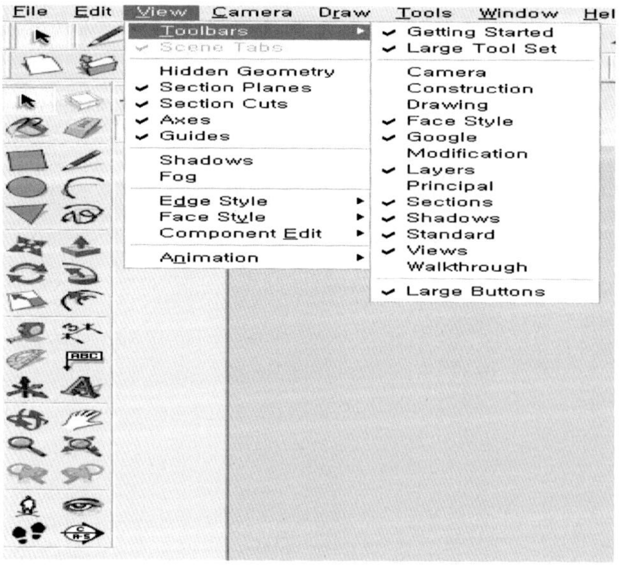

4. SketchUp 메뉴 구성

[파일(File)]

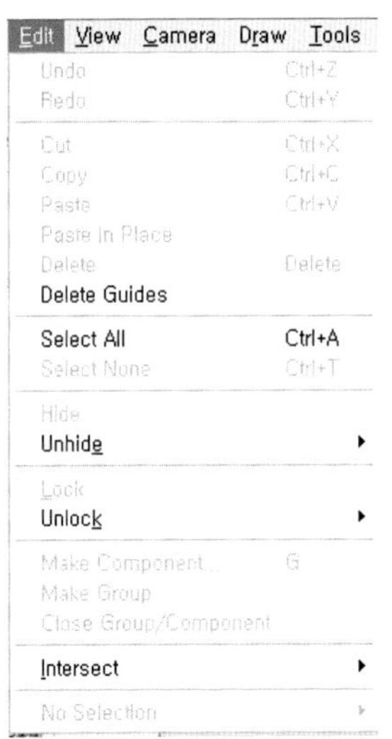

New: 새 스케치업 파일을 만든다.

Open: 스케치업 파일을 불러온다.

Save: 스케치업 파일을 저장한다.

Save As: 스케치업 파일을 다른 이름으로 저장한다.

3D Warehouse: 구글에서 제공하는 3D 모델 공유 사이트

Export: 스케치업 파일을 2D, 3D 포맷으로 내보낸다.

[편집(Edit)]

Undo: 마지막으로 실행한 명령을 되돌린다.

Redo: Undo로 되돌린 명령을 다시 실행한다.

Cut: 선택한 객체를 삭제한 후 클립보드에 저장한다.

Copy: 선택한 객체를 클립보드에 저장한다.

Paste: Cut나 Copy로 클립보드에 저장했던 객체를 불러온다.

Delete Guides: 그리기 영역에 있는 모든 라인과 포인트를 삭제한다.

Select All: 그리기 영역에서 선택할 수 있는 모든 객체를 선택한다.

Hide: 선택한 객체를 그리기 영역에서 숨긴다.

[보기(View)]

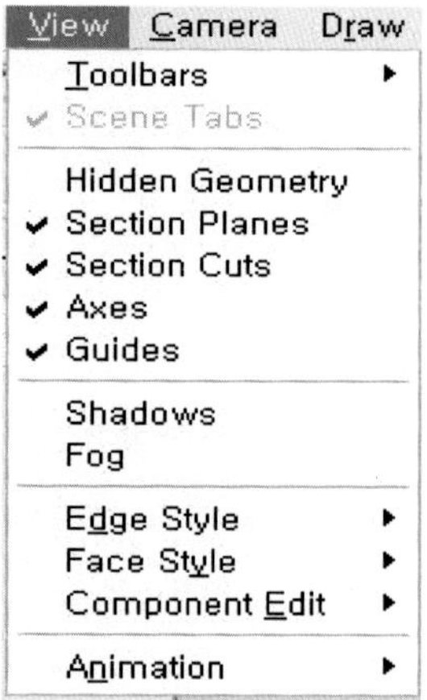

Toolbars: 각 기능의 아이콘 모음을 표시 / 숨긴다.

Section Planes: 단면 평면을 표시하거나 숨긴다.

Section Cut: 단면 절단 효과를 표시하거나 숨긴다.

Guides: 가이드라인을 표시하거나 숨긴다.

Shadows: 그림자를 표시하거나 숨긴다.

Fog: 안개효과를 표현하거나 해제한다.

Face Style: 여러 디스플레이 모드를 선택한다.

[카메라(Camera)]

Standard Views: 기본적인 카메라 시점을 설정(평면, 밑면, 정면, 배면, 좌측면, 우측면, 등각투상도)

Perspective: 원근투영(소실점이 있는 투영법으로 원근감을 나타냄)

Orbit: 카메라를 회전시켜 시점을 변경한다.

Fiels of View: 화각과 초점거리를 설정한다.

Walk: 작성한 모델을 눈높이에서 탐색하는 시점을 제공한다.

[그리기(Draw)]

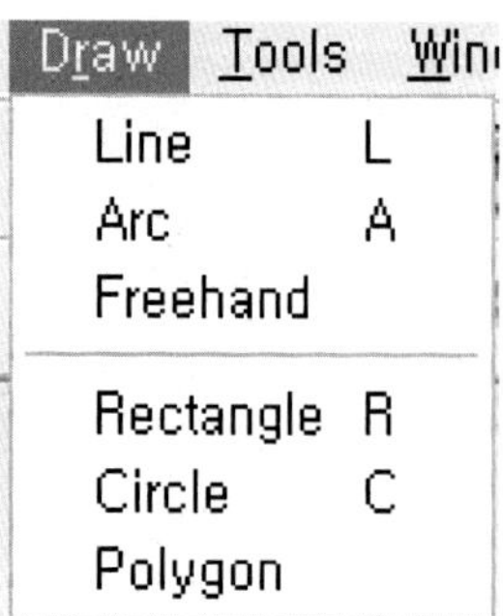

Line: 선 객체나 선을 그린다.

Arc: 호를 그린다.

Freehand: 자유곡선을 그린다.

Rectangle: 사각형을 그린다.

Circle: 원을 그린다.

[도구(Tools)]

Select: 하나 또는 그 이상의 객체를 선택한다.

Eraser: 그리기 영역에서 객체를 지운다.

Paint Bucket: 객체에 재질을 지정한다.

Rotate: 객체를 회전시키거나 일정 각도로 다중 복사할 수 있으며 비틀 수 있다.

Push / Pull: 면을 돌출시키거나 구멍을 뚫을 수 있으며 이동시킬 수 있다.

Axes: 축을 원하는 대로 이동시키거나 배치한다.

Dimensions: 치수선을 만든다.

Text: 텍스트를 입력하거나 지시선을 동반한 텍스트를 입력한다.

[윈도(Window)]

Model Info: 모델 정보 대화상자를 표시한다.

Entity Info: 현재 선택되어 있는 객체에 대한 정보를 표시하고 다양한 설정을 제공하는 요소정보 대화상자를 표시한다.

Layers: 레이어를 관리하기 위해 사용되는 레이어 관리자를 표시한다.

Scenes: 애니메이션을 위한 장면 관리자를 표시한다.

Match Photo: 배경사진에서 모델을 정확히 위치시키고 사진으로부터 정확한 3D 모델을 만들기 위한 포토 매치 상자를 표시한다.

Preference: 프로그램에 대한 전체적인 설정을 제공하는 기본적인 대화 상자를 표시한다.

[스케치업 활동 1] 스케치업 프로그램을 이용하여 다음 도형을 그려보자.

[스케치업 활동 2] 스케치업 프로그램을 이용하여 다음 도형을 그려보자.

[스케치업 활동 3] 스케치업 프로그램을 이용하여 다음 도형을 그려보자.

[부록 2] 2009 개정 교육과정에 따른 실과 교육과정

교육과학기술부 고시 제 2011 361호

1. 성 격

실과(기술·가정)는 실천 교과의 성격을 가진 보통 교과로서, 초등학교 5~6 학년군과 중학교 1~3 학년군에 편제·운영되며, 초등학교 5~6 학년군에는 실과, 중학교 1~3 학년군에는 기술·가정과가 해당된다. 실과에서는 창의적 노작 활동을 통해 일과 관련된 의미를 찾고, 기초적인 생활 지식과 능력을 길러 스스로 삶을 책임 있게 영위하는 실천 활동을 강조한다. 이를 기반으로 기술·가정과에서는 생활 속에서 당면하는 문제를 해결하는 과정을 통해 고등 사고 능력을 기르고 자립적인 삶의 의미를 깨달아 자기 주도적으로 삶의 질을 향상하고 실천하는데 주안점을 둔다. 따라서 실과(기술·가정)는 노작체험을 비롯한 다양한 실천적 경험을 바탕으로 자신의 당면한 문제를 주도적으로 해결하고 일과 직업에 대한 건전한 가치관을 형성하여 진로 설계를 포괄하는 생애를 설계하는 진로 개발 능력, 실천적 자기 관리 능력 등의 역량을 기르는 핵심 교과로서 그 역할을 담당한다.

초등학교 5~6학년군에 해당하는 실과는 실천적 경험을 통해 실생활에 필요한 생활소양을 기르는 실천 교과이다. 실과에서 다루는 실천적 경험은 개인과 가정의 일을 해결하고 기술의 세계를 이해하고 적응하는 능력을 길러주고자 하는 것으로서 가정생활과 기술의 세계와 관련된 지식 체계에 근거하여 선정된다. 실과는 노작적 체험 활동을 통하여 개인과 가족의 생활에 필요한 기본적인 일의 의미와 상호 관련성을 이해하고, 일상생활에서의 문제를 탐구하여 창의적으로 해결할 수 있도록 하며 유능한 생활인으로서의 생활 태도를 기르고 현재와 미래 생활의 변화에 대처할 수 있게 하는 생활 교과이자 교양 교과이다.

실과는 다양한 국가 사회적 요구에 부응할 수 있도록 교과의 성격과 학습자의 특성을 고려해야 한다. 즉 국가 사회적 요구인 과학, 기술, 공학, 예술 및 수학 교과 간 통합적 접근 교육과 건강한 소비와 녹색 생활 교육을 강화하였으며, 일과 관련된 체험적 활동을 통해 진로 탐색 기회를 강조하고 있다. 또한 저출산·고령 사회 그리고 다문화 사회에서의 개인 및 가정생활에 필수적인 자기 관리 및 자립적 생활 수행 능력을 충족시킬 필요가 있다. 실과 교육을 통하여 길러 줄 수 있는 핵심 역량으로는 자기관리능력, 창의력, 문제해결능력, 진로개발능력 등이 있다.

따라서 실과는 실천적이고 창의적인 노작활동을 통하여 일상생활에 필요한 지식, 기초생활능력, 가치판단력 등을 함양하여 가정생활과 기술의 세계를 이해하고 적응하며 더불어 스스로 생활을 개선할 수 있는 능력을 길러 줄 수 있다.

중학교 1~3 학년군에 해당하는 기술·가정과는 '가정생활'과 '기술의 세계'에 근거한 실천적 경험을 통해 학습자가 생활에서 당면하는 문제를 해결하고 자기 주도적인 삶을 영위할 수 있도록 하는 실천 교과이다.

'가정생활' 영역에서는 학습자가 가정생활을 통하여 접하는 다양한 현상과 환경의 변화를 이해하고, 학습자의 경험을 통하여 당면한 생활문제를 해결하는 능력과 태도를 갖추게 함으로써 자립적인 삶과 건강한 가정생활을 영위할 수 있는 역량을 길러주는 데 중점을 둔다.

최근 가정과 사회의 상호의존성이 강조되면서 가정의 사회적 역할 및 기능이 더욱 중요하게 여겨지고 있다. 특히 저출산고령 사회로의 변화, 다문화 사회의 도래, 녹색 생활 등이 부각되면서 생명과 가정의 소중함, 양육을 통한 돌봄 능력의 확대, 전 생애 설계를 통한 생활의 자립, 다문화적 가치의 이해와 의식주생활을 통한 배려와 나눔의 실천, 녹색 의식주생활을 통한 지속 가능한 사회 등의 내용이 강조되어야 한다. 또한 가족과 사회의 급격한 변화와 예측 불가능한 각종 범죄 및 자연 재해로 인해 정신 건강이 현저하게 위협받고 있는 현대 사회에서 가정을 기반으로 한 따뜻한 인간애와 긍정적 정서를 강조하는 교육 내용을 다루어 학습자에게 심리적 안정과 인성 교육의 경험을 제공하여야 한다. '가정생활' 영역의 핵심 역량은 국가·사회적 요구를 반영한 학습자가 자기관리능력, 실천적 문제해결능력, 창의력, 진로개발능력, 대인관계능력, 의사소통능력 등을 기를 수 있도록 하는 것이다.

'가정생활' 영역 학습의 지향점은 개인과 가족의 이해를 기초로 자립적이고 친환경적인 생활을 실천하며, 생애 설계를 바탕으로 자신의 진로를 탐색하고 설계하여 건강한 가정을 이루고 국제 사회에서 책임 있는 민주 시민으로 성장하는 것이다.

'기술의 세계' 영역에서는 기술 세계에 근거한 실천적 경험을 통하여 인간이 삶에서 필요한 욕구의 충족, 기술적 잠재 능력을 확대하기 위한 창의적 문제해결 활동을 제공한다. '기술의 세계' 영역을 통한 기술 교과 교육은 기술학이라는 지식 체계에 근거한 기술적 교양 교육으로, 제조 기술, 건설 기술, 수송 기술, 정보 통신 기술, 생명 기술 등의 내용을 설계, 생산, 이용, 평가하는 등 기술의 세계에 관한 다양한 경험과 실천을 통하여 개념화 할 수 있다. 즉 '기술의 세계' 영역은 교육목표의 관점에서 기술적 소양, 학문 구조의 관점에서 기술학적 지식, 그리고 학습방법의 관점에서 기술적 문제해결 교과의 특성을 갖는다.

'기술의 세계' 영역은 기술적 소양인을 기르는 데 의미 있는 학습 경험을 제공해 주는 것과 동시에 국가의 미래 인재로서 필요한 핵심 역량 중 창의력, 문제해결 능력, 정보처리 능력, 자기관리 능력 등을 기르는데 크게 기여할 수 있을 것이다. '기술의 세계' 영역의 학습 주제는 과학, 기술, 공학, 예술, 수학 교과들과의 융합적 교육학습 활동을 수월하게 적용할 수 있으며, 미래 에너지 문제를 해결하기 위한 구체적인 학습 활동을 통해 에너지 절약 실천을 통해 미래 지속 가능한 성장이 가능하도록 할 수 있다.

그리고 발명과 특허 교육을 통한 기술 혁신과 창의적 학습 활동은 지식재산권의 창출, 활용 및 보호에 대한 기초적인 개념을 이해하게 될 것이다.

'기술의 세계' 영역 학습의 기본적인 지향은 창의성, 문제해결, 협동심, 통합 교육의 실천 등에 기초한다. 즉, 학습한 지식과 경험을 일상생활에 실천적으로 적용할 수 있는 기회를 제공하여, 기술의 가치를 인식하고 자신의 적성을 고려한 진로 탐색 등 기술적 소양을 기를 수 있도록 한다.

2. 목 표

'가정생활'과 '기술의 세계'에 대한 지식, 능력, 가치 판단력을 함양하여 건강한 개인 및 가정생활을 영위하고, 기술에 대한 기본 소양을 습득하여, 현재와 미래 생활을 주도할 수 있는 역량과 태도를 기른다.

(1) 나와 가족을 이해하고 가정생활에 필요한 기초 생활 능력을 함양하여 가정생활

에서 직면하는 문제를 해결하고 건강한 개인 및 가족 구성원으로서 자신의 삶을 주도
해 나갈 수 있는 역량과 태도를 기른다.

　(2) 생활 속에서 기술과 관련되는 문제를 탐구하여 창의적으로 해결함으로써 일
상생활에서 기술을 유용하게 활용할 수 있는 능력을 기르며, 또한 미래의 직업과 일
의 세계에 대한 건전한 가치관을 형성하고 진로를 탐색하여 미래 사회에 적응하는 역
량과 태도를 기른다.

3. 내용의 영역과 기준

가. 내용 체계

(1) 초등학교 실과

과목 (학년군) ＼ 영역	가정생활	기술의 세계
실과 (5~6학년군)	○ 나와 가정생활 　• 나의 성장과 가족 　• 가정일과 가족원의 역할 ○ 나의 균형 잡힌 식생활 　• 나의 영양과 식사 　• 건강 간식 만들기 ○ 나의 자립적인 의생활 　• 건강하고 안전한 옷차림 　• 스스로 하는 옷 관리 ○ 쾌적한 주거와 생활 자원 관리 　• 주거 공간과 생활 자원 관리 　• 용돈과 시간 관리 ○ 건강한 식생활의 실천 　• 건강하고 안전한 식사 　• 음식 만들기와 식사 예절 ○ 창의적인 의생활의 실천 　• 생활 속 헝겊 용품 만들기 　• 환경과 나눔의 생활 용품 만들기	○ 생활과 기술 　• 기술과 발명의 기초 　• 창의적인 제품 만들기 ○ 생활 속의 동·식물 　• 인간 생활과 동·식물 　• 동·식물 자원과 환경 ○ 생활과 정보 　• 정보 기기와 사이버 공간 　• 멀티미디어 자료 만들기와 이용 ○ 생활과 전기·전자 　• 전기·전자의 이용 　• 로봇의 이해 ○ 생활 속의 동·식물 이용 　• 생활 속의 식물 가꾸기 　• 생활 속의 동물 돌보기 ○ 나의 진로 　• 일과 직업의 세계 　• 진로 탐색과 진로 설계

나. 학년군별 성취 기준

〈초등학교 5~6학년군 성취 기준〉

(1) 자신의 성장과 삶을 이해하는 기본적 조건으로서 가족의 관계와 가정생활을 영위하는 데 필요한 의식주 및 생활자원의 관리에 필요한 기초 능력을 함양하여 자신과 가족, 자원, 환경과의 바람직한 관계를 정립하고, 일상생활 속에서 직면하는 문제를 창의적으로 해결함으로써 자신의 삶을 건강하고 자립적으로 주도해 나갈 수 있는 능력과 태도를 기를 수 있다.

(2) 일상생활 속에서 발명, 전기·전자, 정보와 관련된 문제를 탐구하고 제품을 만들며, 동식물 및 농산물을 가꾸고 기르는 경험과 정보를 활용하는 능력을 통하여 관련되는 문제를 창의적으로 해결하고, 일상생활 속에서 일에 대한 긍정적 가치를 갖게 하며, 다양한 직업의 세계를 이해하여 자신의 진로를 탐색하고 설계할 수 있다.

다. 학습 내용별 성취 기준

〈초등학교 5~6학년군 가정생활〉

(1) 나와 가정생활

자신의 성장발달과 이에 기여하는 가족과 가정생활의 소중함을 알고, 가족구성원으로서 가정의 일을 분담하여 실천함으로써 나눔과 배려의 태도를 기른다.

(가) 자신의 신체적, 정신적, 사회적 성장과 발달을 이해하고, 이에 도움을 주고 영향을 미치는 가족과 가정생활의 의미와 소중함을 알며, 건강한 가족과 가정생활을 위해 필요한 조건을 이해한다.

(나) 가정생활을 유지하는 데 필요한 여러 가지 일들의 종류와 중요성을 알고, 가족의 구성원으로서 내가 할 수 있는 일을 찾아 능동적으로 수행함으로써 가족 간에 협력과 배려를 실천할 수 있다.

(2) 나의 균형 잡힌 식생활

균형 잡힌 식사가 자신의 성장과 건강유지에 필수적임을 이해하고 고른 식품군, 다

양한 식품, 적절한 양의 섭취를 통해 올바른 식습관을 형성하며, 건강 간식을 스스로
만들어 먹을 수 있는 등 기초 식생활관리능력을 기른다.

    (가) 균형 잡힌 식사를 통한 6대 영양소의 공급이 자신의 성장과 건강 유지에 필수적
임을 이해하고, 어린이 식생활 지침, 식품 구성 자전거 또는 녹색 물레방아를 바
탕으로 자신의 식사를 반성, 평가함으로써 올바른 식습관을 형성할 수 있다.

    (나) 성장기에 필요한 간식의 중요성을 이해하고 일상생활에서 과일과 채소, 우유
및 유제품 등 건강 간식을 선택하며, 달걀, 감자, 단호박 등을 삶거나 쪄서 음료
등과 함께 간식 상을 차리고 섭취할 수 있다.

(3) 나의 자립적인 의생활

옷의 기능을 이해하여 신체성장과 상황에 맞는 건강하고 안전하며 예절 바른 옷차림을
할 수 있으며, 자신의 옷을 스스로 관리할 수 있는 자립적인 의생활 능력과 태도를 기른다.

    (가) 옷의 신체보호, 피부위생, 체온조절, 활동편의에 도움을 주고 신분과 역할을 표
현하며, 인상을 형성하는 데 영향을 미칠 수 있음을 이해하여 자신의 신체성장,
위생, 기후, 활동, 예절에 맞는 건강하고 안전한 옷차림을 할 수 있다.

    (나) 옷의 생산 및 소비와 환경과의 관계를 이해하여 옷 관리의 필요성을 알고, 옷의
종류와 용도에 맞게 정리, 보관하고 단추달기와 같은 간단한 수선을 할 수 있다.

(4) 쾌적한 주거와 생활 자원 관리

깨끗한 주거환경을 유지하기 위한 조건과 소비가 환경에 미치는 영향을 이해하여
쾌적한 주생활을 영위할 수 있으며, 생활자원 관리의 중요성을 알아 시간과 용돈을
효율적이고 합리적으로 관리하는 능력과 태도를 기른다.

    (가) 생활쓰레기를 줄이고 올바른 분리·처리와 재활용을 통하여 자원의 낭비를 막
고 쾌적한 주거환경을 유지할 수 있는 능력을 기를 수 있다.

    (나) 생활자원의 의미와 관리의 중요성을 알아 효율적인 시간 관리, 합리적인 용돈
관리를 통하여 현명한 소비자로서의 능력과 태도를 기를 수 있다.

(5) 건강한 식생활의 실천

안전하고 위생적인 식품을 선택하고 건강을 고려한 음식을 선택·마련할 수 있으

며, 일상식인 한식을 중심으로 자신의 식사를 직접 만들어 봄으로써 건강하고 예절
바른 식생활을 실천한다.

> (가) 식품표시의 내용과 의미를 이해하여 식품을 선택할 수 있으며, 외식 등에서도
> 건강한 식단의 조건을 알아 음식을 선택할 수 있다.
>
> (나) 전통 한식이 건강과 환경에 도움이 되는 우수한 식단임을 이해하여, 밥을 이용
> 한 간단한 자신의 한 끼 식사를 만들 수 있으며, 건강하고 예절 바른 일상 식생
> 활을 실천할 수 있다.

(6) 창의적인 의생활의 실천

손바느질의 기초를 익혀 간단한 헝겊 용품을 만들 수 있으며, 십자수, 뜨개질 등 바
느질 도구를 이용하여 생활 용품을 창의적으로 만들어 씀으로써 환경을 생각하고 나
눔을 실천하는 의생활을 영위한다.

> (가) 주머니, 덧소매, 받침 등 간단한 헝겊 용품을 구상, 치수 정하기, 재료 및 용구
> 준비, 본뜨기, 마름질, 바느질(시침질, 홈질, 박음질), 마무리하기 등 일련의 과
> 정을 거쳐 손바느질로 만들어 봄으로써 생활 용품 만들기의 기초 지식 및 기능
> 을 익힐 수 있다.
>
> (나) 다양한 바느질 도구를 이용하여 환경을 생각하고 나눔을 실천할 수 있는 헌옷의
> 재활용, 친환경수세미, 인형, 아기모자 등의 생활용품을 창의적으로 만들 수 있다.

〈초등학교 5~6학년군 기술의 세계〉

(1) 생활과 기술

일상생활에서 사용하는 물건들이 기술과 발명의 활동으로 이루어진 것임을 이해하
고, 생활에 필요한 간단한 생활용품을 새로운 아이디어로 발전시키고 만들 수 있는
능력을 기른다.

> (가) 생활 속에서 사용되는 다양한 제품을 찾아보고, 기술과 발명의 관계를 이해하
> 며, 발명에 필요한 간단한 발명 기법을 익힐 수 있다.
>
> (나) 발명 아이디어 기법을 이용하여 창의적인 물건을 구상하고, 목재, 플라스틱 등
> 을 이용하여 일상생활에 필요한 생활용품을 창의적으로 만들 수 있다.

(2) 생활 속의 동·식물

인간 생활 속에서 동·식물이 갖는 중요성과 가치 및 환경과의 관계를 이해하고, 동·식물에 대한 기본적인 이해를 바탕으로 실제 생활에 적용할 수 있는 능력과 긍정적인 태도를 기른다.

  (가) 인간 생활 속에서 동·식물이 가축과 작물로 이용되는 중요성과 가치를 이해하고, 생활에 이용할 수 있는 동·식물의 종류와 이용 방법을 설명할 수 있다.

  (나) 동·식물이 갖는 자원으로서의 가치 및 농·축산물의 생산·이용과 저탄소 녹색 성장과의 관계를 이해하고, 친환경적인 농·축산물의 생산과 이용을 체험하고 실천할 수 있다.

(3) 생활과 정보

일상생활 속에서 올바른 정보윤리 의식을 가지고 정보 기기와 사이버 공간을 이용하고, 정보기기를 활용하여 멀티미디어 자료를 창의적으로 만들어 활용한다.

  (가) 정보기기의 종류와 기능을 이해하여 다양한 활용 방법을 익히며, 올바른 정보윤리 의식을 가지고 정보기기와 사이버 공간을 이용할 수 있다.

  (나) 사용하기 쉬운 소프트웨어로 창의적인 발표 자료를 만들고, 일상생활에서 많이 사용되는 정보 기기를 이용하여 사용자의 환경에 적절한 멀티미디어 자료를 만들어 활용할 수 있다.

(4) 생활과 전기·전자

여러 가지 형태로 사용하고 있는 전기·전자의 원리를 이해하여 간단한 제품을 만들고, 일상생활에서 사용되는 로봇을 탐구하고 체험한다.

  (가) 일상생활에서 열, 빛, 동력 등의 형태로 이용되는 전기·전자 제품의 기본 원리를 이해하고, 전기·전자 제품에 사용되는 주요 전자 부품을 이용하여 일상생활에 유용한 간단한 제품을 만들 수 있다.

  (나) 일상생활에서 많이 사용되는 로봇의 간단한 작동 원리를 이해하고, 여러 가지 센서를 장착한 간단한 로봇을 체험할 수 있다.

(5) 생활 속의 동·식물 이용

생활 속의 동·식물을 이용한 다양한 활동의 의의와 종류를 알고, 가꾸고 돌보는 방법과 과정을 이해하여, 실제 생활에서 이용할 수 있는 능력과 태도를 기른다.

(가) 꽃이나 채소 등과 같은 생활 속의 식물 가꾸기 방법과 과정을 이해하고, 실제 생활에 필요한 꽃이나 채소 등을 가꾸어 이용할 수 있다.

(나) 생활 속의 동물을 돌보는 방법과 과정, 또는 성장 과정을 이해하고, 애완동물이나 경제동물을 실제 생활에 이용할 수 있다.

(6) 나의 진로

일과 직업의 의미 및 중요성을 올바르게 인식하고, 직업의 세계에 대한 이해를 바탕으로 자신에게 적합한 진로를 탐색하고 설계할 수 있는 능력과 태도를 기른다.

(가) 일과 직업의 의미와 중요성을 알고, 여러 가지 정보 매체를 활용하여 다양한 직업의 종류와 특성을 파악하여 일과 직업에 대한 긍정적인 태도를 가질 수 있다.

(나) 자기 자신의 이해를 바탕으로 스스로 진로를 탐색하고, 합리적인 의사 결정 과정을 통하여 자신에게 적합한 진로를 설계할 수 있다.

4. 교수·학습 방법

〈교수·학습 계획〉

가. 교수·학습 계획은 교육과정에 제시된 '가정생활' 영역과 '기술의 세계' 영역의 모든 내용을 고르게 지도할 수 있도록 하되, 교육과정을 영역별로 균형 있게 편성·운영한다. 단, 교과 내용이 실생활과의 관련성이 높으므로 학생, 학교, 지역 사회의 여건 등을 고려하여 학습 내용의 순서나 비중, 학습 과제의 선택 등을 달리하여 지도한다.

나. 국가 수준의 배당 시간은 반드시 확보하여야 하며, 교과 내용의 특성상 실험·실습, 현장 견학 등의 체험 활동으로 인하여 수업 시간이 부족할 경우에는 창의적 체험 활동 시간 등을 활용하도록 한다.

다. 수업은 실험·실습, 협동 학습, 토론 학습, 역할 놀이 등 다양한 활동을 중심으로 운영하는 경우가 많으므로 필요에 따라 학습의 실효성을 거둘 수 있도록 수업시간을 연속적으로 편성·운영할 수 있다.

라. 학생들의 발달 단계, 학습 수준, 관심, 흥미 등을 고려한 교수·학습을 계획하고, 문제를 인식하고 해결할 수 있는 학생 중심 활동으로 전개하며, 학생들이 자기관리능력, 문제해결능력, 창의력, 진로개발능력, 대인관계능력, 의사소통능력 등을 기를 수 있도록 한다.

마. 중학교 1~3학년군의 기술·가정과는 학문적 배경이 다른 가정과, 기술과 교육이 병합되어 하나의 교과로서 운영됨에 따라 교과 교사의 전문성과 교수·학습의 효율성을 고려하여 '가정생활' 영역은 가정 전공 교사가, '기술의 세계' 영역은 기술 전공 교사가 각각 지도하도록 한다.

바. 학교마다 실험·실습실, 실험·실습을 위한 예산, 계절, 학교와 지역사회의 특성, 학생집단 특성 등이 매우 다양하므로 사전에 학생이나 학교의 요구, 학교와 지역사회 여건 등을 파악하여 이를 지도계획에 반영한다.

〈교수·학습 전략〉

가. 학습 소재는 일상생활과 관련된 생동감 있는 사례를 찾아 활용하고, 실습 재료는 실생활 속에서 쉽게 접할 수 있는 것으로 하여 수업에서 습득한 지식과 기능을 일상생활에서 적극적으로 활용할 수 있도록 한다.

나. 학생들에게 실생활과 관련한 체험 활동을 중시하고, 가정 실습, 학교 행사, 지역사회 등과 밀접한 관계를 가지도록 지도한다. 그리고 지역의 인적 자원의 활용과 전시회 관람, 지역 내의 박물관, 과학관, 기업의 견학 등 다양한 교육 커뮤니티와 연계하여 지도한다.

(1) 초등학교 5~6학년군의 '가정생활'과' 기술의 세계' 영역에서는 실생활과 관련되는 내용을 다루고 있으므로 가정의 행사나 세시풍속, 학교나 지역 행사 등 학생과 학교 및 지역 사회의 실정에 따라 학습 내용의 조합이나 주안점, 지도의 순서나 비중을 달리 할 수 있다. '건강한 식생활의 실천', '창의적 의생활의 실천', '생활 속의 동·식물 이용' 등은 학습 내용의 조합이나 제재의 선택을

달리 할 수 있다.

(2) 중학교 1~3학년군의 '가정생활' 영역에서는 실천 교과로서의 특성을 확립할 수 있도록 교과에서의 실천의 의미를 기술적 행동, 의사소통적 행동, 그리고 자기반성적 행동의 유기적인 통합 체계로 정의하고 교수·학습 활동을 구성할 때 이를 반영하도록 한다. '청소년의 이해'와 '청소년의 생활'단원에서는 학교 행사와 연계한 활동을 포함하며, '가족의 이해', '녹색 가정생활의 실천' 단원은 학교에서 수업한 내용을 가정 및 지역사회에서 체험적으로 적용하게 하고 그 결과를 평가에 포함하도록 하여 생활의 변화를 가져올 수 있도록 한다. '진로와 생애 설계'단원에서는 지역인사 방문 및 산업체 탐방 활동을 통해 자신의 특성 및 적성에 맞는 일을 발견하고 진로를 생각해 볼 수 있는 기회를 제공한다. 아울러 배려와 나눔에 해당하는 단원의 경우 가정 및 지역사회와의 연계체험 형태로서 봉사활동을 활용하도록 한다. 봉사활동은 형식에 그치지 않도록 나눔의 실천과 반성적 성찰을 통해 교과학습이 실생활로 전환되도록 하여 그 교육적 의미와 효과를 높이도록 한다.

다. 실과(기술·가정)의 '가정생활' 영역 및 '기술의 세계' 영역에서 중점을 두는 교수·학습 방법은 다음과 같다.

(1) 실과(기술·가정) 교수·학습 방법은 관련 내용에 따라 견학, 실험·실습, 조사, 토의, 역할 놀이, 협동 학습 등 다양한 교수·학습 방법을 활용하여, 활동 중심, 사례 중심에 초점을 두도록 한다. 특히, 실과(기술·가정) 수업에서는 문제해결 교수·학습 방법, 프로젝트 교수·학습 방법, 실습 중심 교수·학습 방법을 중점적으로 적용하도록 한다.

(가) 문제해결 교수·학습 방법

학습자의 사고과정을 중시하고 학생들로 하여금 자기가 문제를 해결할 수 있는 능력을 통합적으로 기르는 교수·학습 방법으로서 문제 인식, 정보 수집을 통한 문제해결 방안의 마련과 선택의 준비, 문제해결 방안 설정, 문제해결의 방안의 적용, 결과에 대한 평가를 거치는 과정으로 진행한다.

<h3 align="center">(나) 프로젝트 교수·학습 방법</h3>

학생 스스로 프로젝트를 선정하고 계획을 세워 이에 대한 문제를 찾고 해결함으로써 수행 후에는 문제해결의 결과로 반드시 다양한 형태의 산출물을 생산한다. 이를 위한 과정은 구체적인 프로젝트를 정하는 목적 설정(purposing), 수행 방법을 정하고 검토하는 계획(planning), 실제로 물건을 만드는 실행(executing), 전체 과정과 산출물을 평가하는 평가(evaluation) 단계의 순서로 이루어진다. 그러나 프로젝트 학습을 실제로 수행할 때에는 내용의 특성에 따라 부분적으로 변형하여 사용하기도 한다.

<h3 align="center">(다) 실습 중심 교수·학습 방법</h3>

실습 활동의 목적 및 관련 지식 이해, 실습 과정의 제시, 기본 기능 시범 관찰, 실습 과제 수행 과정에서의 기본 기능 습득, 자기평가 및 교사 평가의 과정으로 진행한다. 특히 실습 중심 교수·학습 활동에서는 재료를 합리적으로 선택, 구입, 활용하며 자원을 아껴 쓰는 태도를 갖게 하고, 체험 활동이나 일의 수행에 있어서 기능 습득에 중점을 두기보다는 창의성을 강조하여 노작의 즐거움과 성취감을 느낄 수 있도록 한다.

가. 초등학교 5~6학년군에서는 영역별 단원 내용에 따라 다양한 교수·학습 방법을 활용하도록 하며, 실험·실습 등 활동 중심의 학습에 초점을 맞추되, 교과 내용 전달에만 치중하지 말고 문제해결을 위한 정보 수집, 의사 결정 등의 능력이 길러지도록 한다. 이를 위해 다양한 문제해결 방법을 활용하여 학습자 스스로 체험할 수 있는 활동을 제공하고, 흥미와 관심을 고려하여 개인의 수준에 적합한 노작활동을 제공함으로써 효율적인 교수·학습 전략을 지향한다.

나. 중학교 1~3학년군 '가정생활' 영역에서 개인과 가정생활의 실천적 문제해결과 관련된 교수·학습 방법은 '무엇을 해야 하는가?' 등의 질문으로 행동의 방향을 탐색하는 데에서 시작하여, 문제가 일어난 맥락이나 상황을 고려하여 지식, 기

능, 가치 판단력 등을 통합적으로 적용하여 문제를 해결할 수 있도록 지도한다. 특히, 학습자가 대안 탐색의 과정을 거쳐 실천한 행동이 자신과 타인 및 사회에 미치는 영향을 평가해 봄으로써 어떤 행동을 해야 하는지와 관련된 의사 결정에 도움이 되도록 한다.

다. 중학교 1~3학년군의 '기술의 세계' 영역에서는 학습의 절차 측면에서 '창의성 추구'를 지향한다. 이러한 창의성 추구는 기술의 본질적 활동이며, 기술의 문제해결 과정이다. 즉 기술적 문제해결 과정은 ① 기술적 문제를 확인하고, ② 문제를 해결하기 위한 기술적 대안을 탐색하며, ③ 탐색된 대안 중에서 최적의 대안을 선정하고, ④ 선정된 최적의 기술적 문제해결 대안을 구체적으로 설계하고 실행 계획을 세우며, ⑤ 실행하고, ⑥ 기술적 문제해결 과정과 결과를 평가한다. 이러한 과정은 내용 영역의 체험 활동, 문제해결 학습 과정에서 과정중심 교육을 실현함으로써 기술적 사고력의 배양과 창의적 문제해결 능력을 길러줌으로서, 손과 마음을 균형 있게 성장시키는 노작체험이 되도록 한다.

라. 저출산·고령 사회 대비 교육, 건강가정 교육, 양성 평등 교육, 진로 및 적성 계발 교육, 녹색 성장 교육, 전통 및 다문화 교육, 창의·인성 교육, 기술·과학·공학·예술·수학간 통합교육, 지식 재산권 교육, 최첨단 미디어 활용 및 정보 교양교육, 안전 교육 등 범교과 영역에 대해 관련 영역과 내용이 충실히 반영될 수 있도록 지도하여 사회적 요구를 충족시켜 그 가치를 높이도록 한다.

마. 각 영역에서는 다음 사항을 특히 주의해서 지도하도록 한다.
(1) '가정생활' 영역에서는 가족·소비·식·의·주생활 등이 생활에서 통합적으로 경험된다는 점을 고려하여 학습내용 또한 통합적으로 다루도록 한다.
(가) 초등학교 5~6학년군에서 '창의적 의생활과 실천'의 '환경과 나눔의 생활용품 만들기'는 학생의 수준과 관심, 학교의 실험·실습 여건에 따라 십자수, 뜨개질, 재봉틀 등 다양한 바느질 도구를 선택하여 환경을 위한 생활용품이나 가족, 지역사회, 국가를 넘어 국제 사회에 나눔을 실천할 수 있는 생활용품을 선택하여 만들도록 한다.
(나) 중학교 1~3학년군에서 가족·소비·의·식·주생활 관련 지식과 능력이 어

떻게 실천적인 문제 상황을 해결하는데 적용되며, 나아가 어떻게 가정생활의 질을 향상시키는데 유기적으로 연결되는지에 초점을 둔다. 그리고 생애 설계의 일부분으로서 가정생활과 일, 여가 생활을 조화롭고 규모 있게 운영할 수 있는 방안을 모색할 수 있도록 한다.

(2) ‘기술의 세계’ 영역에서는 기술의 특성상 사회, 문화, 역사, 과학, 예술, 시스템 등의 다양한 환경과 밀접한 관련을 맺는다. 따라서 기술의 세계에서의 교수·학습 방법은 시스템 접근, 간학문 접근, 사회·문화·환경적 접근, 개념적 접근, 미래 탐구 접근을 활용하여 다양하고 맥락적인 학습을 추구한다.

(가) 초등학교 5~6학년군에서 ‘생활 속의 동·식물 이용’의 ‘생활 속의 식물 가꾸기’는 학생이나 학교의 사정에 따라 꽃이나 채소 등의 식물을 선택하여 지도하며, ‘생활 속의 동물 돌보기’는 학생이나 학교 여건에 따라 애완동물이나 경제동물 중 하나를 선택하여 지도할 수 있으며, 체험, 실습 활동이 어려운 경우, 조사, 발표 등의 방법으로 전개할 수 있다.

(나) 중학교 1~3 학년군에서 ‘기술의 세계’는 체험 활동을 통하여 창의적 사고 능력과 기술적 문제해결 능력을 기르고, 스스로 실생활에 유용한 물건을 창안하여 설계하고 만드는 과정에서 문제해결 중심의 수업이 되도록 한다.

〈교수·학습 자료〉

가. 실물이나 모형, 인터넷 자료, 사진 및 동영상 자료, 멀티미디어 자료 등 다양한 학습 자료를 적극 활용하여 교수·학습의 효율성을 높이고 생동감 있는 교수·학습 활동이 이루어지도록 한다.

나. 실험·실습 활동이 효과적으로 이루어지도록 최소한 가정실습실(예: 조리 실습실, 의복 구성 실습실), 기술실습실(예; 생산기술 실험실, 정보 통신 기술 실험실습실) 등을 반드시 확보하고, 교과의 단원 분석을 통하여 연간 실험·실습 계획을 세워 각 학기별 단원의 실험·실습 활동에 필요한 재료, 설비, 기구 및 자재 등을 준비하고 점검한다.

다. 실험·실습 활동에서 기계, 도구 및 기구, 설비나 용구 등의 정확한 사용 방법과 안전 및 유의사항을 숙지하도록 하며, 안전사고가 발생하지 않도록 주의한

다. 조리실습에서는 식품의 선택, 손질, 보관할 때 위생과 안전을 고려하도록
하고, 조리 기구 사용, 열원과 연료의 취급과 관리에 유의하도록 하여 안전 교
육에 힘쓴다. 실험·실습 후에는 실습실 내 뒷정리 등을 수행 평가에 반영하여
정리·정돈하는 습관을 갖도록 한다.

5. 평가

〈평가 계획〉

가. 학생의 학업 성취도 평가는 학습자의 학업 능력을 타당하고 신뢰성 있게 평가할
수 있도록 교육목표의 성취를 중심으로 하되, 학년군 및 영역별, 학습내용별로
교육과정에 제시된 성취기준의 성취를 중심으로 평가 계획을 설정하도록 한다.
나. 학생의 학업 성취도 평가에서는 교육목표와 교육내용, 성취기준의 성취를 염두
에 두고 평가하되, 지적 영역, 정의적 영역, 기능적 영역의 모든 영역이 균형 있
게 평가될 수 있도록 계획한다.

〈평가 목표와 내용〉

가. 평가의 목표는 학습자가 실과(기술·가정) 교육과정에서 제시한 교육목표 및
성취기준을 달성하였는가를 전반적으로 평가하되, 구체적으로 다음과 같은 사
항에 중점을 두어 평가한다.
  (1) 기본적인 개념이나 원리, 사실 등의 기본 지식과 배경 지식의 이해 능력
  (2) 자료 수집 능력, 의사 결정 능력, 창의력 등을 활용한 실천적 문제해결 능력
  (3) 실험 및 실습 방법과 과정에 따른 실천적 수행 능력
  (4) 학습 내용을 실생활에 적극적으로 적용해 보려는 실천적 태도
나. 평가의 내용은 원칙적으로 교육과정에 제시된 성취기준의 범위와 수준에 근거
하되, 다양한 교수·학습 활동 과정에서 활용한 자료 및 교수·학습 활동 결과
로 산출된 자료를 활용하여 교수·학습과의 연계를 강화한다.

〈평가 방법〉

가. 평가 목적, 평가 내용이나 영역, 평가 결과 활용 등을 종합적으로 고려하여 검사 도구를 제작·적용하고, 점수를 산출하는 양적 평가와 수량화되지 않은 다양한 형태의 자료를 수집하여 평가하는 질적 평가를 적절하게 활용하도록 한다.

나. 양적 평가는 채점이 용이하고, 객관도와 신뢰도가 높으며, 비교적 넓은 범위의 교육내용을 문항으로 측정할 수 있는 장점을 지녔다. 진위형, 선다형, 배합형의 유형이 있는데, 이 중 선다형 문항은 단순한 사실이나 지식의 측정 뿐 아니라 학습자의 적용력, 분석력, 종합력, 평가력 등의 고등정신 기능까지 측정할 수 있다. 따라서 학습자의 고등 사고 능력을 측정할 수 있는 양질의 선다형 문항을 개발하여 양적 평가에 활용하도록 한다.

다. 질적 평가의 대표적인 유형인 수행 평가는 교육 목표와 교육 내용에 따라 시각 자료 만들기, 도표나 그림에 제목 붙이기 등의 '구성적 반응'을 요구하는 방법, 연구보고서와 실험·실습보고서, 포트폴리오 등의 특정 산출물을 요구하는 방법, 구두 발표나 시연, 토의 및 토론과 같은 특정 활동을 요구하는 방법, 구두질문에 대한 답변, 면담, 학습일지와 같은 과정을 규명하는 방법 등의 다양한 방법을 적절히 활용한다. 단, 평가의 기준과 방법, 시기 등은 학습자가 미리 준비할 수 있도록 반드시 연간 교수·학습 및 평가 계획서에 근거하여 실시한다. 또한 수행평가가 어느 한 시기에 집중되지 않도록 한다.

라. 교사 외에 학습자 본인과 동료 등 평가의 주체를 다양화하여 평가에서의 학습 자들의 참여 의식을 높이며, 평가 결과에 대한 학습자 자신의 책임을 강화한다.

마. 수행평가를 실시할 때는 평가 항목을 세분화, 단계화한 채점기준을 작성, 활용 하여 객관적인 평가가 될 수 있도록 한다. 그러나 지나치게 세분화된 채점기준은 평가의 실용도를 감소시키므로 유의한다.

바. 수행평가는 다양한 교수·학습 활동과 연계하여 실시하는 것을 원칙으로 하여 가급적 수업 시간 내에 실시하고 평가하여 가정 학습 과제로 연장되지 않도록 유의한다.

〈평가의 활용〉

학습자의 학업 성취를 위한 평가 결과는 학생의 평정 점수 외에 학생의 자기 진단을 위한 자료 및 학업 개선의 자료로 활용하며, 궁극적으로 학생의 적성 파악 및 진로 지도의 기초 자료로 활용하도록 한다.

참고문헌

김기민(1992). **노작교육의 성격과 가치**. 서울대학교 대학원 박사학위논문.

김충원(2007). **스케치 쉽게 하기**. 서울: 진선아트북.

나은영(1994). 태도 및 태도변화 연구의 최근 동향. **한국심리학회지**, 8(2), 3-33.

변창진·문수백(1994). **정의적 특성의 사정**. 서울: 교육과학사.

소경희 외(2000). **교육과정·교육평가 국제비교 연구(Ⅱ)** - 주요국의 학교 교육과정·교육평가 운영 실태 분석 -. 한국교육과정평가원 연구보고 RRC 2000-6-1.

신경구(2006). **제도 학습 노트**. 인천: 나루치.

신경구(2006). **지식기반사회에서의 학교 교육과정 구성을 위한 기초 연구(Ⅱ)**. 한국교육과정평가원 연구보고 RRC 2001-12.

엄병호(2007). **CG 현장 실무를 위한 SketchUp Reality**. 디지털북스.

이철원 역(1993). **설문지 디자인과 태도측정**. 서울: 도서출판 한터.

이춘식(1996). 의미 변별법에 의한 중학생들의 기술 및 기술 교과서에 대한 태도. **대한공업교육학회지**, 21(2), 41-55.

______(1999). **중학생의 기술에 대한 태도와 관련 변인**. 서울대학교 대학원 박사학위논문.

______(2008). 학생들의 기술에 대한 태도 척도 개발. **실과교육연구**, 14(2), 157-174.

______ 외(1999). **중학교 기술·가정과 수행평가 시행 방안 및 자료 개발 연구**. 한국교육과정평가원 연구보고 CRE 99-8.

______ 외(2001). **실과(기술·가정) 교육목표 및 내용체계 연구(Ⅰ)**. 한국교육과정평가원 연구보고 RRC 2001-2.

______(1992). 기술적 소양인의 특성에 관한 연구. **직업교육연구**, 11(1), 79-90.

______(1999a). 국가교육과정에 근거한 평가 기준 및 도구개발 연구 - 고등학교 기술 - 한국교육과정평가원 연구보고 RRE 99-4-3.

______(1999b). 기술과 수행평가 정착 방안. 한국교육과정평가원, **초·중등학교 교과별 수행평가의 실제(7) - 기술·가정 -**. 수행평가 현장 정착을 위한 세미나 자료집.

______(2002). 미래 기술과 교육목표와 내용기준의 방향. **한국기술교육의 교실혁신을 위한 성찰과 도전**. 2002 한국기술교육학회 학술발표대회 자료집. 한국기술교육학회.

______(2002). 초등 실과 교육론, **제7차 교육과정에 따른 초등 교과 교육론**. 서울: 도서출판 원미사.

이춘식·왕석순(1999). 기술·가정과 수행평가, **수행평가의 이론과 실제**. 서울: 원미사.

이춘식·왕석순(1998). 기술·가정과 수행 평가의 실제. 백순근 편. **중학교 각과별 수행 평가의 이론과 실제**. 서울: 원미사.

정이상 외(2002). **공예 디자인 제도**. 서울: 창지사.

페터 난트케(1990). 기술: 손으로 일하지 않는 사람은 진실을 볼 수 없다. 김용한 역(1999). **루르 루돌프 슈타이너 학교 Ⅱ**. 서울: 도서출판 밝은 누리. 79-91.

Ankiewicz, P., Myburgh, C., & Van Rensburg, S. J. (1997). Assessing the attitudinal technology profile of South African learners: a pilot study. in Mottier & De Vries(Eds.). *Assessing technology education*: Proceedings PATT-8 conference. The Netherlands: PATT Foundation.

Ary, D., Jacobs, L. C., & Razavieh, A. (1985). *Introduction to research in education*(3rd ed). New York: Holt, Rinehart and Wilson.

Armstrong, T. (1998). *Awakening genius in the classroom*. Alexandria, VA: Association for Supervision and Curriculum Development.

ASDE. (1996). Alabama course of study: Technology education. Alabama State Department of Education. (ERIC Document Reproduction Service No. ED 400 432).

Bame, E. A., & Dugger, W. E. (1989). Pupils' attitudes towards technology : PATT-USA. In F. de Klerk Wolters, I. Mottier, J. Ratt & M. de Vries(Eds.). *Teacher education for school technology-Report PATT-4 conference*. the Netherlands: PATT Foundation.

Bame, E. A., & Dugger, W. E. Jr.(Eds.)(1992). *Technological education: A global perspective*, ITEA-PATT international conference. Reston, VA: International Technology Education Association.

Baylor, S. C. (2000). Brain research and technology education. *The Technology Teacher, 59(7)*.

Becker, K. H., & Manunsaiyat, S. (2002). Thai students' attitudes and concept of technology. *Journal of Technology Education, 13(2)*, 6-20.

Berk, R. A. (Ed.) (1986). *Performance Assessment: Methods & Applications*. The Johns Hopkins University Press.

Blum, R. E. & Arter, J. A. (Eds.)(1996). *A Handbook for Student Performance Assessment in an Era of Restructuring*. Association for Supervision and Curriculum Development. Alexandria, Virginia.

Bulger, S. E., & Burger, D. L. (1994). Determining the validity of performance −based assessment. *Educational Measurement: Issues and Practice, 13(1)*.

Clarkson, P. (1997). Pupils' perceptions of technology education. in Mottier & De Vries(Eds.). *Assessing technology education*: *Proceedings PATT-8 conference*. the Netherlands: PATT Foundation.

Danielson, C. & Abrutyn, L. (1997). An introduction to using portfolio in the classroom. The Association Supervision and Curriculum Development.

de Klerk Wolters, F. (1988). What do adolescents think of technology? In J. Ratt, R. Coenen-van den Bergh, F. de Klerk Wolters, & M. de Vries(Eds.). *Basic principles of school technology-Report PATT-3 conference, 2*. Eindhoven, The Netherlands: University of Technology.

de Klerk Wolters, F. (1989). A PATT study among 10 to 12-year-old students in the Netherlands. *Journal of Technology Education*. 1(1) [On-line]. Available Internet: http://borg.lib.vt.edu/ejournals/JTE/jte-v1n1.html.

de Vries, M. J. (1987). Technology in education: Research and development in the project physics and technology. In R. Coenen-van den berg(Eds.). *Report PATT-conference*, 2. Eindhoven, The Netherlands: University of Technology.

de Vries, M. J. (1991). The role of technology education as an integrative discipline in integrating advanced technology into technology education. in Hacker, M., Gordon, A., & de Vries, M. J.(Eds.)(1991). *Integrating advanced technology into technology education*, NATO ASI Series VF78. Berlin: Springer-Verlag.

DfEE (1999). The national curriculum. London: HMSO

Dugger, W. E. (2000). Standards for technological literacy. Content for the study of technology. Technology Teacher; v59 n5. (ERIC Document Reproduction Service No. ED 598 578).

Dunlap, D. D. (1990). Comparing attitudes toward technology of third and fourth grade students in

Virginia relative to their exposure to technology. (Doctoral dissertation). Blacksburg, VA: Virginia Polytechnic Institute and State University.

Fishbein, M., & Ajzen, I. (1975). *Belief, attitude, intention, and behavior: An introduction to theory and research*. Reading, Mass.: Addison- Wesley.

Gagne, R. M. (1977). *Conditions of learning*, 3rd ed. New York: Holt, Rinehart and Winston.

Gardner, H. (1983). *Frames of mind: The theory of multiple intelligences*. New York: Basic Book.

Greenfield, S. A. (1996). *The human mind explained: An owner's guide to the mysteries of the mind*. New York: Henry Holt.

Haertel, E. (1992). Performance measurement, in Alkin, M.(Ed.). *Encyclopedia of Educational Research*(6th ed.). London: Macmillan Publishing.

Harris, D. T. & Martinovich − Barhite, D. (1998). Practical and technical issues in the *Use, development, scoring and equating of performance assessments*. NCME Training session.

Hein, S. (1998). Emotional intelligence, etc. [on − line]. Available on www:http://eqi.org/

Hermann, J. L. Gearhart, M., & Baker, E. L. (1993). Assessing writing portfolios: issues in the validity and meaning of scores. *Educational Assessment, 1.*

Housholder, D. L., & Bolin, B. (1992). The development of an instrument for assessing secondary students' attitudes toward technology. In E. A. Bame & W. E. Dugger, Jr.(Eds.). Technology Education - A Global Perspective. ITEA-PATT International Conference.

ITEA (1998). *Technology for all americans*. ITEA(International Technology Education Association.

ITEA (2000). *Standards for technological literacy*: Standards Package. ITEA.

Jeffrey, T. J. (1993). Adaptation and validation of a technology attitude scale for use by American reachers at the middle school level. Doctoral dissertation, Virginia Polytechnic Institute and State University.

Jenson, E. (1998). *Teaching with the brain in mind*. Alexandria, VA: Association for Supervision and Curriculum Development.

Johnson, J. R. (1989). Technology. Report of the Project 2061 Phase I Technology Panel. Washington, DC: American Association for the Advancement of Science.

Kemp, W. M., & Schwaller, A. E.(Eds.)(1988). *Instructional strategies for technology education*. Mission Hills, CA: Glencoe / Council on Technology Teacher Education.

Kendall, J. S. (1997). Content knowledge. A compendium of standards and benchmarks for k − 12 education. Second Edition. (ERIC Document Reproduction Service No. ED 414 303).

Kimbell, R., & Others (1999). *The assessment of performance in design and technology*. London: School Examinations and Assessments Council.

Krejcie, R. U., & Morgan, D. W. (1970). Determining sampling size for research activities. *Educational and psychological measurement, 30.*

Linn, R. L., Baker, E. L., & Dunbar, S. B. (1991). Complex, performance − based assessment; Expectations and validation criteria (8), 15 − 21.

Maltz, H. E. (1963). Ontogenetic change in the meaning of concept as measured by the semantic differential. In Osgood, C. E. & Suci, G. J.(1955). Factor analysis of meaning. *Semantic Differential Technique*. Chicago: Aldine Publishing Co.

Markert, L. R. (1989). *Educational Researcher, 20 Contemporary technology −Innovations, issues, and perspective*. South Holland, IL: Goodheart − Wilcox.

Mazano, R. J. (1996). Understanding the complexities of seting performance standards. In R. E. Blum, &

J. A. Arter (Eds.). *A handbook for student performance assessment in an era of restructuring*, VA: ASCD.

McTighe J. & Ferrara S. (1996). Performance－based assessment in the classroom: A planning framework. In R. E. Blum & J. A. Arter(Eds.). *A Handbook for Student Performance Assessment in an Era of Restrcturing*.

McTighe, J., & Ferrara S. (1994). *Assessing Learning in the Classroom*. *Washington*, D. C.: National Education Association.

Mehrens, W, (1992). Using performance assessment for accdountability purposes. Educational Measurement: Issues and Practice, spring.

Meide, J. B. (1997). Pupils' attitude towards technology: Botswana. in Mottier & De Vries(Eds.). *Assessing technology education*: Proceedings PATT-8 conference. The Netherlands: PATT Foundation.

Michell, M., & Jolley, J. (2000). *Research design explained(4th ed.)*. Fort Worth, TX: Hardcourt College Publishers.

Mueller, D. J. (1986). *Measuring social attitudes - A handbook for researchers and practitioners*. New York: Teachers College Press.

National Science Board Commission on Precollege Education in Mathematics, Science, and Technology (1983). *Educating Americans for the 21st century*. Washington, DC: National Science Board.

Neale, J. (2003). A longitudinal study of pupils' attitudes to design and technology at key stages three and four in the national curriculum. In proceedings of PATT-13, Glasgow University.

Nitko, A. J. (1984). Defining criterion－referenced test. In R. A. Berk(Ed.). A Guide to Criterion－Referenced Test Construction. Baltimore and London: The Tohns Hopkins University Press.

Opusunju, S. A. (1992). A study of pupils' reaction-to-change, attitudes, and concepts of technology and computers in an age of progress. Doctoral dissertation, New York University.

Osgood, C. E. (1957). The nature and measurement of meaning. In J. G. Snider & C. E. Osgood(Ed.). *Semantic Differential Technique*. Chicago: Aldine Publishing Co.

Raat, J. H., & de Vries, M. J. (1986). What do girls and boys think of technology? *Report PATT-1 workshop*. Eindhoven University of Technology.

Raat, J. H., de Klerk Wolters, F., & de Vries, M. J. (1989). *Pupils' Attitude Towards Technology*, UNESCO-monography.

Ratt, J., Coenen-van den Berg, R., de Klerk Wolters, F., & de Vries, M.(Eds.)(1987). Basic principles of school technology - *Report PATT-3 conference: Framework for technology education, 1*. The Netherlands: University of Technology.

Ratt, J. H., de Klerk Wolters, F., & de Vries, M. (1987). *Report PATT conference 1987 vol.1 proceedings*. The Netherlands: University of Technology.

Ratt, J. H. (1991). PATT, The international technology education forum. In I. Mottier, J. Ratt & M. de Vries(Eds.). *Technology Education and Industry-Report PATT-5 conference, 2*. Eindhoven, The Netherlands: University of Technology.

Rennie, L. J. (1988). How can we make technology interesting for girls. *Report PATT-3 Conference, 2*. Eindhoven, The Netherlands: University of Technology.

Rodenberg, M. J., & Hovland, C. I. (1960). Cognitive, affective, and behavioral components of attitudes. In Hoverland, C. I. and Rosenberg, M. I.(Eds.). *Attitude Organization and Change*. New Haven: Yale University Press.

Rolheiser, C., Bower, B. & Stevahn, L. (2000). The portfolio organizer. The Association Supervision and Curriculum Development.

Sensales, G., & Greenfield, P. M. (1995). Attitudes toward Computers, Science, and Technology: A Cross-Cultural

Comparison Between Students in Rome and Los Angeles. (ERIC Document Reproduction Service No. EJ 507 639).

Stiggins, R. & Bridgeford, N. (1982). *The role of performance assessment in day to day classroom assessment and evaluation*. paper presented at the NCME conference, March, New York.

Thurston, L. L., & Chave, E. J. (1929). *The measurement of attitude*. Chicago: University of chicago press.

Thurstone, L. L. (1928). Attitudes can be measured. *American Journal of Sociology, 33*. 529-554.

Todd, R. (1999). Design and technology yields a new paradigm for elementary schooling. *The Journal of Technology Studies, 25*(2).

van den Berg, R. (1987). Results of PATT-research in France, Denmark and the Netherlands. In Coenen-van den Berg(Eds.). *Report PATT- conference, 2*. Eindhoven, The Netherlands : University of Technology.

Volk, K. S. & Yip, W. M. (1999). Gender and technology in Hong Kong: A study of pupils' attitude towards technology. *International Journal of Technology and Design Education, 9*, 57-71.

Volk, K. S., Yip, W. M., & Lo, T. K. (2003). Hong Kong pupils' attitudes towards technology: The impact of design and technology programs. *Journal of Technology Education. 15*(1), 48-63.

✔ 찾아보기

이춘식 ───

충남대학교 기술교육과 졸업
동 대학교 대학원 교육학 석사(공업기술교육)
서울대학교 교육학 박사
한국교육과정평가원 책임연구원 역임
현) 경인교육대학교 생활과학교육과 교수

[연구 분야]
프로젝트 교수학습 방법(Project method)
기술에 대한 태도(PATT)
기술적 소양인
초등 목공 활동의 내용 체계
초등 실과 교육과정 및 평가
문제중심학습(PBL)의 방법
발명교육의 내용과 방법
실과 교과서의 편찬
교과서 백서 편찬
전자교과서의 편찬
교과용도서 검정 체제

choonsig@ginue.ac.kr

^{개정판}
초등
설계기술
탐구

초 판 인 쇄 | 2008년 7월 31일
초 판 발 행 | 2008년 7월 31일
개 정 판 발 행 | 2012년 8월 28일

지 은 이 | 이춘식
펴 낸 이 | 채종준
펴 낸 곳 | 한국학술정보㈜
주   소 | 경기도 파주시 문발동 파주출판문화정보산업단지 513-5
전   화 | 031) 908-3181(대표)
팩   스 | 031) 908-3189
홈 페 이 지 | http://ebook.kstudy.com
E - m a i l | 출판사업부 publish@kstudy.com
등   록 | 제일산-115호(2000. 6. 19)

ISBN   978-89-268-3735-1 93370 (Paper Book)
            978-89-268-3736-8 95370 (e-Book)